선수처럼 매매해서
매일매일 수익내는

초단타
매매의
기술

선수처럼 매매해서
매일매일 수익내는

초단타
매매의
기술

오버솔드 *oversold* **지음**

필라멘트북스

종목의 변동성을 이용하되
시장의 리스크는 피하는 초단타 매매의 기술

전작인 《저가 매수의 기술》의 머리말에 제 이메일을 공개했을 때, 이렇게 많은 메일이 쇄도할 줄은 꿈에도 생각하지 못했습니다. 책을 공부하면서 이해가 잘 안 가는 부분을 물어오기도 하고, 현재 매매한 종목을 어떻게 해야 하냐며 수많은 종목 상담이 들어오기도 했습니다. 그 가운데 마음을 따뜻하게 만들어준 메일들에는 책이 헐 정도로 반복해서 읽었다는 말, 읽을 때마다 앞뒤가 꿰뚫어지는 느낌이 들었다는 말, 차트를 보는 시선이 완전히 달라졌다는 말, 폭락장에서도 수익을 낼 수 있었다는 기쁨의 말들이 실려 있었습니다.

그리고 보내주신 메일의 끝에는 한결같이 중장기 매매가 아닌 단기 매매에 대한 책을 꼭 써주십사 하는 부탁이 씌어 있었습니다. 그래서 결국 이런 머리말을 쓰게 되는 상황이 되었습니다.^^

이 책에 앞서 출간된 《저가 매수의 기술》을 공부하시고, 주가가 (추가 하락 가능성이 매우 제한적인) 저가권에 있음을 확인한 다음 매수해서 그저 시간을 투자해주기만 하면, 주가를 올리고자 하는 매수세가 들어와 주가는 상승하게 되고, 이런 과정을 통해 묵직한 수익을 거둘 수 있다는 점을 깨닫게 되신 분이 많습니다. 매일매일 매 시각 매 시각 주가의 변화를 확인하지 않고도 일 년에 두세 차례 정도의 매수매도를 통해 충분하고 충실한 수익을 얻을 수 있다는 점이 저가 매수의 기술의 가장 큰 장점입니다.

또한 저가 매수의 기술은 상승장에서도 하락장에서도 모두 효과가 있음을 개정판에 수록된 지난 2022년의 매매 기록을 통해서 증명할 수 있었습니다. 어떤 종목들을 관심종목으로 삼아 매매를 해나가느냐가 관건이지만요. 저가 매수의 기술은 하루 종일 주식투자를 할 수 없는 직장인이나 주부, 학생 누구든지 하루에 10~20분 정도만 할애해서 매수할 종목을 확인하고 보유 중인 종목의 상태를 살펴보면서 적절하게 이익을 실현하기만 하면 되는 매우 쉬운 매매기술입니다.

하지만 저가 매수의 기술과 그 기술의 이론적 바탕을 이해하지 않은 채, 주식시장이 계속 오를 것이라는 소문과 희망 등에 기대어 고가에서 추격 매수한 다음 하락하는 주가에 어쩌지 못하며 물려 있는 분들이 많은 것 같습니다. 제대로 공부했다면 시장이 고점을 치고 하락을 시작하기 전에 수익을 실현하고, 현금을 보유한 상태에서 시장이 하락하는 상황을 마음에 드는 종목들을 다시 매수하는 기회로 활용할 텐데 말이지요.

저가 매수의 기술을 구사하여 매매할 경우, 관심종목 안에서 저가권에 진입한 것으로 검색되는 매수 대상 종목은 시간 차를 두고 나오는 경우가 많기 때문에, 비중조절과 분할매수를 하면서 종목을 매수하다 보면 총 투자 자금의 일부는 항상 현금으로 남아 있기 마련입니다. 이 현금, 아깝잖아요. 이 현금을 활용하여 리스크를 가능한 한 배제하면서 꾸준히 수익을 내는 매매의 기술이 바로 오버솔드식 초단타 매매입니다.

또한 시장이 전체적으로 하락할 때에는 저가 매수의 기술의 기법상 저가권에서 1차 매수를 한 다음에도 시장 영향으로 인해 더 하락하면서 주가가 밀리는 경우가 종종 있습니다. 매수 후 보유할 때 추가 하락의 리스크가 마음에 걸릴 수도 있습니다. (이래서 비중조절 및 분할매수를 하는 것이지만요.) 이렇게 시장이 전체적으로 하락하는 경우에도 리스크를 회피하면서 꾸준한 수익을 낼 수 있다면 좋겠지요? 이때의 답 또한 초단타 매매라 할 수 있을 것입니다.

초단타 매매의 기술을 몸에 익히게 되면 주식시장은 매일매일 나에게 돈을 주는 돼지저금통 또는 ATM이 되어줍니다. 듣기만 해도 희망이 생깁니다. 다만, 초단타 매매는 매수 후 매도를 아주 냉정하게 기계적으로 할 수 있어야만 합니다. 기대나 희망으로 보유하는 것이 아니라, 사전에 설정된 매수 조건에 일치할 때 매수하고 매도 조건에 따라 매도합니다. 손절매도 아무렇지 않게 할 수 있어야 합니다. 자신의 매매 방식이 그렇지 않다면 상당히 오랜 기간 훈련을 해야만 합니다. 매수와 매도의 특정한 조건을 머릿속에 때려넣고 조건들이 주식시장에서 성취되는 것을 스스로 체험하면서 점차 투자금의 비중을 늘려나가는 훈련을 해야 합니다. 주식 매매의 실전 상황에서 초단타 매매의 기술을 '체화'하지 않은 채 그냥 수익만을 좇으며 투자금을 팍팍 집어넣는다면 머리와 손끝이 연결되어 움직이지 않기 때문에 손해의 크기가 생각보다 더 커질 수 있습니다.

저가 매수의 기술만을 자신의 주식 매매의 기법으로 삼는다면 매매를 하지 않는 동안의 현금은 수익을 낳지 않지만, 초단타 매매의 기술을 익히게 되면 저가권 매수에 투입되지 않고 남아 있는 현금을 활용하여 꾸준한 수익을 만들어갈 수 있습니다. 예를 들어, 100만 원을 들고 초단타 매매를 해서 하루에 1~2만 원 정도를 매일 만들어가면 한 달이면 20~50만 원의 수익이 됩니다.

초단타 매매를 통해 매일매일의 작은 수익들을 꾸준히 쌓아갈 수 있다면 이렇게 사용할 수도 있을 거예요.

- 월세를 낼 때 도움이 될 수 있다.
- 자동차 할부 비용을 처리할 수 있다.
- 전기비나 난방비를 처리할 수 있다.
- 금융 이자를 지불할 때 도움이 된다.
- 아이들 학원비에 도움이 된다.
- 외식할 때 마음이 불편하지 않다.
- 오버솔드가 좋아하는 스타벅스 원두커피를 한 봉투 사도 부담 없다.
- 저가 매수의 기술에 해당하는 종목에 집어넣어 새로운 수익을 기대한다.

여기서 반드시 짚고 넘어가야 할 부분이 있습니다. 매매를 하는 사람의 머리는 하나인데, 저가 매수의 기술과 초단타 매매의 기술의 매매 타이밍은 반대라고 할 수 있습니다. 저가 매수의 기술은 일봉상 하락추세의 끝을 붙잡고 시간을 들여 수익을 내는 방식이라면 초단타 매매의 기술은 상승 중과 고점 사이에 있는 주가의 위치에서 짧은 시간에 매수매도하는 것이기 때문에 정확하게 이론을 이해하고 조건을 잘 구분하여 경우에 맞춰 구사하지 않으면 매매가 꼬이기 쉽습니다.

예를 들어, 초단타 매매로 주가의 고점에서 매수했는데 계산한 것과 달리 상승하지 않고 하락할 경우 당연히 손절해야 하는데, 갑자기 저가 매수의 기술에서처럼 시간을 투자하겠다며 손절하지 않다가 손실이 커지는 사례를 종종 목격하게 됩니다.

저가 매수의 기술이 저가권에서 매수하여 오랜 시간 보유하는 방식이라면, 초단타 매매의 기술은 당일 주가의 상승 시 또는 조정 시 매수해서 당일 수익을 바로 실현하는 방식으로서 시간을 다루는 방법이 다릅니다. 이 점을 기억해놓으십시오.

이 책은 의도적으로 《저가 매수의 기술》보다 더 많은 차트를 수록하였습니다. 초단타 매매는 매우 정교한 매매이기 때문에, 장중 처하게 되는 상황에 어떻게 대응하는지에 대한 해석이 빼곡히 적혀 있습니다. 이런 기획을 허락해주시고 빠짐없이 종목 해석을 실을 수 있도록 해주신 출판사에 감사한 마음이 가득합니다.

초단타 매매의 기술에 대해서는 이메일을 공개하지 않으려고 합니다. 보유 종목에 대한 분석을 해드리는 것은 어렵지 않은 일이나 법적인 문제가 있기 때문입니다. 서운해하지 않으셨으면 좋겠습니다.

오버솔드식 초단타 매매를 시작하게 되면, 여러분은 언제나 시장 중심에 서 있는 주도 종목으로 편안하게 매매할 수 있게 될 것입니다. 건투를 기원합니다.

오버솔드

3장 오버솔드식 초단타 매매의 기본 매수 타점

4장 VI D데이 매매

5장 VI D+1데이 매매

6장 맺음말: 초단타 매매도 원칙이 중요하다

1장

들어가면서

나스닥 지수가 −3.7% 하락한 날에도
20%가 넘는 수익을 내다

2022년 12월 23일 금요일, 코스피 종합지수 ▼43.04(−1.83%),
코스닥 종합지수 ▼23.77(−3.32%) 하락.

12월 23일의 매매에 영향을 끼치는 전일 미국 나스닥 시장은
▼233.25(−2.18%) 하락.

저가로는 −3.70%까지 하락.

주식투자를 하는 사람이라면, 특히 전업투자자처럼 매매하는 사람이라면
반드시 새벽에 마감한 미국 시장의 상태를 살펴보게 됩니다. 저 또한 전
업투자자는 아니어도 아침에 일어나면 전날 미국 시장, 특히 나스닥의 지
수 마감 상태를 항상 체크합니다. 미국 시장이 올랐다면 당일 우리나라

시장도 상승 분위기를 탈 것 같아 살짝 들뜨기도 하지만, 내렸다면 보유 종목들이 아침부터 갭 하락하지 않을까 걱정입니다. 손실액이 눈에 아른거리고, 미수나 신용을 잘못 쓴 상태라면 반대매매 걱정으로 아침밥도 넘어가지 않겠지요.

2022년 12월은 나스닥이 계속 하락하는 장세였습니다. 크리스마스를 앞둔 12월 23일 아침에 살펴본 나스닥 지수의 마감 시황은 -2.18%. 종가가 최저가일 수도 있지만 장중 반등한 것일 수도 있으니 종가에 이어 최저가도 확인해야 합니다. 저가는 -3.70%까지 하락했었습니다. 나스닥이 하루에 -3% 넘게 하락하는 경우는 드문 일입니다. 그런 만큼 무섭다는 생각이 듭니다. 우리나라 시장은 오늘 얼마나 빠질지.

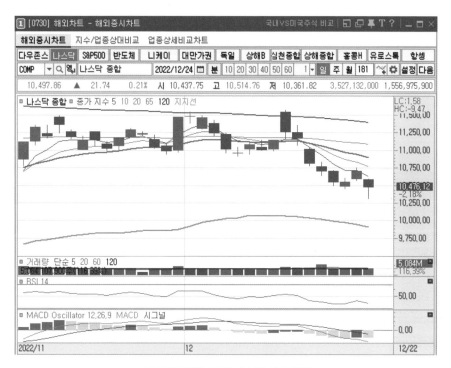

2022년 12월 23일 나스닥 지수 차트

위의 나스닥 지수 차트를 보면 이번 하락 이전에 이틀 동안 양봉이 만들어져서 크리스마스를 앞둔 많은 투자자에게 '연말 랠리를 위해 시장이 방향을 튼 거 아니야?'라는 희망을 갖게 했습니다. 그래서 23일의 하락은 더 큰 충격으로 다가왔을 것입니다. 이틀째 상승한 미국 시장의 영향을 받았는지 우리나라 시장도 22일 전체적으로 상승하였습니다. 연말을 기대하면서 매수 후 홀딩한 매매자들이 많았을 것입니다.

그러나 매매를 안전하게 하고자 하는 매매자라면 MACD와 시그널선의 데드크로스가 발생한 후 하락추세가 이어지고 있으니 시장이 상승할 것이라는 희망에 기반한 매매보다는 상승으로 추세가 돌았다, 또는 하락의 제일 끝이라는 근거를 확인하기 전에는 하락을 전제로 시장 대응을 해야 합니다. 아무리 주식방송에서 연말 랠리가 시작된 것 같다고 긍정적인 전망을 외치더라도 주식을 매수해서는 안 되는 시점이라는 뜻입니다.

한편, 저가 매수의 기술을 구사할 수 있게 된 매매자라면 이런 날일수록 '새로운 매수 종목을 만나게 될지도 모른다'라는 기대로 당일의 시장을 맞이할 것입니다. 고점에서 매도하여 수익을 실현한 이후 다음 매수를 위해 현금을 갖고 있는 상태니까요. 사실 이 시기, 고점에서 물린 사람들이 비명을 지르고 있다는 뉴스를 곳곳에서 들을 수 있었습니다. 레버리지를 통해 수익을 극대화할 것이라며 빚을 내서 투자하는 사람들은 청산당하기도 하고요.

누구나가 원하는 '저가에서 매수해서 고가에 매도한다'라는 원칙에 근거해서 투자하는 사람, 즉 저가 매수의 기술을 몸에 익히고 실천하는 사람에게는 이날과 같은 하락이 좋은 종목들을 다시 매수할 기회가 됩니다.

옆 페이지의 표는 제 관심종목들 중에서 조건검색을 통해 일봉 기준 RSI 과매도권에 진입한 종목들을 장 마감 후 캡처한 것입니다. 물론 장중에도 RSI 과매도권으로 진입하는 종목들이 계속 검색돼서 나옵니다. 이렇게 장 시작부터 '오늘은 폭락이겠구나'라고 예상할 수 있는 날에는 과매도 종목이 검색되어 올라올 때마다 느긋하게 차트를 살펴보고 매수 판단을 하면 됩니다. 2차전지 업종 ETF, 전기차 업종 ETF가 과매도권으로 들어왔다

종목명	현재가	대비	등락률	거래량	삭제	L일봉H
이수화학	19,100 ▼	650	-3.29	675,681	X	
삼성SDI우	290,500 ▼	6,500	-2.19	12,675	X	
현대위아	51,700 ▼	1,400	-2.64	135,969	X	
스페코	4,565 ▼	190	-4.00	98,580	X	
유니드	82,900 ▼	3,200	-3.72	27,690	X	
이글벳	5,790 ▼	110	-1.86	96,522	X	
iMBC	3,285 ▼	85	-2.52	451,470	X	
대주전자재료	70,300 ▼	5,200	-6.89	273,960	X	
파인테크닉스	2,130 ▼	125	-5.54	327,132	X	
켐트로스	7,240 ▼	390	-5.11	251,668	X	
심텍	27,850 ▼	1,300	-4.46	345,662	X	
마이크로디지	3,455 ▼	215	-5.86	88,618	X	
TIGER 2차전	17,450 ▼	680	-3.75	740,326	X	
솔루스첨단소	29,950 ▼	1,350	-4.31	164,885	X	
TIGER KRX2차	13,750 ▼	460	-3.24	502,861	X	
TIGER 퓨처모	8,050 ▼	305	-3.65	76,542	X	

2022년 12월 23일 일봉 RSI 과매도권 진입

는 게 아주 마음에 듭니다. 기다리고 기다리던 순간입니다. 앞으로 시장이 성장할 일만 남은 업종에서 시장 상황으로 인해 이런 놓칠 수 없는 매수 타이밍이 온 것입니다. 매수합니다.

이날 장중에는 현대건설이 RSI 과매도권으로 진입한 순간이 있었습니다. 《저가 매수의 기술》에서 배운 간단한 검색식을 통해 실시간으로 알 수 있습니다. 며칠 전부터 계속 과매도권 신호를 들락날락해서 매수하기로 했

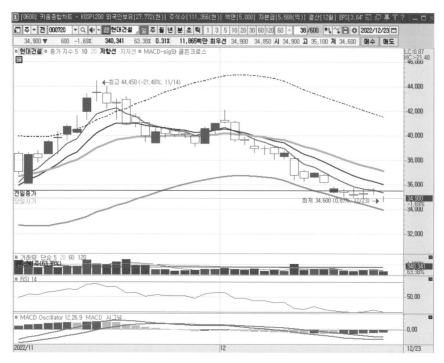

2022년 12월 23일 현대건설 RSI 과매도권 매수

습니다. 현대건설 같은 업종 1등주가 RSI 과매도권으로 진입하는 건 1년
에 몇 번 되지 않는 이벤트입니다. 한번 살펴볼까요?

2022년 1월, 6월, 9월 말~10월 중순, 주가의 RSI 과매도권 진입을 확인할
수 있습니다. 저가 매수의 기술에 따라 매수한 다음 시간을 줬더니 RSI 과
매수권까지 올라가 매도 타이밍을 줬습니다. 30~40%에 가까운 수익을
매번 주니까 이번의 RSI 과매도권 진입도 좋은 매수 기회가 되는 것으로
판단하고 매수를 한 것입니다.

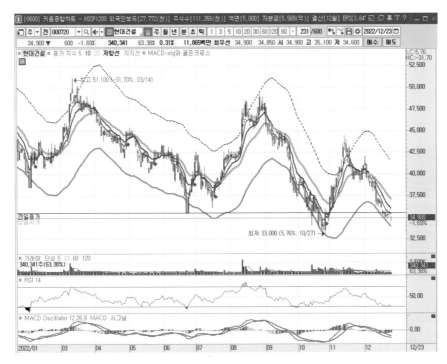

현대건설 2022년 1년치 차트

매번 강조드리는 말씀이지만, 저가 매수의 기술을 자신의 매매에 활용하는 투자자는 이렇듯 다른 시장 참여자들이 비명을 지를 때, 기분 좋게 매수할 수 있습니다. 더하여 말하자면, 레버리지도 이런 때 쓰는 것이지요.

하지만 저가 매수의 기술을 구사한 안전한 매매는 익숙해진 매매자에게 다소의 지루함 또는 불만족을 느끼게 할 수 있습니다. 종목의 고점에서 수익을 실현한 다음 새로운 매수 종목이 나타날 때까지 현금이 너무 오래 논다는 느낌이 들기 때문이죠. 상승장에서는 저가에 매수해놓은 종목들이 시간의 흐름에 따라 수익을 알아서 만들어줍니다. 반면, 하락이 진행 중인 시장 상황에서는 어떻게 수익을 낼 수 있을까요? 그 해답으로 저는 초단타 매매를 제안하고자 합니다. 저는 저가 매수의 기술을 통해 수익을 실현한 후 보유 중인 현금으로 다음 매수 타점이 나올 때까지 초단타 매매를 구사하면서 짧은 수익을 누적하고 있습니다. 시장 상황과 관계없이 시장의 관심이 집중되는 종목은 있기 마련이고, 그 관심이 만들어내는 변동성을 이용해서 다만 몇 퍼센트라도 짧은 수익을 만들어내는 것이죠.

2022년 12월 22일 삼아알미늄 일봉

오늘 같은 날이 바로 시초가부터 변동성이 발생하는 종목을 잡아 초단타 매매를 하기 쉬운 날입니다.

왼쪽의 차트는 5이평선과 10이평선의 골든크로스가 유지되는 상태로 계속해서 일 중 저가에서 1~2%의 수익을 손쉽게 만들어주던 삼아알미늄(006110)의 22일 마감된 차트입니다. 오늘(23일)은 개장 전부터 전일 대비 하락한 상태로 예상 시초가가 형성되고 있었습니다. 일봉 차트를 살펴볼 때 이 종목은 지속적으로 20이평선 반등, 10이평선 반등과 같이 상승을 의미하는 주요 이동평균선에 접근할 때마다 매수세가 들어오면서 아래꼬리가 만들어지는 모습을 보여주었기 때문에 저는 '아, 오늘도 시초가부터 저가를 잡아서 수익을 쉽게 내야겠다'라는 생각을 하였습니다.

시초가는 -4.29% 하락한 33,500원에서 시작되었습니다. 20이평선 아래에서 시초가가 만들어졌습니다. 시초가부터 1차 매수를 합니다. 이제부터 초단타 매매를 다루는 60틱 차트와 3분봉 차트를 보도록 하시죠.

시가 -4.29%에서 하락이 추가로 이어져 저가 -10.57%까지 하락합니다. 어질어질합니다.

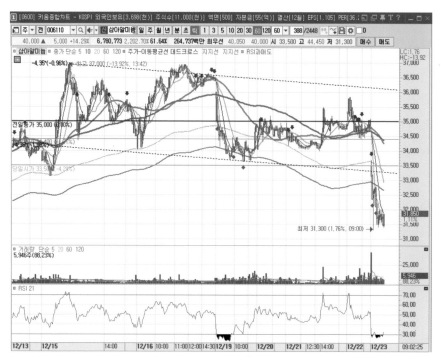

2022년 12월 23일 장 초반 삼아알미늄 60틱 차트

시초가에 1차 매수가 되었습니다. 틱 차트에서도 RSI 과매도권 매수는 저가 매수의 기술에서와 같이 유효합니다. 다만 시간의 폭이 차이입니다. 위의 틱 차트에서 19일 주가가 RSI 과매도권에서 탈출한 다음 수익권으로 올라간 것을 볼 수 있습니다. 그런 이유로 저는 시초가에서는 잘 샀다고 생각했습니다. 그런데 추가 하락이 순식간에 진행되었습니다. 전일 종가 대비 -10.57%까지 하락합니다. 시초가에서 싸게 매수했다고 생각했는데 그 시점에서 주가가 -6% 가까이 추가 하락하니 겁이 날 수도 있겠지만, 이런 때에는 더 매수할 수 있습니다. RSI 과매도권을 탈출하는 시점에서

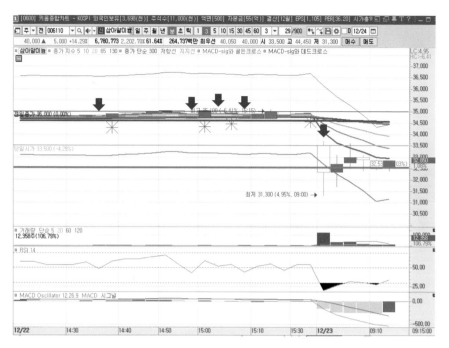

2022년 12월 23일 장 초반 삼아알미늄 3분봉 차트

충분히 추가매수할 수 있습니다. 그 시점부터는 어떤 식으로든 반등이 진행되기 때문입니다. 종목에는 특별한 문제가 없이 순전히 시장 상황에 의해 기존 보유자들이 패닉에 빠진 것일 뿐입니다.

3분봉 차트를 확인해보지요. 시가 이후 첫 3분봉에서 RSI 과매도권으로 들어가면서 엔벨로프를 뚫고 하락이 진행되다가 반등이 일어나서 아래꼬리를 만드는 것을 볼 수 있습니다. 옆의 틱 차트에서 벌어진 그 모든 일이 장 시작 후 3분 만에 벌어진 일입니다. 저 아래꼬리 저가를 깨지 않는 이상 추가매수할 수 있습니다.

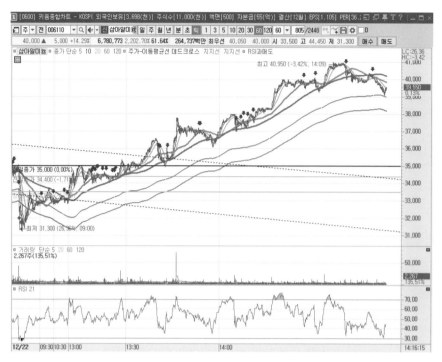

2022년 12월 23일 삼아알미늄 60틱 차트: 60이평선과 120이평선 골든크로스 유지

틱 차트상에서 만들어지는 상승추세를 보십시오. 9시 장 시작 후 진입한 RSI 과매도권을 탈출한 이후 오후 2시 정도까지 지속적으로 상승하는 것을 볼 수 있습니다. 그러나 보통의 매매자는 이와 같은 긴 상승을 통한 수익을 모두 거둘 수는 없습니다. 지금 보는 이 차트 또한 시간이 지난 다음의 차트라서 오른 것을 '와~' 하고 바라볼 수 있는 것이지, 실제로 매매를 하는 동안에는 계속해서 긴장하고 바라볼 수밖에 없기 때문입니다. 시초가의 1차 매수 그리고 RSI 과매도권 진입 시의 2차 매수를 통해 평균단가를 낮춘 이후에는 틱 차트 60이평선 근처나 120이평선까지의 반등 구간에서 일부 익절을 하기 때문입니다. (물론 그것도 대단한 수익입니다!)

2~3% 정도의 수익이라도 만들어지면 기분 좋게 익절하는 것이 초단타 매매입니다. 자신만의 기준에 따라 수익을 실현했다면 익절한 다음 주가가 추가 상승한다고 해서 평정심을 잃으면 안 됩니다. 초단타 매매는 명경지수의 마음으로 해야 합니다. 그런데 오늘은 장 시작부터 전일 종가 대비 -10%까지 이 종목에서는 이전에 찾아볼 수 없던 하락을 했기 때문에 일부 익절한 다음 나머지 보유 물량은 오늘의 저가 또는 매수 평균가를 손절매 라인으로 삼고 그냥 홀딩해보는 겁니다. 최소한 틱 차트로 60이평선과 120이평선의 골든크로스가 유지되는 동안은 상승추세가 이어지는 것으로 간주해서 붙들고 가보는 것이죠.

오후 2시 10분경 60이평선과 120이평선의 데드크로스가 나올 때까지 25% 수익 라인을 만들어줍니다. 뜻하지 않은 행운이지만, 분명한 매매의 기준을 갖고 있기 때문에 거둘 수 있는 즐거움이기도 합니다.

60틱 차트를 자세히 살펴보면 오전 9시에서 오후 1시 정도까지는 간신히 시초가를 회복하는 정도의 흐름이었고, 오후 1시 이후부터 거래가 활발해지면서 상승을 만들어냈습니다. (틱 차트의 성격에 대해서는 앞으로 공부하게 될 것입니다.) 다음 페이지의 3분봉 차트상 5이평선과 10이평선의 골든크로스가 유지되는 동안 홀딩하고 있었다면 32% 정도 익절할 수 있습니다. 기다리는 데는 별다른 테크닉이 필요 없습니다. 오히려 수익이 점점 늘어나면서 '아… 갑자기 하락하면 어떡하지? 팔까? 팔까?' 하는 마음을 억누르면서 기다리는 것이 더 힘들 것입니다. 이러한 상승의 과정에서 매매자

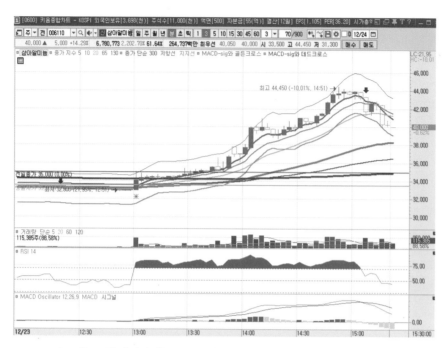

2022년 12월 23일 삼아알미늄 3분봉 차트: 5이평선과 10이평선의 골든크로스 유지

는 이평선의 데드크로스까지 버티는 방법 이외에도, MACD와 시그널선의 데드크로스가 일어나는 지점이라든가, RSI가 과매수권을 이탈하는 지점을 상승추세가 일단락된 것으로 판단하는 기준으로 삼아 매도의 의사결정을 내릴 수 있습니다.

시장이 하루 종일 하락한 2022년 12월 23일과 같은 날에도 초단타 매매의 기술을 공부하여 매매의 논리와 설정된 규칙에 의해 자기 확신을 가진 매매를 할 수 있게 되면, 중장기 매매기술인 저가 매수의 기술을 구사하여 몇몇 종목을 매수한 이후에도 비중조절과 분할매수를 위해 갖고 있는

2022년 12월 23일 삼아알미늄 일봉 차트

현금을 더 유용하게 활용할 수 있게 됩니다.

관심이 생기십니까?

그럼, 공부를 시작해볼까요?

Don't try this at home!

방송에서 미국 프로레슬링을 본 사람은 익숙하겠지만, 보통 시작하기 전 선수들이 나와서 시청자들에게 '집에서 따라 하지 마세요. 특별하게 훈련한 선수들이 하는 경기입니다'라고 겁을 줍니다.

앞서 출간된 《저가 매수의 기술》을 읽은 많은 독자들로부터 단기 매매의 기술에 대해 책을 써달라는 요청을 받으면서도, 수익을 빨리 보고자 하는 조급한 마음으로 독자들이 훈련되지 않은 상태에서 책 속의 몇 가지 눈에 띄는 것만 참고해서 매매하다 오히려 손해를 보는 건 아닐까 하는 걱정이 크게 앞서 몇 번이고 망설였습니다.

혹시 당신이 《저가 매수의 기술》보다 이 책을 먼저 접하게 되신 독자라면, 부디 《저가 매수의 기술》을 읽어보시고 오버솔드가 각종 지표를 해석하는 방식을 우선 익히시길 강력하게 권해드립니다. 초단타 매매의 기술은 저가 매수의 기술을 대단히 짧은 시간으로 압축해서 활용하는 부분이 많기 때문입니다.

이동평균선의 실전에서의 의미, 기준봉, RSI, MACD 등에 대한 명확한 이해가 있어야 빠르게 흘러가는 초단타 매매에서도 자신만의 흔들리지 않는 기준으로 꾸준히 수익을 낼 수 있습니다.

몇 번을 강조해도 절대 지나치지 않습니다. 절약해서 만든 소중한 자금으로 투자하는 것이기 때문에, 우리는 최대한 감정을 배제한 매매를 할 수 있도록 이성에 기반한 기술을 익혀야만 합니다. 오버솔드가 당신과 해나가고 싶은 매매는 '기대'하거나 '희망'하지 않고, 철저히 시장에서 일어나는 현상에 '대응'하는 매매입니다.

그리고 이 책을 읽고 나서 느끼게 될 '고양감'으로 무작정 초단타 투자에 나서지는 마십시오. 책의 내용을 기반으로 실전에서 많은 차트들을 보면서, 틱 차트의 움직임을 보면서 자신의 매매 리듬감을 실전으로 느끼시기를 바랍니다. 어느 틈엔가 차트에서 '자리'가 보이기 시작할 것입니다. 그때가 비로소 준비된 때입니다.

2장

오버솔드식 초단타 매매의 기초 이론

초단타 매매에 대한 우리끼리의 정의

매매기법을 설파하는 투자고수마다 시간에 대한 개념이 다르기 때문에, 초단타라고 할 때 '어느 정도의 시간을 말하는 것이지?' 싶을 때가 있습니다. 따라서 우리는 몇 가지 사항에 대해 개념적 약속을 해야 할 필요가 있습니다.

우리가 이 책에서 다루는 초단타 매매의 기술이란 당일 매수한 종목을 보유할 경우 다음 날 시가를 알 수 없다는 위험부담을 없애기 위한 기술입니다. 특히 시장 전체에 하락의 기운이 맴돌 때라면 다음 날 언제 갭 하락이 나와도 이상하지 않기 때문입니다. 2022년부터 2023년 2월까지의 주식시장을 경험한 시장 참여자라면 무슨 말인지 이해할 수 있을 것입니다. 따라서 초단타 매매의 기술을 구사할 경우, 당일 매수한 물량은 당일 매도하는 것을 원칙으로 합니다.

기술에 의해 미리 전제된 타이밍에 매수한 이후 매도 타이밍, 수익실현의 타이밍은 시간으로 한정짓지 않습니다. 즉 일단 매수한 물량은 당일 장이 끝나는 시점까지는 반드시 매도해야 하지만 매수 후 몇 분 이내 매도해야 한다는 기준은 없습니다. 이후 배우게 될 매도 타이밍에 적절하게 대응해서 매도하면 됩니다. 매수하자마자 1~2분 내에 매도해야 할 수도 있고, 장 막판까지 보유하고 있어야 할 수도 있습니다.

초단타 매매의 기술을 구사해서 매수했다면 다음 날 상승할 것 같더라도 일단 매도하여 다시 현금으로 만들어야 합니다. 사람에게는 탐욕이 작동하기 때문에 이 점이 실전에서는 지키기 대단히 어렵습니다. 해보시면 느끼게 됩니다. 자신의 마음의 움직임을. 항상 손실만 볼 때는 살펴볼 수 없었던 자기 마음속의 탐욕이, 공부를 통해 수익 가능성이 큰 타점에서 매수할 수 있게 되어 수익을 보게 되면 슬그머니 나타나게 됩니다. 원칙적으로는 다음 날 다시 매수하는 한이 있어도 매수 당일에 매도하여 자신이 제어할 수 없는 위험부담을 피해야만 합니다. 편안한 마음으로 잠자고 싶은 것입니다. **주식시장에서 자신이 제어할 수 있는 유일한 것은 매수와 매도 두 가지뿐입니다.**

저가 매수의 기술을 통한 매매기술 이외에 하루 이상을 보유하는 방식은 스윙매매의 기술입니다. 스윙매매의 기술을 활용하기 위해서는 초단타 매매의 기술과는 다른 기준을 별도로 갖고 있어야만 합니다.

손실의 리스크를 피하기 위해 최선을 다하지만, 그럼에도 불구하고 매수 후 손실이 발생할 경우는 손실을 최소화해야 합니다. 따라서 초단타 매매에서는 **손절매**를 해야 할 때가 있습니다. 매수 후 수익의 발생 확률을 많이 높인 기술이기는 하지만 그럼에도 손실이 나는 경우가 있습니다.

초단타 매매 역시 매수매도에 대한 의사결정을 내리기 위해 보조지표를 활용합니다. 따라서 초단타 매매의 기술을 본격적으로 배우기 전에 《저가 매수의 기술》에서 상세하게 설명해놓은 보조지표, 특히 이동평균선과 RSI, MACD에 대한 이해를 분명히 해놓으세요. 저가 매수의 기술에서 수십 일 동안의 차트의 움직임 속에서 보조지표를 통해 매매 타이밍을 잡는 것처럼, 초단타 매매의 기술에서는 시장 참여자들이 매수 관심종목에 발생시키는 하루 동안의 매매를 반영하는 차트와 보조지표를 이용합니다. 보조지표의 개념은 같지만 초단타 매매의 기술에서 적용되는 보조지표의 몇몇 기준 변수는 저가 매수의 기술에서 사용하는 것과 다릅니다.

초단타 매매를 하는 기준: VI 발동 종목

당일 매수해서 당일 매도하는 초단타 매매이니 만큼, 일정 정도의 수익은 담보가 돼야 할 것입니다. 따라서 어느 정도 주가의 변동 폭이 발생하는 종목을 매매의 관심종목으로 삼고 초단타 매매의 기술을 적용해야 합니다. 수많은 종목 중에서 어떤 종목을 어떻게 골라서 매매해야 할까요? 투자고수마다 다양한 종목 선정의 기준이 있습니다. 당일 상승률을 기준으로 하기도 하고, 거래량 상위 종목을 매매 대상으로 삼기도 합니다. 검색식을 활용하여 자신이 갖고 있는 매매 논리에 맞는 종목을 시스템이 검색해내도록 하기도 하지요. 하지만 이 책을 통해 제가 여러분에게 말씀드리는 오버솔드식 초단타 매매를 위한 대상 종목을 찾는 방법은 딱 하나입니다.

바로 VIvolatility interruption(변동성 완화장치)가 발동하는 종목입니다.

VI란 거래소에 상장된 종목들의 급격한 가격변동성을 완화시키기 위한 매매조치 제도로서, 주가 급등락 상태가 일정 기준 혹은 조건에 부합되면 VI가 발동되며 일정 시간 동안 단일가 매매가 진행됩니다. 미국 시장에는 없는 우리나라만의 독특한 제도입니다.

VI는 동적 VI와 정적 VI로 나뉘는데, 이 책에서는 당일 시가를 기준으로 약 10% 되는 변동성 구간마다 발동되는 정적 VI를 지칭할 것입니다. VI 가 발동되면 2분 동안 단일가 매매가 진행되고 임의 연장이 30초 정도 이 어집니다. 간단히 말해, 시가에서 10% 상승한 가격에서 VI가 발동되면 2분 30초 정도 동안 거래가 멈춘다고 알고 계시면 됩니다. (VI는 하락 시에도 마찬 가지로 발동됩니다.)

시가에서부터 10%의 상승이 역동적으로 나오는 종목은 간단히 말해 당 일 시장의 관심이 모이고 있으며 시장 참여자들이 집중해서 쳐다보는 종목 이라는 뜻입니다. 매매를 하다 보면 정말 뼈저리게 느껴지는 부분이 있는 데요. 주가를 상승시키려면 1%를 올리는 것도 엄청나게 고된 일이라는 점입니다. 하락은 쉽게 몇 퍼센트씩 빠지면서 상승은 좀처럼 박력 있게 발생하지 않지요.

거기에 더해서 자신이 매수 후 보유 중인 종목은 정말 찔끔찔끔 오르는데 관심종목에 넣어둔 종목들이 급상승하는 것처럼 보이면 상실감에 휩싸이 고 뇌동매매를 하기 딱 좋은 심리 상태가 됩니다.

그런데 이런 상황은 자기 보유 종목에 당일 시장의 관심이 집중되지 않아 서 그런 것일 뿐이지 결국 올라갈 종목은 슬금슬금 며칠에서 몇십 일에 걸쳐 상승합니다. 그렇기 때문에 다시 한 번 말씀드리지만, 저가 매수의 기술을 통해 수익을 실현하는 방식과 초단타 매매를 통한 방식은 그 시간의 운용법이 다르고, 철저히 분리해서 생각해야만 합니다.

단 1%도 상승시키기 어려운데 당일 시가부터 시작해서 10%가 올라 잠시 거래가 멈춘다는 말은 누군가가 집중적으로 (시가)에서 (시가+10%) 사이에 있는 물량의 상당 부분을 사들여서 자기 소유로 만들었다는 말입니다. 또한 무슨 이유 때문인지는 몰라도 시장은 VI가 발동한 종목에 대해 관심을 갖고 있는 중임을 뜻하는 것입니다. 달리 말하자면 돈이 집중적으로 몰렸다는 뜻입니다. 이 돈의 상당한 비중은 세력이 목적과 방향성을 갖고 집중적으로 매수하면서 쓴 돈입니다. 이렇게 몰린 돈이 VI 발동 이후 거래가 재개될 때 갈 수 있는 길은 둘 중 하나입니다. 몰린 돈 가운데에서 큰 비중을 차지하는 세력이 계속 그 주가를 쳐올리든지, 쫓아 들어오는 개미들에게 던지면서 수익을 실현하든지. 우리는 당일 갈 수 있는 길에 대한 선택사항이 별로 없는 돈의 길을 따라서 수익을 보려 하는 것입니다.

평범한 개미투자자가 당일 어떤 종목의 주가가 VI가 발동할 정도로 급등하는 이유를 VI 발동 시점에 즉시 알기는 쉽지 않습니다. 그럼에도 대략 정리해본다면 다음과 같은 이유일 것입니다.

- 종목의 성격에 맞는 호재성 재료의 발현(신약의 임상시험이 성공했다거나…북한이 엉뚱한 짓을 한다거나… 금리가 오른다거나…)
- 매집이 끝난 종목의 상승 신호탄으로서 세력이 만드는 상승
- 저가권에서의 세력 매집봉

우리가 아주 일반적인 개미투자자라면 하루에도 여러 종목들에 VI가 발동하는데 각각의 사유를 다 알고 매매로 대응하기는 어렵습니다. 각자의 생활이 있고 휴식이 필요하기도 하며, 한편 어쩌다 그 이유라고 알게 된 내용은 이미 세력이 써먹은 재료이므로 더 이상 주가의 상승을 담보할 만큼 영향력이 없을 수 있기 때문이죠. 그래서 개미투자자로서의 한계에 얽매이지 않고 종목 선정에 대한 고민 없이 VI가 발동한 종목을 초단타 매매의 매매 대상으로 삼는 것입니다.

삼성전자 같은 대형주가 시가부터 시작해서 10% 상승한다는 것은 거의 기대하기 어렵습니다. 돈이 너무 많이 들어서 세력 하나가 주가를 끌어올리기는 어렵기 때문이죠. 일반적으로 VI의 발동은 중소형주에서 일어나며, 장이 끝나고 당일 상승 상위 종목들의 이유를 살펴보면 모두 나름대로 잡다한 재료가 상승의 이유로 거론되는 것을 알 수 있습니다.

시초가에서 10% 상승하여 첫 VI가 발동하면 우리는 이후 그 종목이 다음 중의 하나로 움직이게 될 것임을 짐작할 수 있습니다.

- 상한가까지 갈 수도 있겠다. (즉 첫 VI 이후 추가로 10~20% 정도 상승 가능)

- 상한가까지는 아니더라도 상승의 기세가 조금 더 이어져서 추가 상승이 있을 수 있겠다.

- 첫 VI까지가 당일 상승의 전부이며 이후 하락할 것이다. 하락의 세기에 따라 상승 폭의 반 정도까지 하락할 수도 있고, 모두 하락할 수도 있으며, 더 나아가서는 시가보다 더 하락할 수도 있다.

VI가 발동하여 거래가 잠시 멈춘 상태에서는 그 이후 주가가 어떻게 흐르게 될지 알기 어렵습니다. 그렇기 때문에 당일 매수세가 모여 만들어진 첫 VI 발동 종목의 매매 재개 시점 이후부터 적절하게 주가의 흐름에 대응하는 것이 바로 오버솔드식 초단타 매매의 비결이라 말할 수 있겠습니다.

어떠한 시장 상황 속에서도 VI 발동 종목은 반드시 나오게 되어 있습니다. VI 발동 종목을 찾기 위한 설정 방식에 따라 평균적으로 20~50종목이 나옵니다. 어쨌든 이 종목들은 한꺼번에 나타나는 것이 아니라 장이 시작하고 시간이 흘러가면서 하나씩 튀어나오기 때문에, 어떤 종목으로 당일 매매를 할지 결정하는 기준 또한 잘 알아놓아야 할 것입니다.

2022년 12월 20일 코스피 -0.80% 하락

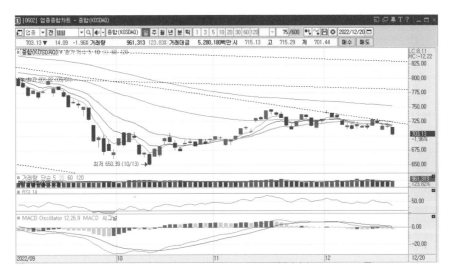

2022년 12월 20일 코스닥 -1.96% 하락

위의 차트에서처럼 2022년 12월 20일 코스피는 -0.8% 하락하였고, 코스
닥은 -1.96% 하락하였습니다. 이런 날에도 다음과 같이 시장 참여자의
관심이 집중되어 시가 대비 10% 이상의 변동 폭을 보여주는, 즉 수익을
기대할 수 있는 VI 발동 종목은 수십 종목이 나옵니다.

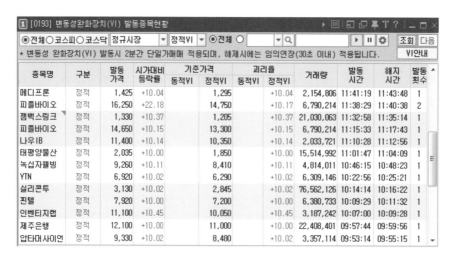

⦿전체 ○코스피 ○코스닥 정규시장 ▾ 정적VI ▾ ⦿전체 ○ ▾ Q ▸ ‖ ⚙ 조회 다음

* 변동성 완화장치(VI) 발동시 2분간 단일가매매 적용되며, 해제시에는 임의연장(30초 이내) 적용됩니다.   VI안내

종목명	구분	발동가격	시가대비등락률	기준가격 동적VI	기준가격 정적VI	괴리율 동적VI	괴리율 정적VI	거래량	발동시간	해지시간	발동횟수
비투엔	정적	2,035	+10.00		1,850		+10.00	1,196,577	14:54:28	14:56:30	1
미스터블루	정적	4,005	+9.43		3,640		+10.03	26,364,239	14:24:29	14:26:48	3
리메드	정적	14,250	+10.04		12,950		+10.04	1,902,812	13:52:25	13:54:53	1
위더스제약	정적	10,200	+29.44		9,240		+10.39	10,224,238	13:32:28	13:34:55	3
양지사	정적	40,050	+10.03		36,400		+10.03	1,930,184	13:20:52	13:23:12	1
실리콘투	정적	3,435	+20.74		3,120		+10.10	76,562,126	13:11:54	13:13:57	2
SCI평가정보	정적	4,385	+10.04		3,985		+10.04	22,603,555	13:05:54	13:08:02	1
메이슨캐피탈	정적	392	+10.11		356		+10.11	13,155,075	12:53:50	12:55:56	1
푸른저축은행	정적	14,000	+10.24		12,700		+10.24	6,120,769	12:49:42	12:52:04	1
제주은행	정적	13,300	+20.91		12,050		+10.37	22,408,401	12:45:46	12:48:12	2
엔젠바이오	정적	10,900	+10.10		9,900		+10.10	2,011,722	12:28:51	12:31:18	1
씨이랩	정적	16,500	+8.91		15,000		+10.00	2,124,229	12:10:56	12:13:08	3
압타머사이언	정적	10,250	+20.87		9,290		+10.33	3,357,114	11:53:20	11:55:25	2

2022년 12월 20일 VI 발동 종목 1

⦿전체 ○코스피 ○코스닥 정규시장 ▾ 정적VI ▾ ⦿전체 ○ ▾ Q ▸ ‖ ⚙ 조회 다음

* 변동성 완화장치(VI) 발동시 2분간 단일가매매 적용되며, 해제시에는 임의연장(30초 이내) 적용됩니다.   VI안내

종목명	구분	발동가격	시가대비등락률	기준가격 동적VI	기준가격 정적VI	괴리율 동적VI	괴리율 정적VI	거래량	발동시간	해지시간	발동횟수
메디프론	정적	1,425	+10.04		1,295		+10.04	2,154,806	11:41:19	11:43:48	1
피플바이오	정적	16,250	+22.18		14,750		+10.17	6,790,214	11:38:29	11:40:38	2
젬백스링크	정적	1,330	+10.37		1,205		+10.37	21,030,063	11:32:58	11:35:14	1
피플바이오	정적	14,650	+10.15		13,300		+10.15	6,790,214	11:15:33	11:17:43	1
나우IB	정적	11,400	+10.14		10,350		+10.14	2,033,721	11:10:28	11:12:56	1
태평양물산	정적	2,035	+10.00		1,850		+10.00	15,514,992	11:01:47	11:04:09	1
녹십자웰빙	정적	9,260	+10.11		8,410		+10.11	4,814,011	10:46:15	10:48:23	1
YTN	정적	6,920	+10.02		6,290		+10.02	6,309,146	10:22:56	10:25:21	1
실리콘투	정적	3,130	+10.02		2,845		+10.02	76,562,126	10:14:14	10:16:22	1
핀텔	정적	7,920	+10.00		7,200		+10.00	6,380,733	10:09:29	10:11:32	1
인벤티지랩	정적	11,100	+10.45		10,050		+10.45	3,187,242	10:07:00	10:09:28	1
제주은행	정적	12,100	+10.00		11,000		+10.00	22,408,401	09:57:44	09:59:56	1
압타머사이언	정적	9,330	+10.02		8,480		+10.02	3,357,114	09:53:14	09:55:15	1

2022년 12월 20일 VI 발동 종목 2

[0193] 변동성완화장치(VI) 발동종목현황

종목명	구분	발동가격	시가대비등락률	기준가격 동적VI	기준가격 정적VI	괴리율 동적VI	괴리율 정적VI	거래량	발동시간	해지시간	발동횟수
제주은행	정적	12,100	+10.00		11,000		+10.00	22,408,401	09:57:44	09:59:56	1
압타머사이언	정적	9,330	+10.02		8,480		+10.02	3,357,114	09:53:14	09:55:15	1
위더스제약	정적	9,260	+17.51		8,410		+10.11	10,224,238	09:43:34	09:45:50	2
미래생명자원	정적	4,730	+10.00		4,300		+10.00	5,219,417	09:30:15	09:32:44	1
공구우먼	정적	15,150	+10.18		13,750		+10.18	9,652,349	09:28:51	09:31:01	1
위더스제약	정적	8,670	+10.03		7,880		+10.03	10,224,238	09:28:29	09:30:51	1
웰크론	정적	3,765	+10.09		3,420		+10.09	18,111,545	09:19:00	09:21:06	1
웹스	정적	3,510	+10.03		3,190		+10.03	14,455,525	09:16:16	09:18:20	1
휴럼	정적	1,540	+20.78		1,400		+10.00	20,707,734	09:11:10	09:13:13	2
휴럼	정적	1,405	+10.20		1,275		+10.20	20,707,734	09:02:17	09:04:31	1
씨이랩	정적	16,700	+10.23		15,150		+10.23	2,124,229	09:01:25	09:03:51	1
동방	정적	3,010	+10.05		2,735		+10.05	22,948,510	09:00:48	09:03:13	1
미스터블루	정적	4,030	+10.11		3,660		+10.11	26,364,239	09:00:20	09:02:25	1

2022년 12월 20일 VI 발동 종목 3

많은 개미투자자들이 어쩌다가 눈에 띈 급등 종목을 뇌동매매했다가 큰 손실을 본 트라우마를 갖고 있어서, 급등하는 종목은 아예 쳐다보지도 않는 것 같습니다. 하지만 주가의 급등이라는 것은 함께 그 주가를 끌어올리기 위해 돈을 쏟아 넣고 있는 사람들이 많다는 뜻인데, 그 흐름에 따라가지 않는 게 오히려 이상하지 않나요? 하물며 식당도 사람들이 줄 서는 식당을 맛집이라고 찾아가는데 말이지요.

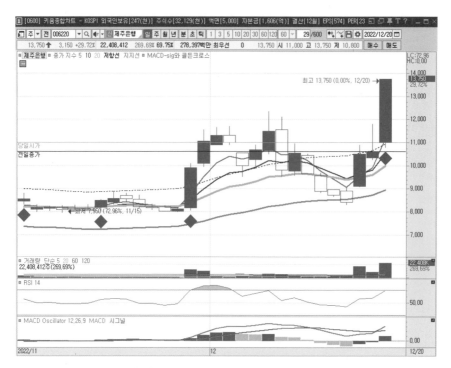

2022년 12월 20일, 시장하락 속에서도 VI를 만들며 상한가를 만드는 제주은행

제주은행의 경우, 2022년 12월 20일 오전 9시 57분 44초에 12,100원으로 첫 VI가 발동했습니다. 이때 그냥 자기 느낌상 '많이 올랐으니까 다음에 사야지' 또는 '하락을 기다려야지' '물릴까 봐 겁나니까 모른 척해야지' 하실 건가요? 초단타 매매의 기술을 배우면 이런 종목을 어떻게 다뤄야 하는지 알게 됩니다.

TIP

당일 VI 발생 종목을 알려주는
키움닷컴 [0193]변동성완화장치(VI) 발동종목현황

HTS의 한 켠에 당일 VI 발생 종목을 바로바로 알려주는 창을 하나 띄우면 늦지 않게 종목을 탐색할 수 있습니다. 키움닷컴에서는 [0193]변동성완화장치(VI) 발동종목현황이 바로 그 역할을 하고 있으며 여러 HTS에도 비슷한 기능의 메뉴가 있을 것이니 잘 활용하시면 좋을 것 같습니다. 오버솔드의 설정을 알려드리겠습니다.

[0193]변동성완화장치(VI) 발동종목현황 창

이 창의 오른쪽 기어 모양의 버튼을 클릭하면 다음과 같은 설정 메뉴가 뜹니다.

변동성완화장치(VI) 표시 설정을 합니다.

제외 종목에 전 종목을 선택합니다. 그리고 거래량을 100만 주 이상으로 설정합니다. 조금 더 종목을 줄이고자 한다면 거래량의 숫자를 높이면 됩니다. 알람 설정은 필요하시면 하십시오. 한편, 실시간 발동 시 자동 종목 연동은 체크를 하지 않습니다. 장 초반에 종목 연동으로 인해 창들이 자꾸 바뀌면 정신없으니까요.

VI 발동 종목의 선택 요령 1: 대장주를 매매한다

장 시작 후 당일 시장의 관심이 몰리는 종목들의 1차 상승(시가 기준 10% 상승)이 마무리되면서 [변동성완화장치(VI) 발동종목현황] 창에 하나씩 나타납니다. 이때 우리는 특정 테마에 속한 종목들이 약간의 시간 차를 두고 함께 나타나는 것을 보게 됩니다.

테마와 관계없이 종목만의 단독 재료로 급등하는 경우도 있지만, 이들은 대개 VI 이후 상승을 유지하는 추진력(=뒤따르는 매수세)이 떨어져서 하락하는 상황이 종종 벌어집니다. 물론, 세력이 단독으로 계속해서 상승시킬 수도 있겠지만 예외적인 경우라고 생각하시면 편합니다. 시장 모두가 관심을 가질 정도의 단독 재료(예를 들어, 그 기업이 추진하던 약품의 임상시험이 성공하였다거나, FDA의 승인을 받았다거나와 같이 다른 종목과 상승 이유를 같이하지 않는 재료)여서 시장의 주목을 하루 종일 받을 정도가 아니라면, 첫 번째 VI 발동 이후 상승 폭을 그대로 반납하는 하락을 맞을 수도 있습니다. 이 경우 손절을 못하면 자칫 10% 이상의 하락을 얻어맞게 됩니다. 많은 개미투자자들이 공포감과 트라우마를 갖게 되는 경우인 것이죠. 따라서 어떤 종목에 대해서 자신이 미리 재료를 파악해서 매수해놓은 물량으로 VI 발동까지의 상승을 미리 확보해놓은 상태가 아니라면 VI 이후의 매매는 하지 않는 편이 낫습니다.

하지만 테마는 당일 시장을 주도하는 성격을 갖게 되므로, 후속 매수세가 계속 이어지게 됩니다. 이해하기 쉽게 예를 들어보겠습니다.

- 대통령이 기자회견을 통해 우주항공산업의 미래에 대해 이는 '우리 정부가 적극 지원할 시장'이라고 말했다고 한다면, 해당 산업을 영위하고 있는 기업들에 시장의 돈이 흘러들어 가기 시작할 것입니다.
- 사실인지 루머인지 몰라도 애플카를 위해 협력업체를 찾으러 애플의 실무진이 한국에 방문했다고 하면 역시 관련 종목에 시장의 돈이 몰릴 것입니다.
- 어떤 나라의 국방부 수뇌가 우리나라에서 무기를 구매하기 위해 방문했다고 하면 방위산업 관련 종목이 상승하기 시작할 것입니다.

따라서 테마에 속하는 종목들에 VI가 발동할 때, 가장 먼저 올라오면서 거래량이 많은 대장주를 선택해서 초단타 매매의 대상으로 삼는 것이 안전합니다.

관심종목에 테마마다 종목 정리를 잘해놓은 상태라면, 대장주에 첫 VI가 발동하여 거래가 잠시 멈춘 동안 그 뒤를 쫓아 상승하는 후속주를 매수해서 대장주의 첫 VI가 풀릴 때까지 2분 30초 정도의 상승세를 이용하는 매매를 할 수도 있습니다. 2~3%의 이익을 가볍게 거둘 수 있죠.

그러나 관련 테마의 여러 종목들이 동반해서 계속적인 상승을 보인다고 해도, 매수자들이 많이 붙는 대장주를 선택하는 것이 안전합니다. 상승 중에 누군가가 수익실현을 위해 매도하더라도 그것으로 인해 하락이 촉발되는 것이 아니라 그 매도 물량을 다른 매매자들이 매수로 받아내면서 상승을 유지시켜주니까요. 앞으로 배울 초단타 매매의 기술에서 VI와 상승 이후 조정구간(=눌림목)에서 매수를 할 때에도, 시장 참여자들이 가장 주목하고 있는 대장주로 매매하는 것이 여러모로 안정적인 매매에 도움이 됩니다.

무엇보다도 해당 테마에 당일 시장 참여자들의 관심이 지속된다면, 조정구간(눌림목)이 만들어질 때 불안한 마음으로 보유 중인 물량을 팔고자 하는 매도세보다 조정을 이용해서 다시 물량을 사들이고자 하는 새로운 대기매수세가 더 크다는 점을 기억하시기 바랍니다.

VI 발동 종목의 선택 요령 2:
추세상 상승이 시작되는 종목을 매매한다

VI가 발동한 종목의 당일 일봉상의 주가 위치를 잘 살펴보십시오. 다양한 위치에서 시가 대비 10% 이상 상승이 일어나지만, 초단타 매매의 특성상 기존의 종목 보유자들이 (손해를 보고 있는 상황에서 주가가 상승하면 본전이라도 찾기 위해) 매도하고 싶어 하는 매물대를 머리 위에 올려놓고 상승하는 경우라면 가능한 한 피하는 것이 좋습니다. 더 간단히 말하자면, 일봉상 이동평균선이 최소한 5이평선과 10이평선의 골든크로스가 만들어지고 유지되는 상태에서 VI가 발동하는 상승 종목을 당일 매매의 대상으로 삼는 것이 심리적으로 편합니다. 왜냐하면 5이평선과 10이평선이 골든크로스를 만들었다는 사실 자체가 단기적으로는 주가가 하락을 멈추고 방향을 틀었음을 의미하며, 최소한 5일에서 10일 동안은 시장 참여자들이 매도보다는 매수 쪽으로 생각했다는 뜻이기 때문입니다. (이동평균선에 대한 이해가 부족하다고 생각하신다면 《저가 매수의 기술》을 통해 개념을 분명히 잡으시는 것이 좋겠습니다.) 이러한 기본적인 흐름 속에서 VI가 발동할 정도의 상승이 나온다는 것은 세력이 본격적인 상승을 준비하기 위해 개미들의 물량을 흡수하면서 돈을 쓰고 있음을 말해줍니다.

예를 들어, RSI 과매도권으로 들어갔던 종목에서 장대 양봉이 만들어지면서 VI가 발동한 상황을 가정해봅시다. 이 종목을 초단타 매매의 대상으로 삼아야 할까요? '절대 안 돼!'라고 말할 필요까지는 없겠지만, 저가 매수의 기술에 따라 RSI 과매도권 진입 시 우리가 이미 매수해놓은 물량이 있지 않은 이상에야 이런 저가권, 달리 말하면 내가 사려는 가격 위로 오랫동안 평가손 상태로 물려 있는 기존 보유자들의 물량이 한창 많은 영역에서 굳이 초단타 매매를 할 필요가 있을까요? 언제 대량 매물이 머리 위를 덮칠지 모르는데 말이에요.

(물론 시간을 충분히 투입하는 중장기 매매의 특성을 갖는 저가 매수의 기술로 매매하는 것이라면 이렇게 VI가 발동할 정도의 장대 양봉은 세력이 매집을 다시 시작했다는 신호의 캔들이기에 기뻐하며 반겨야 하지만 말입니다.)

하지만 5이평선과 10이평선의 골든크로스가 발생한 권역에서 어느 날 VI가 발동할 정도의 장대 양봉이 만들어진다는 것은 그다음의 이평선인 20이평선을 끌어올리기 위한 세력의 사전작업임을 뜻합니다. 목적을 갖고 만들고 있는 장대 양봉이므로 첫 VI 발동 이후에도 어느 정도의 상승을 유지하기 위해 지속적으로 매수할 가능성이 매우 큽니다. 세력은 이날을 작정하고 그림을 그리기 위한 날로 사용하는 것이며, 돈을 쓰기로 결정한 날이기 때문입니다. 세력이 세력인 이유는 저가에서 계속 매도 물량을 받기만 하는 것이 아니라, 상승을 만들기 위해 집중적으로 돈을 쓸 수 있기 때문입니다.

일반적으로 이런 날은 매물대 저항을 뚫어내는 날입니다. 지속되던 하락 추세선을 뚫거나 단기 고점을 돌파하는 작업을 하는 날입니다. 주가는 상승하기 위해서 우상향하는 각도를 만들어줘야만 하는데, 이를 위해서는 세력이 어쩔 수 없이 돈을 써야만 하는 것입니다.

세력이 아무리 계산을 잘했다고 하더라도, 그들에게도 의외의 상황이 생길 수 있습니다. 장대 양봉을 만들기 위해 돈을 열심히 쓰면서 계산했던 매물대의 물량을 다 매집했는데도 어디선가 계속 매도세가 나타나서 주가가 못 올라가는 경우가 있습니다. 이럴 경우 세력은 일단 돈을 그만 쓰고 싶겠죠. 그러면 주가는 하락하게 됩니다. 여기에 대해서는 추후 더 상세히 알려드리도록 하겠습니다. 하지만 올려야 하겠다고 생각한 상승률만큼 기존의 물려 있는 매물들에 대한 계산을 잘해서 그 매물을 다 잡아먹으면서 주가를 올린다면 위꼬리 없는 장대 양봉 즉 하락이 없는 장대 양봉이 만들어지는 것입니다.

그러면 이 가격대는 세력의 것이 됩니다. 이 가격대 밑으로 주가가 떨어지면 세력은 손해를 보게 됩니다. 손해를 보기 위해 돈을 써가면서 주가를 올리지는 않습니다.

결국, 초단타 매매의 핵심은 세력이 만들어내는 이 매수의 흐름 속에 내가 들어갈 수 있느냐 없느냐이며, 세력이 돈을 쓸 때 자신이 과감하게 쫓아 들어가기 위한 자리를 가능한 한 정확하게 찾아내는 데 있다고 말할 수 있습니다.

저가와 고가, 시가와 종가는 세력이 만드는 것이기 때문에 VI가 발동할 정도의 장대 양봉이 나타나기 전까지는 세력이 새로운 상승을 만들기 위한 준비를 하기 위해 언제 돈을 썼는지 판단하기 쉽지 않지만 주가의 위치와 VI의 발동이 암시하는 일종의 '선언'을 우리가 이해할 수 있게 된다면 세력이 물량을 확보하는 중요 지점, 고가를 만들고 쉬는 지점을 알 수 있게 되고 결국 더 손쉽게 수익을 거둘 수 있게 됩니다.

그렇기 때문에 첫 VI 발동 이후의 2분 30초는 거래 재개를 기다리며 그냥 노는 시간이 아니라, 최소한 일봉상 주가의 위치를 체크하는 시간이 되어야 하는 것이죠.

VI 발동 종목의 선택 요령 3:
거래량을 보라

VI가 발동한 종목에 대해서는 그 시점에서의 거래량을 확인하는 것이 좋습니다. 즉 VI가 발동한 시점에서의 거래량(그리고 거래대금)이 적은 종목은 결국 누군가가 얼마 안 되는 돈으로 장난을 칠 수 있는 종목이라는 뜻입니다. 주가의 등락이 상승과 하락의 자연스러운 흐름 속에서가 아니라 폭등과 폭락을 통해 일어나는 것을 '장난친다'라고 말합니다. 이런 종목에 잘못 걸리면 멘탈이 정말 파사삭 부서지게 됩니다.

상승을 시키기 위해 돈을 많이 써야 주가 상승의 주체인 세력도 본전 심리가 생겨서 손해를 안 보는 지지선을 만들어놓고 움직이게 되고, 애써서 주가를 올린 다음에는 하락을 쉽게 용인하지 않게 됩니다. '얼마만큼의 거래량(거래대금)이 좋은 겁니까?'라고 물으시면 종목의 성격에 따라 다르니 일률적으로 말하기는 어렵습니다만, 저는 VI의 발동이 없었던 일상적인 날의 하루 평균 거래액이 최소 30억 원 이상은 되는 종목을 기준으로 삼고 있습니다. 1,000원 단위 주식이면 (수)백만 단위의 거래량이 나와야 하는 거죠. 그런 기본 전제를 바탕으로 거래량이 만들어지는 시간대를 참고한다면 초단타 매매를 위한 몇 가지 기준을 세울 수 있습니다.

제 경험으로는 VI가 발동하여 상승한 종목 중에서 전일 거래량 대비 400%가 넘는 경우 편안한 마음으로 거래를 할 수 있다고 말씀드리고 싶습니다. '아니, VI는 하루의 매매가 진행되는 도중에 발동하는 것인데 그 시점에서 어떻게 전일 거래량 대비 몇 퍼센트 정도의 거래량이 발생할 것을 압니까?'라고 궁금해할 수 있을 텐데요. 대략적으로 알 수 있는 방법이 있습니다.

하루에 장이 열리는 시간은 오전 9시부터 오후 3시 반까지 총 6시간 30분입니다. 30분 단위가 13개 만들어지는 셈이니까, 30분마다 전일 총거래량의 30%가 하루 종일 꾸준히 발생하면 400% 가까운 거래량이 된다는 뜻이 됩니다. 그런데 하루 종일 매 30분마다 전일 총거래량의 30% 이상의 거래량을 발생시킨다는 것은 매우 어려운 일입니다. 따라서 하루에도 거래량이 가장 활발하게 붙는 장 시작 후 1시간 이내에 전일 거래량의 100% 이상이 우선 만들어져야 한다고 보고 있습니다. 위의 예를 확장해서 공부해보자면, 하루 평균 거래액이 30억 원 정도 되는 종목인데, 10시 이내에 이미 30억을 돌파해야 한다는 뜻입니다. 그리고 이를 VI의 발동과 연결시켜 생각한다면, 장 시작부터 9시 30분 이내에 VI가 발동하는 종목 중에서 거래량이 못해도 전일 거래량의 50% 이상을 보이는 종목을 우선적으로 매매 대상으로 삼는 게 좋다는 뜻입니다.

[4989] 키움주문

353190 40% 휴럼

1,540 ▲	325	26.75%	6,784,993	965.14%
증감	1,545	1,540	9,890	17.68%

			KOSDAQ	
			1,275 시	
			1,555 고	
347	435,356	1,575	1,275 저	
	189,223	1,570	1,215 기준	
	30,265	1,565	1,575 상	
	87,705	1,560	855 하	
500	17,271	1,555	5 비용	
50	38,197	1,550	1,535 예상	
51	18,426	1,545	147,370 수량	
			▲ 320	+26.34%

1,540	2,000 ▲	1,540	15,552	1,750
1,545	50	1,535	24,949	20
1,545	1	1,530	23,391	
1,540	20	1,525	24,620	
1,545	10	1,520	29,985	
1,545	5	1,515	25,135	
1,545	305	1,510	18,209	
1,545	1	1,505	71,161	
1,540	1	1,500	45,732	
1,545	8 ▼	1,495	27,477	
846	816,443	09:14:49	306,211	1,730
		시간외		

2022년 12월 20일 오전 9시 14분 49초경, 휴럼은 전일 대비 거래량 965%를 만들고 있습니다.

이런 종목들이 있을까 싶지만, 최종적으로는 전일 거래량 대비 1,000% 이상 내는 종목도 종종 나옵니다.

대장주이면서 추세상 상승이 시작된 종목인데 첫 VI 발동까지 거래량마저 미친 듯이 발생한 종목이라면 고민하지 말고 당일의 매매 종목으로 삼으십시오. 매수 진입할 때도 손쉽게, 이익을 실현하기 위해 매도하려 할 때도 어려움을 겪지 않는 풍부한 유동성을 당일 제공해주는 종목이 바로 초단타 매매의 기술을 사용하여 오늘도 수익을 거둘 수 있는 종목이 되는 것입니다.

초단타 매매의 기준 차트: 60틱 차트

저가 매수의 기술에서는 투자자가 매일의 매매가 마무리되며 주가의 변동성이 없어지는 종가 근처에 10~20분 정도 들여서 여러 종목을 하나씩 살펴보고 매수 신호가 발생한 종목을 느긋하게 매수하는 반면, 초단타 매매에서는 장중 매우 짧은 시간에 매수 타이밍을 잡아서 매수한 다음 이익 실현을 위해 긴장하며 주가의 움직임에 대응해야 합니다. 특히 매수한 다음이라면 주가가 밀릴 수도 있기 때문에 시간을 기준으로 캔들의 완성을 기다려서는 안 됩니다. 그래서 오버솔드식 초단타 매매에서는 시간을 기준으로 하는 3분봉이나 15분봉, 30분봉을 활용은 하지만 기준으로는 삼지 않으며, 실제로 거래가 진행되는 상황을 반영하는 틱 차트를 매매를 위한 기준 차트로 삼습니다.

거래가 1회 일어나는 것을 1틱tick이라고 합니다. 1주를 사고팔든 1,000주를 사고팔든 상관없이 1회의 거래를 1틱이라고 합니다. 그런데 1틱을 기

준으로 매매를 하게 되면 정신이 없습니다. 그래서 저는 60번의 거래를
캔들 하나로 보여주는 **60틱 차트를 초단타 매매의 기준으로 활용**합니다.

60틱 차트를 통해 우리는 거래가 많이 발생하면서 주가가 상승하면(또는
하락하면) 그 상승(또는 하락)이 만들어지는 거래의 흐름을 볼 수 있습니다.
예를 들어, 3분 동안 주가가 3% 정도 상승한다면 3분봉 차트에서는 양봉
하나로 보여지지만 60틱 차트에서는 그 3분 동안의 총거래 횟수가 60번
의 거래마다 하나의 캔들로 만들어져 3% 상승하는 시간 동안의 주가 흐
름으로 보여지게 됩니다.

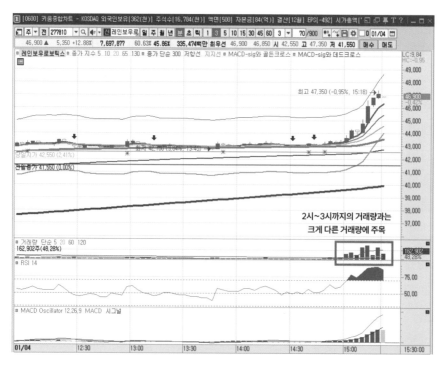

2023년 1월 4일 레인보우로보틱스 3분봉 차트

예를 들어, 3분봉 차트상에서는 30분마다 10개의 캔들이 동일한 간격으로 만들어집니다. 사례에서 보이는 레인보우로보틱스 같은 경우, 오후 3시가 되자마자 거래량이 붙으면서 8% 가까운 상승이 만들어지는데, 장마감까지 8개의 봉이 만들어집니다. (왜 10개가 아니냐면, 3시 20분부터는 10분간 단일가 거래 시간이기 때문입니다.) 거래량이 많다는 것은 매수매도의 횟수가 많다는 이야기나 마찬가지입니다. 이것이 60틱 차트에서는 이렇게 보입니다.

2023년 1월 4일 레인보우로보틱스 60틱 차트

오후 2시부터 3시까지는 거래가 많지 않으니 캔들의 개수가 적습니다. 그런데 오후 3시에 들어가면서 거래가 활발하게 일어나기 시작하니까 이를 반영하는 60틱으로 만들어지는 캔들의 개수가 많아지고, 따라서 30분(정확히는 20분)만 거래되었는데도 이를 반영하기 위해 차트에 나타나는 폭이 앞선 1시간의 거래 폭보다 훨씬 넓은 것을 볼 수 있습니다.

즉 어떤 종목에 시장의 관심이 몰리면서 거래가 붙기 시작하면 어떤 식으로든 '추세'를 만들게 되어 있으며, 거래가 몰리면 60틱 캔들이 만들어지는 속도가 어마어마하게 빨라집니다. (오버솔드식 초단타 매매는 이 속도에 익숙해져야 합니다.)

시간을 기준으로 한 차트(예를 들어 3분봉)에서 거래량을 해석하는 게 어렵다고 느껴지는 분이라면 틱 차트를 통해서 시장 참여자의 실제 매매의 방향이 어디로 진행되는지를 이평선 추세를 활용하여 캐치할 수 있습니다. 초단타 매매를 위해 거래가 붙는 다양한 틱 차트를 실전에서 만나보면서 거래의 속도를 터득하게 되면 더 명확하게 실감할 수 있을 것입니다. 그래서 이 방식은 훈련된 전업투자자만 할 수 있는 방식이며, 초단타 매매를 통해 수익을 내고자 하신다면 의식적으로 연습하셔야만 한다고 거듭 말씀드립니다.

이렇게 거래가 막 붙어서 (상승) 방향성을 갖게 되는 부분에서만 매매를 하는 것이 오버솔드식 초단타 매매입니다.

초단타 매매에서는 60틱 차트에서 만들어지는 하나의 상승 흐름 안에서 매매를 종결하는 것을 원칙으로 하며, 하나의 상승 흐름이 끝난 다음의 하락이 조정(눌림목)인지 추세적인 하락이 될 것인지를 판단하는 기준으로는 3분봉 차트를 활용합니다.

예를 들어, 60틱 차트가 약 3분 동안 상승 흐름을 만들다가 상승 흐름을 판단하는 기준 이평선이 데드크로스를 만들면서 또는 RSI 과매수권을 이탈하면서 지금까지 이어지던 상승 흐름이 끝났음을 나타낼 때, 원칙적으로는 매수한 모든 물량을 매도하여 수익실현을 합니다.

그런데 이 상승이 3분봉 차트상에서는 5이평선과 10이평선의 골든크로스를 만들면서 또는 이평선 간의 간격을 벌리며 본격적인 상승을 준비하는 첫 단계라고 생각이 된다면 매수한 모든 물량을 매도하는 것이 아니라 일부만 익절한 다음, 남은 물량으로는 60틱 차트가 아닌 3분봉 차트에서의 5이평선의 상승이나 5이평선과 10이평선의 골든크로스 상태의 유지를 보면서 추가적으로 나올 수도 있는 상승을 기다려볼 수 있습니다.

오버솔드식 초단타 매매는 VI 발동 이후 거래가 일시 중단된 종목을 시장의 관심이 집중된 상태라고 간주하고 트레이딩의 대상으로 삼고 있습니다. 주가의 상승을 담보하는 시장의 관심은 하루 종일 지속될 수도 있고, VI가 발동하는 그 순간에만 잠깐 관심이 모이는 경우일 수도 있습니다. 이 일시 중단 이후 재개되는 주가의 흐름에서 60틱 차트상 다시 하나의 상승 흐름이 만들어질 가능성이 높은 지점에서 매수한 다음 짧게 수익을 실현하는 것을 중요한 기술로 구사합니다. 즉 VI가 발동한 시점에서는 이미 3분봉 차트상으로는 5이평선과 10이평선의 골든크로스가 유지되며 상승이 진행되는 상태이므로 60틱 차트에서 하나의 상승 마디가 끝나고 하락으로 거래의 추세가 바뀌더라도 전체적인 주가의 흐름상으로는 상승 중에 발생하는 잠시의 조정일 수 있습니다. 이 조정의 구간을 새로운 상승 흐름이 만들어질 가능성이 높은 지점으로 받아들이고 매수 진입하게 됩니다.

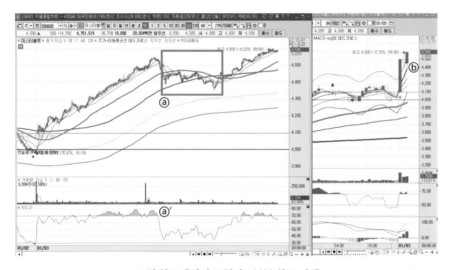

60틱 차트에서의 조정과 3분봉 차트 사례

미스터블루(207760)라는 종목의 2023년 1월 13일 장 시작 후 9분간의 상승 차트를 예로 준비하였습니다. 왼쪽이 60틱 차트이고, 오른쪽이 3분봉 차트입니다. 60틱 차트상에서 장 시작 직후부터 주가는 기세 좋게 거래가 붙으며 상승하다가 ⓐ′에서 볼 수 있는 것처럼 RSI가 과매수권에서 이탈한 이후 주가는 ⓐ구간과 같이 하락한 상태가 유지됩니다. 초단타 매매의 원칙상 ⓐ′에서 매수 물량 전체를 매도할 수 있습니다. 그렇지만 추가 상승을 기대하며 보유 물량의 일부만 익절하고 나머지는 계속 보유하는 판단을 내릴 수도 있습니다. 9분간의 차트 전체를 옮겨놓았기 때문에 '어, 뭐 곧 올라가네'라고 생각할 수 있지만 실제 매매에서는 ⓐ구간 뒤에 올 상승은 모르는 상태이기 때문에 보유 중인 매수자는 오히려 '어, 연속적으로 상승을 못 만드네. 이러다가 갑자기 하락하는 거 아니야?'라는 불안함에 오들오들 떨고 있는 구간이라 말할 수 있겠습니다.

이때 오른쪽에 있는 3분봉 차트를 통해 ⓐ구간에서 주가가 하락으로 방향을 잡을지, 이 구간에서 일정 정도의 매도세를 받아내면서 버티다 상승을 이어갈 것인지를 판단하게 됩니다. 심지어 오버솔드식 초단타 매매에서는 ⓐ구간에서 매수하기도 합니다! 초단타 매매의 매매 기준 차트는 60틱 차트이지만, 틱 차트만 참고하면 객관적인 기준에서 주가가 어떤 상태에 있는지 비춰볼 수가 없기 때문에 이렇듯 3분봉 차트를 참고하는 것입니다.

3분봉 차트의 ⓑ부분을 보면, 9시 3분까지 장대 양봉, 9시 6분까지는 작은 음봉, 9시 9분까지 새로운 양봉이 발생하였음을 알 수 있습니다. 그리고, 이렇게 3개의 캔들이 만들어지면서 5이평선과 10이평선 그리고 20이평선까지 골든크로스가 만들어진 것을 볼 수 있습니다. (첫 번째 3분봉에서 장대 양봉이 만들어지면서 이동평균선을 끌어올려 그다음 시간대부터 이동평균선 간의 이격이 예쁘게 벌어지는 것을 보십시오!) 3분봉 차트상 9시 6분까지의 짧은 음봉이 바로 60틱 차트에서의 ⓐ구간입니다. 즉 60틱 차트상에서는 캔들이 계속 생성되는 가운데 주가가 오르락내리락하면서 상승을 기다리는 보유자들의 마음을 조마조마하게 하지만, 3분봉 차트상에서는 이동평균선의 정배열이 만들어지면서 상승하는 가운데 잠시 조정이 나온 것으로 해석할 수 있고, 최소한 강한 상승을 담보하는 5이평선을 주가가 음봉으로 깨기 전까지는 상승의 추세가 지속될 가능성이 크다고 생각하는 것입니다. (이동평균선에 대해서 분명한 개념을 갖는 것은 매매에 큰 도움이 됩니다. 《저가 매수의 기술》을 통해 확실하게 개념화하시는 것이 좋습니다.) 결론적으로 9시 9분까지 만들어지는 3분봉은 5이평선을 깨지 않고 저가 대비 3% 정도 반등해서 주가가 계속 상승을 이어가는 것을 볼 수 있습니다.

그렇다면 언제나 이렇게 진행되는 것일까요? 아니요. ⓐ 같은 구간이 잠시 동안의 조정으로 마무리하는 구간이 될지, 세력이 당일 목적으로 한 상승을 끝내고 하락하기 전에 잠시 숨 고르기를 하는 구간이 될지는 알 수 없는 일입니다. 그렇기 때문에 초단타 매매에서는 빠른 대응이 꼭 필요합니다.

60틱 차트의 보조지표 설정: 우선 이동평균선부터

《저가 매수의 기술》에서부터 우리는 종가 기준 지수이동평균선을 매매를 위한 이동평균선으로 사용하고 있습니다. 일반적으로 HTS에서는 단순이동평균선이 기본 이동평균선으로 설정되어 있기 때문에 잠시 시간을 내어 지수이동평균선으로 바꾸시기를 권하고 싶습니다. 그 이유에 대해서는 《저가 매수의 기술》에서 상세하게 설명하고 있습니다. 개념을 정확하게 익히신 다음 활용하시기를 추천합니다.

하지만 60틱 차트에서는 단순이동평균선을 사용합니다. 분봉 차트나 일봉 차트, 주봉 차트 등은 '시간'이 축이기 때문에 가장 최근에 만들어진 캔들에 비중을 두고 이평선을 해석하지만 틱 차트는 시간이 아닌 거래 횟수가 축이므로 굳이 지수이동평균선을 사용할 필요는 없습니다.

이러한 이해를 바탕으로 60틱 차트에는 5, 10, 20, 60, 120이평선을 설정합니다.

그리고 20, 60, 120이평선의 굵기를 조금 더 굵게 설정해서 보기 쉽게 만듭니다. 60틱 차트에서 60이평선과 120이평선의 골든크로스가 유지되는 구간이 당일 본격적인 상승이 일어나는 가장 주목해서 봐야 하는 구간입니다.

VI가 발동되었을 때 틱 차트를 보면 보통 20이평선과 60이평선, 120이평선의 골든크로스가 유지되는 정배열 상태로 되어 있습니다. 그 상태에서 60이평선과 120이평선이 계속 정배열을 유지하느냐, 아니면 데드크로스가 발생하면서 조정구간을 거치느냐 등등을 살피면서 초단타 매매의 매수매도 타점을 잡게 됩니다.

60틱 차트에서 이동평균선을 설정해보지요. 틱 차트를 열면 왼쪽 위에 이동평균선 관련 정보가 있습니다. 예시에서 보여드리는 이미지에서는 '종가 단순 5 10 20 60 120'으로 되어 있는 부분입니다. 이곳을 더블클릭하면 이동평균선을 설정할 수 있습니다.

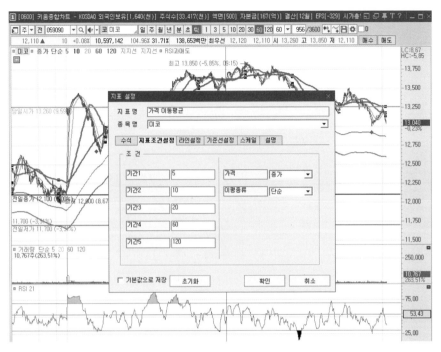

60틱 차트에서 이동평균선의 지표 설정

이동평균선은 [지표조건설정] 탭에서 5, 10, 20, 60, 120으로 설정하고 가격은 '종가'로, 이평종류는 '단순'으로 설정합니다. 그다음 [라인설정] 탭을 클릭합니다.

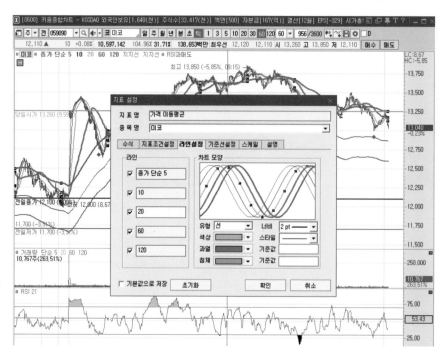

60틱 차트에서 각 이동평균선의 라인을 설정하는 방법

왼쪽에 있는 각 이동평균을 선택한 다음, 원하는 색상과 선두께를 설정합니다. 선두께는 '너비'라고 되어 있는 곳에서 선택합니다. 예를 들어, 20이평선은 눈에 잘 띄게 하고 싶으므로 선두께를 2pt로 설정했습니다. 60이평선과 120이평선은 3pt로 해서 사용하고 있습니다.

60틱 차트의 보조지표 설정:
엔벨로프 설정

《저가 매수의 기술》에서는 일봉 20이평선을 기준으로 상하단 10% 엔벨로프를 설정하여 매매에 활용합니다. 초단타 매매에서의 엔벨로프 설정은 다음과 같이 합니다.

- 60틱 차트 120이평선을 기준으로 한다.
- 120이평선의 -3%, -5%로 엔벨로프 하단을 설정한다.

VI가 발동할 정도로 당일 집중적인 관심을 받은 종목의 주가는 많이 오른 것처럼 느껴지는 VI 이후 익절을 위한 보유자들의 매도로 인해 일시적으로 하락하고(이를 우리는 조정 또는 눌림목이라고 부르겠습니다), 그 종목의 조정을 기다려서 조금이라도 싸게 매수하고 싶어 하는 잠재 매수자들이 매수에 참여하면서 다시 반등한다는 전제가 있습니다.

이 잠재 매수자들의 존재 여부는 초단타 매매에서 대단히 중요하며, 따라서 VI가 발동한 종목 중에서도 대장주이면서도 거래량이 많이 붙은 종목을 매매하시기를 거듭 강조하는 것입니다.

VI 발동 이후의 조정을 무엇으로 판단하면 좋을까요? 오버솔드식 초단타 매매에서는 엔벨로프를 활용합니다. VI 발동 이후의 조정은 60틱 차트상 120이평선을 기준으로 -3% 하락한 지점, -5% 하락한 지점에서 멈추고 반등하는 경우가 많다는 것이 조심스럽게 밝히는 기술의 핵심입니다. 그래서 장중에 이 조정의 폭을 시각적으로 확인하기 위해 두 개의 엔벨로프 하단선을 설정해놓는 것입니다. 보통 틱 차트의 움직임에 홀려 자기 느낌으로는 충분한 하락한 것처럼 느껴지더라도 하락의 추세가 더 남아 있는 경우가 많습니다. 이렇게 세심하게 차트를 설정해놓으면 성급한 매수 충동을 억제하면서 적절한 매수 타이밍을 포착하기 위해 기다릴 수 있게 됩니다.

60틱 차트는 실제 거래가 일어나는 상황을 그대로 반영하기 때문에 지켜보는 매매자를 흥분하게 만듭니다. 따라서 감정적인 매매를 막기 위한 장치를 차트에 갖춰놓는 것이 중요합니다.

그럼 엔벨로프를 설정해볼까요? 60틱 차트에서 마우스 오른쪽 클릭을 하면 보조지표를 설정할 수 있는 메뉴가 나옵니다.

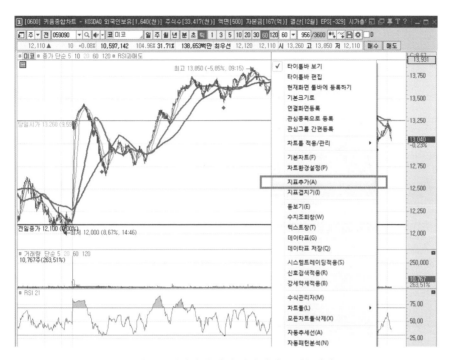

보조지표를 설정하기 위해 선택 팝업을 띄웁니다.

'지표추가(A)'를 클릭하면 원하는 보조지표를 찾아서 추가할 수 있는 창이
뜹니다. env 정도를 입력하면 엔벨로프 지표가 검색되어 나옵니다. [적용]
버튼을 클릭합니다.

엔벨로프 지표를 검색하여 추가합니다.

[적용] 버튼을 클릭하면 HTS에 디폴트(기본)값으로 설정된 엔벨로프가
60틱 차트에 나타납니다. 오버솔드식 초단타 매매에 적합한 엔벨로프를
설정하기 위해 나타난 엔벨로프 선을 더블클릭하거나 차트 왼쪽 위 '지지
선'이라고 되어 있는 부분을 더블클릭합니다.

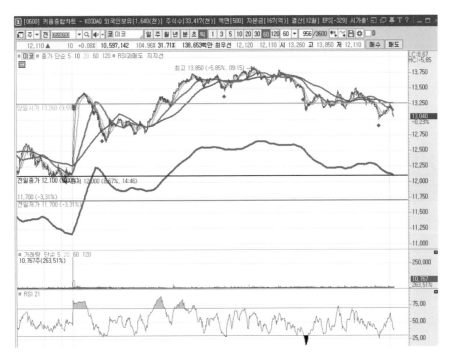

디폴트로 설정되어 있는 엔벨로프 지표가 나타납니다.

더블클릭하면 지표 설정과 관련된 창이 뜹니다.

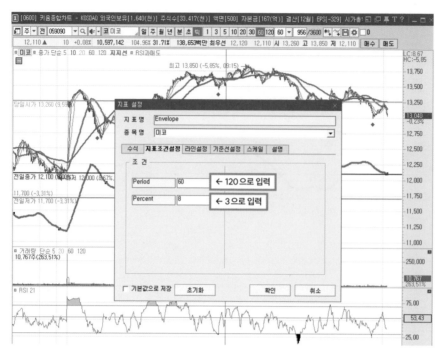

엔벨로프 지표의 기간과 폭(퍼센트)을 설정합니다.

[지표조건설정] 탭에서 Period를 60에서 120으로, Percent를 8에서 3으로 입력합니다. 엔벨로프를 120이평선 기준으로 위아래 3% 폭을 설정하는 것입니다. 그다음 [확인]을 클릭하여 지표조건설정을 마무리한 후, 다시 엔벨로프 선을 더블클릭하여 나오는 지표 설정 창에서 [라인설정] 탭을 선택합니다. 엔벨로프를 보여주는 라인의 두께와 색깔 등을 설정해야 하니까요.

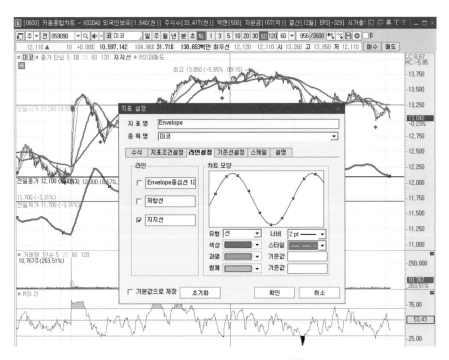

엔벨로프 -3% 지지선의 모습을 설정합니다.

우리는 지지선만 사용할 것이므로 '지지선'을 선택합니다. 그다음 오른쪽
의 차트 모양 부분에서 유형은 '선'으로, 색상은 좋아하시는 색깔로(저는
핫핑크로 설정하고 있습니다), 너비는 2pt로, 스타일은 점선으로 합니다. '과
열'과 '침체'는 신경 안 쓰셔도 됩니다. 이렇게 설정한 다음, [확인]을 클릭
하면 60틱 차트 120이평선 기준 -3% 엔벨로프 하단선이 차트에 표시됩
니다.

120이평선 기준 -3% 엔벨로프 하단선이 나타납니다.

같은 방식으로 -5% 엔벨로프 하단을 설정하면 다음 화면과 같이 엔벨로프의 설정이 마무리됩니다.

120이평선 기준 -3% 및 -5% 엔벨로프 하단선이 나타납니다.

60틱 차트의 보조지표 설정: RSI 설정

60틱 차트를 활용하는 초단타 매매에서는 보조지표를 조금 조정해야 합니다. 사람마다 경험치가 다르기 때문에 '이것이 정답이다'라고 주장하는 것은 아니지만, 60틱 차트를 활용하는 오버솔드식 초단타 매매에서의 시간 감각으로는 지금 소개해드리는 방식이 높은 성공률을 보였다고 생각하기에 함께 나누려 합니다.

시간을 축으로 하는 분봉 차트, 일봉 차트, 주봉 차트 등에서는 RSI 14를 사용하는데요. 거래 횟수를 기준으로 하는 60틱 차트에서는 RSI 21을 사용합니다. (매매에서 RSI가 의미하는 바를 정확히 이해하게 되면 주가가 하락하더라도 확신을 갖고 매수할 수 있게 됩니다. 《저가 매수의 기술》을 통해 확인하시길 권합니다.) 개념을 설명하자면, 60틱 차트에서는 거래 횟수를 기준으로 캔들이 만들어지면서 상승 또는 하락을 하는 것이기 때문에 그 흐름에 관성이 더 붙어 있다고 생각하고, RSI가 조금 더 높은 신뢰도를 갖고 신호를 줄 수 있도록 시간을 조금 더 주는 것입니다.

그래서 오버솔드식 초단타 매매에서는 RSI가 과매도권으로 진입하면 조정
이 일단락된 매수 타이밍이라고 보고 매수를 고려하고, 과매수권으로 들어
가면 주가 상승의 한 마디가 끝난 것으로 간주하여 익절함으로써 보유 물량
을 0으로 만듭니다. 이로써 보유 시 발생할 수 있는 하락 리스크를 없애는
간결한 매매를 실천할 수 있게 됩니다.

60틱 차트에서 RSI 과매도권 진입 시 쉽게 알아볼 수 있는 설정을 해보도
록 하겠습니다. 엔벨로프 때와 같이 차트 위에서 오른쪽 클릭을 해서 나
오는 메뉴에서 '신호검색적용(R)'을 선택하세요.

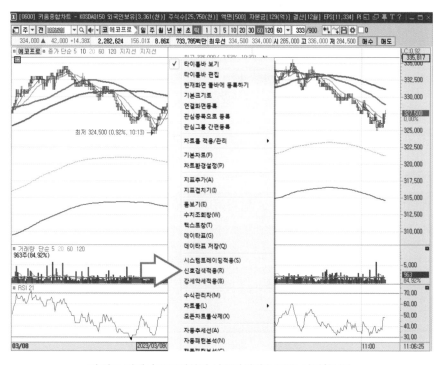

틱 차트 위에서 우클릭하여 신호검색적용(R)을 선택합니다.

RSI과매도 지표를 추가합니다.

'신호검색적용(R)'을 선택하면 '지표 추가/전환—신호검색'이라는 창이
뜹니다. [찾기] 부분에 RSI라고 입력하면 'RSI과매도'를 선택할 수 있습니
다. 선택한 다음 [적용] 버튼을 클릭합니다.

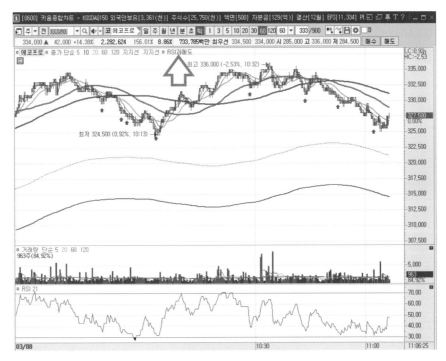

RSI과매도 신호가 추가되었습니다.

60틱 차트의 왼쪽 위에 'RSI과매도'라는 글씨가 보이고, 차트에 작은 화살표들이 보입니다. 이것은 HTS의 기본 설정에 의한 것이며, 우리는 오버솔드식 초단기 매매에 맞게 미세 적용을 해야 합니다. 'RSI과매도'를 더블클릭합니다.

RSI의 지표변수에서 기간을 21로 변경합니다.

'신호 검색 설정' 창이 뜹니다. 여기서 우선 [지표변수]를 설정해줘야 합
니다. Period를 14에서 21로 수정합니다. LPercent는 30으로 놔두어도 괜
찮습니다. 과매도 기준을 뜻하는 것입니다. [확인] 버튼을 클릭하여 설정
을 저장시킨 후 다시 'RSI과매도'를 더블클릭합니다.

RSI 과매도권 진입 시 매수 신호로 다이아몬드가 나타나게 설정합니다.

다시 열린 '신호 검색 설정' 창에서 [수식] 탭을 엽니다. 색상은 빨강으로,
표시는 '매수' 그리고 모양을 '다이아몬드'로 선택합니다. (자신이 보기 편한
모양으로 설정하면 됩니다. 저는 돈을 불러오는 신호라고 생각해서 다이아몬드를 설
정합니다. 책 전체를 통해 보여지는 모든 사례에 이 설정이 적용되고 있습니다.) 필
요에 따라서는 '소리로 알림' 부분을 설정해도 좋습니다. 최종적으로 [확
인] 버튼을 클릭하여 설정을 마무리합니다.

이로써 60틱 차트에서 RSI가 과매도권에 들어가면 차트에 다이아몬드가
찍히게 하는 설정을 마무리하였습니다. 위와 같이 잘 설정된 것을 볼 수
있습니다.

한편, 초단타 매매를 위한 60틱 차트에서는 MACD를 사용하지 않습니다.

설명드린 것과 같이 당신의 HTS 차트를 설정했다면 지금부터는 오버솔
드와 같은 화면을 보면서 매매하는 것처럼 공부하실 수 있게 됩니다. 우
리는 이번 장에서 초단타 매매에 대한 개념을 공유하였고, 종목 선정의

기준을 공부했으며, 매매를 위한 차트 설정을 마쳤습니다. 이제 실전에서의 매매를 위한 매수 포인트를 공부하기 위해 더 깊게 들어가도록 하겠습니다.

3장

오버솔드식
초단타 매매의
기본 매수 타점

우리는 지금까지 오버솔드식 초단타 매매를 하기 위해 기초가 되는 생각에 주파수를 맞추고 차트를 설정했습니다. '이성적으로 초단타 매매를 한다'라는 명제는 말처럼 간단한 일이 아닙니다. 책은 멈춰 있는 화면이라 차트를 손으로 짚어가면서 '과연' '그렇지' 하면서 살펴볼 수 있지만, 살아 움직이는 60틱 차트를 보면서 실전 매매에 돌입하면 심장박동수가 평소와 달라지는 것을 느낄 수 있습니다. 특히 급상승이 일어날 때의 틱 차트는 야생마를 타는 것 같은 느낌을 줍니다. 따라서 앞의 기초 이론의 내용을 반복하여 공부해서, 잠잘 때 누가 와서 옆구리를 쿡 찌르며 '초단타 매매가 뭐야?'라고 물을 때조차 막히지 않고 읊어댈 수 있도록 초단타 매매의 구조를 머릿속에 박아넣으시기를 권해드립니다. 그래야 실전에서 감정적으로 매수 클릭을 하려는 자기자신을 막아서는 이성적 자기자신을 가질 수 있습니다. (그래도 역시 실전에서는 달라집니다.)

이제부터는 오버솔드식 초단타 매매의 타점에 대한 내용을 공부하도록 하겠습니다. 시장의 관심이 몰려 당일 VI가 발동하는 종목을 매수 대상으로 삼아서 타점대로 기계적인 매매를 하는 것입니다.

장중 거래가 멈춘다는 것의 의미

매매 과열을 막기 위해서 시가 대비 10% 상승(또는 하락) 단위로 VI가 발동하며 발동 직후 거래가 2분 30초 동안 중단됩니다. 이 현상의 의미를 잘 생각해보고, 이해하는 것이 중요합니다.

무엇보다도 중요하게 이해해야 하는 점은, 개미투자자는 절대로 VI가 발동될 정도로 짧은 시간에 10%의 상승을 일으킬 수 없다는 사실입니다. 개미투자자들은 자신의 보유 가격보다 더 올라오면 매도해서 수익을 실현하고 싶은 유혹을 끊임없이 받는 '무리'에 지나지 않기 때문에 주가 상승의 과정 속에서 계속해서 매도하게 되어 있습니다. (개미투자자들은 자신의 보유 가격 근처에서는 조금 올라도 매도하고 싶어지고 조금 내려도 매도하고 싶어집니다. 안 그런가요?) 이런 매도 물량들을 전부 받아주면서 상승을 실현할 수 있는 자금력을 갖고 있는 '누군가'가 날을 잡아서 계획을 세우고 매매를 하면서 VI가 발동할 정도로 주가를 상승시키는 것입니다.

VI 근처 가격에서 달라붙는 개미에 의해서 'VI가 발동할 수'는 있지만,

'VI가 발동할 정도의 상승을 만드는 것(계획하는 것)'은 개인이 아닌 '누군가'입니다. 즉 주가가 시가 대비 8~9% 올라갔을 때 동호회나 리딩방의 개미들이 후다닥 달려들어 VI가 발동할 수는 있습니다. 그렇지만 시가부터 시작해서 8~9%의 상승을 만드는 것은 개미가 아니라는 뜻입니다. '누군가'가 방향성을 갖고 집중적으로 자금을 투입하는 것입니다.

그 누군가를 흔히 '세력'이라고 부르는데요. 세력이라고 해도 무한정 자금을 갖고 있는 것은 아니니까 자금 집행에 대한 설계를 하게 되어 있습니다. '오늘 시가―시가와 종가, 고가와 저가는 세력이 만드는 가격입니다―대비 10% 상승한 가격은 얼마인데, 이 가격대에 개미들이 갖고 있어서 매도로 풀릴 수 있는 물량은 최대 어느 정도다'를 계획하고 자금을 준비합니다. 이해하기 쉽게 예를 들자면, 10% 가격은 11,000원이다, 이 가격대 즉 시가 대비 8~11% 영역에서 개미들이 갖고 있는 수량은 10만 주다, 그러면 주가를 올리다가 VI를 발동시키기 위해서 순간적으로 쏠 11억 원 정도는 기본적으로 준비를 한다는 것입니다.

그러면 세력의 자금설계는 최소한 이렇게 됩니다.

1 시초가를 만들기 위해 투입할 돈
2 시초가에서부터 첫 VI 발동권역 근처까지 주가를 상승시키기 위한 돈
3 첫 VI를 발동시키는 돈

'아~ 그렇구나'라는 생각이 든다면, 시가부터 시작해서 첫 VI가 발동하는 10% 상승선까지 모든 호가에 대해서 매수해서 그 가격대를 세력이 차지하

는 것이라고 생각하면 됩니다. 그리고 세력이 차지한 가격대에서는 세력이 허락하는 정도만 하락합니다. 이걸 만드는 데 들어간 돈이 얼만데요!! '시가에서 시작해서 10% 상승까지는 남이 올려주기를 기다리다가 10% 선에서만 자금을 투입한다?'라는 개념이 아닌 것이지요. 이 사실에 대한 이해가 매우 중요합니다.

세력은 주가를 끌어올려야겠다고 결정한 날에, 시가부터 첫 번째 VI가 발동하는 시점인 10% 상승 가격까지 계속해서 매수 개입을 합니다. 정말 세력만 알고 있는 주가 상승의 이유가 있다면 하드보일드하게 스트레이트로 자기 돈으로 꽉꽉 사 모으면서 주가를 상승시키지만(실전을 하다 보면 몇 개의 가격대에 걸쳐 있는 물량을 시장가로 한꺼번에 쓸어가는 순간을 볼 수 있습니다. 가격대 하나씩 매수를 하면 시간도 걸리고 힘이 떨어지니까 확 쓸어가는 것이죠), 개미들에게 양보하기 싫을 정도로 큰 상승을 대비하여 물량을 확보하기 위한 것이 아니라 일정 정도의 수익률을 계획하는 '세력 나름의 단타'일 경우에는 호재성 기사 등을 지렛대 삼아 상승 과정 중의 비용부담을 줄이기도 합니다. 그렇지만 그런 경우에라도 VI가 발동할 정도로 밀어붙여야 할 때는 짧은 시간에 계획한 자금이 투여되어야만 하겠죠. 결국 첫 VI가 발동하는 시가 대비 10% 선에서는 세력도 상당 부분의 자금을 쏟아부어야만 합니다. 이것이 매우 중요한 사실입니다.

세력이 첫 VI가 발동하는 가격대에 상당한 돈을 쓴다는 말은 거꾸로 말하면 세력도 어쩔 수 없는 시장 상황의 변동에 시가 대비 10%의 리스크를 감당한다는 뜻이기도 합니다. (주식을 시가보다 10% 비싸게 만드는 게 세력 자신이잖아요.) 그리고 그것은 사실 어쩔 수 없는 일이기도 합니다.

세력도 평균매수가를 자신에게 유리하게 만들기 위해, 달리 말하면 VI 발동 시 쏘게 되는 금액이 잠재적으로 갖게 될 시가 대비 10%의 리스크를 줄이기 위해 저가 부분에서 물량을 확보하여 평균매수가를 낮춥니다. 이 점이 정말 정말 중요한 개념입니다.

이해에 도움이 될 수 있도록 앞의 예에서 더 나가보겠습니다. 앞의 예에서 세력은 첫 VI가 발동하는 가격인 11,000원 근처에서 10만 주 정도의 매물을 소화해내야 했습니다. 세력이 11억 원을 들여 이 지점에서만 매수했다고 가정해보죠. 그런데 자신도 계산하지 못했던 변수가 발생해서―

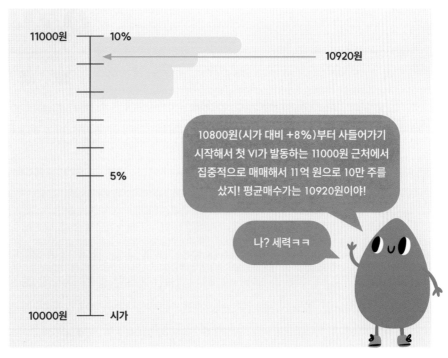

첫 VI 발동 근처에서만 매수했을 경우 리스크의 예 1

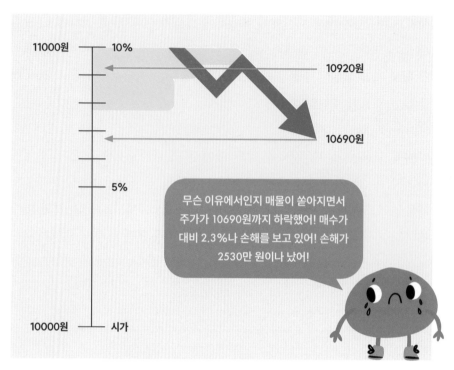

첫 VI 발동 근처에서만 매수했을 경우 리스크의 예 2

임원 중 한 명이 주식을 팔았다는 소문이 돈다거나 등등—주가가 하락하게 되면 바로 평가손실인 상태에 놓이게 됩니다.

그런데 시가인 10,000원 근처에 10만 주를 10억 원을 들여 매수했다면 11,000원 근처의 11억 원을 합쳐 총 21억 원을 투입한 셈이 되지만 평균 매수가는 10,500원 정도가 됩니다. 즉 어떤 이유에서든 VI가 발동한 가격인 11,000원에서 10,500원까지는 주가가 하락하더라도 세력은 계속 이익을 보고 있는 상태가 됩니다. 첫 VI가 발동될 때 추격매수한 개미들이라면 주가가 갑자기 하락할 때 견디기 어렵지만, 시가부터 이 그림을 빌드업한 세력은 견디지 못하고 매도하는 개미들의 물량마저도 받아가면서

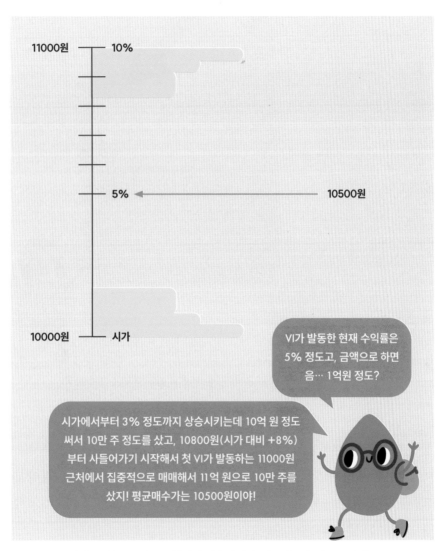

시가부터 첫 VI 발동 근처까지 카운터밸런스를 잡을 때 리스크의 예 1

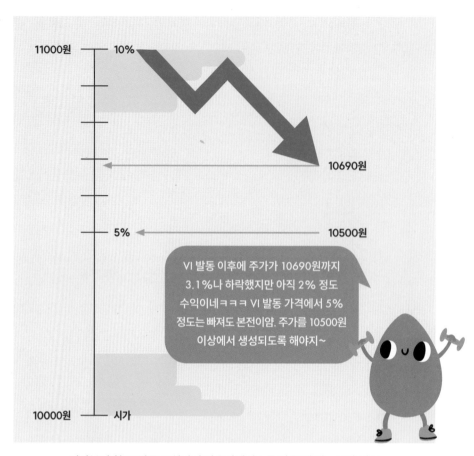

시가부터 첫 VI 발동 근처까지 카운터밸런스를 잡을 때 리스크의 예 2

상승으로 돌려 수익을 거두게 됩니다. 개미들은 버틸 수 있는 쿠션 공간이 없지만, 세력은 그마저도 만들어놓고 상승을 만들어냅니다. 세력이 만드는 카운터밸런스—제가 만든 말이지만—개념이 이해가 되면 매매의 수준이 완전히 달라집니다.

일러스트로 보니 더 분명히 이해할 수 있으시겠죠? VI가 발동한 가격에서 같은 퍼센트로 하락했지만, 세력이 카운터밸런스를 활용할 때는 손해보지 않고 물량을 모으는 상태가 됩니다. 세력은 큰돈을 들여서 자신에게 유리한 상황을 만들고 더 큰 수익을 거둬갑니다.

세력이 미처 계산하지 못한 변수로 인하여 VI 발동 가격에서 하락이 일어나는 리스크를 회피하는 방법에는 여러 가지가 있겠지만 카운터밸런스는 가장 기본적인 방법입니다. 그런데 더 무서운 것은 세력이 특정 가격대에서 충분한 물량을 확보하기 위해서 일부러 VI 발동과 같은 상승 이후에 주가가 하락하도록 공작할 수도 있다는 점이죠. VI 발동을 보면서 '와, 상승할 거야!'라며 추격매수하러 온 개미들의 입장에서는 말 그대로 '사각지대에서 한 방 얻어맞는, 이유를 알 수 없는 하락'이 세력에 의해 설계되는 것입니다. 여기에 대해서는 다음 단원에서 상세히 설명하겠습니다.

카운터밸런스에 대해 알게 된 이상 이 점을 반드시 기억해놓도록 합시다. 장대 양봉의 중간값이 세력의 평균매수단가입니다. 카운터밸런스는 하루 동안의 장대 양봉에서도 적용될 수 있지만 며칠에 걸친 상승에 대해서도 적용하여 해석할 수 있습니다. 다만, 현재는 초단타 매매의 기술에만 집중하도록 하겠습니다.

예로 든 쉬운 계산을 통해서 우리는 세력이 돈이 충분하거나 상승에 대한 확신이 있다면 첫 VI를 만들기 전에 더 낮은 가격에서부터 물량을 확보하여 VI 발동 이후의 리스크를 관리할 수 있도록 준비한다는 사실을 추론할 수 있습니다. 그래서 본격적인 상승이 일어나는 날은 장 시작부터 전날 거래량의 상당 비율만큼 거래가 발생하게 됩니다. 시가 +5% 이내에서 비중을 확 싣게 됩니다. 앞서 이론을 공부할 때 거래량 조건이 있었던 것 기억나십니까? 이렇게 이어지는 것입니다.

본격적인 상승이 일어나기 위해 거래량이 전날의 4배 정도 되어야 한다고 했습니다. 이런 이유에서인 것이지요.

1 카운터밸런스를 위해 시초가 부분에서 일정 분량 이상의 단기 매집이 있어야 한다. (이 매집의 양이 첫 VI가 걸리는 부분의 매물대 양과 비슷하다.)
2 첫 VI가 발동되는 근처에서 장 시작 후 확보한 정도의 물량을 매수한다.
3 더 많은 수익을 위해 조정구간을 만들어서(!) 개미들의 물량을 뺏는다.
4 첫 VI 이후 당일 상승을 지키거나 추가 상승시키기 위해서는 매도세를 받아내고 극복할 자금이 추가로 투여된다.

그리고 지금까지 설명한 내용은 장대 양봉이 발생하는 하루 동안의 초단타 매매의 기본 환경을 이해하기 위한 것이지만, 상한가 이후의 매매를 위한 해석이나 장기적인 상승을 위한 세력의 매집 과정을 이해하는 데도 필요한 개념입니다. 머릿속으로 이 내용을 계속 돌려보시기를 권합니다.

세력의 평균매수가

세력은 당일 시가 대비 +10% 근처에 포진한 개미들의 물량을 자금력을 바탕으로 쓸어 담으면서 첫 VI 발동을 만드는 순간에 형성되는 자신의 평균매수가를 매우 중요하게 생각합니다. 첫 VI 발동 가격에서 어느 정도 하락을 하더라도 주가가 평균매수가 위라면 이익이 유지되는 상태이며, 평균매수가에 도달해도 본전입니다. (그러니 VI를 발동시키면서도 평균매수가는 가능한 한 낮게 만드는 것이 세력의 진짜 기술이라 말할 수 있습니다.) 하지만 자칫 세력의 평균매수가 밑으로 주가가 떨어지면 세력은 손해를 보게 되며, 다시금 평균매수가 이상으로 상승시켜서 수익 상태로 되돌리기 위해서는 주가 하락 시 평균매수가 위에서 방어를 잘했다면 안 써도 됐을 돈을 써야만 하는 상황에 놓이게 됩니다. 따라서 세력은 평균매수가 근처나 약간 위의 가격대에서는 첫 VI로 만들어낸 평균매수가를 지키기 위해서 당일 사용하기로 한 자금에서 큰 비중을 넣어 추가매수를 하면서 평균매수가 밑으로 하락하는 것을 막으려는 모습을 보이게 됩니다.

또한 평균매수가까지는 수익 상태로 여유가 있기 때문에 첫 VI 발동 후 주가를 일부러 떨어뜨리면서 추가 매도세를 불러일으키는 한편 그 물량을 추가로 받아 몸집을 불려서 다음 상승을 준비하기도 합니다. 앞에서 '세력이 특정 가격대에서 충분한 물량을 확보하기 위해서 일부러 VI 발동과 같은 상승 이후에 주가가 하락하도록 공작할 수도 있다는 점'에 대해 말씀드린 적 있죠? 바로 그 이야기입니다.

세력의 평균매수가를 정확하게 알기는 어렵기 때문에, 시가와 첫 VI 발동 가격의 평균을 세력의 평균매수가로 가정합니다. 간단히 말하면 첫 VI가 발동할 때까지 만들어진 장대 양봉의 절반 가격이 됩니다. 오버솔드식 초단타 매매는 바로 첫 VI가 발동하는 당일 상승 종목의 -3%, -5% 조정 후 나타나는 반등을 통해 장세가 어떻든 수익을 거두는 방식입니다. (반등이 나타나는 이유요? 세력이 자신의 평균매수가를 지키려고 하기 때문입니다.)

주가가 첫 VI 발동 가격까지만 올라가고 마는 것은 아니죠. 20% 이상 상한가까지도 상승하니까요. 그렇기 때문에 세력의 가격 설계가 첫 VI까지만이 아니라 더 높은 곳을 목표로 하고 있다면 첫 VI 발동 이후 조정을 주면서 물량을 추가로 확보하고 올리는 것이 합리적입니다. 카운터밸런스를 생각하세요. 위로 많이 올리고 싶으면 아래를 무겁게 만들어놓아야 합니다. 세력도 추가매수를 하면서 주가를 위로 올리는 것이기 때문에 세력의 평균매수가도 자꾸 올라갈 수밖에 없지만 그럼에도 평균매수가는 가능한 한 낮추고 싶은 것이죠.

하나 더 말씀드릴까요? 주가가 오를수록 세력이 높은 가격에서 사야 하니 돈이 더 많이 들 것 같죠? 그렇지 않습니다. 높은 가격에서 나올 매도 물량

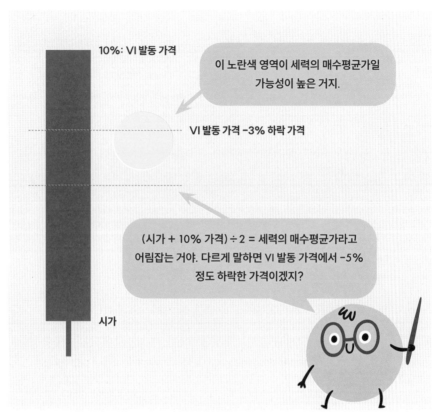

첫 VI가 발동할 때 세력의 평균매수가는 어디에 있을까?

이 적은 상태를 만들어놓고 상승시키는 것이기 때문에 돈이 그만큼 많이 들지는 않습니다. 그래서 신고가 종목들은 적은 거래량으로도 훨훨 날아가는 겁니다.

종목마다 유통 거래 주식수는 한정되어 있으며, 따라서 세력은 충분히 계산할 수 있습니다. 예를 들어보면 이해하기가 한결 수월할 것입니다. 놀이터에 여러 명의 아이들이 놀고 있습니다. 100개의 구슬을 갖고 나와서 아이들에게 마음 내키는 대로 구슬을 나누어줍니다. 누가 몇 개의 구슬을 받았는지는 알 수 없지만, 내가 갖고 있는 구슬의 개수를 알고 있으면 내 것이 아닌 구슬의 개수도 알 수 있습니다. 내가 10개를 갖고 있다면, 다른 아이들이 90개를 갖고 있다는 얘기가 되지요. 구슬치기를 해서 갖고 있는 구슬을 다 잃은 아이는 놀이터를 떠난다고 해봅시다. 마침 나는 구슬치기를 아주 잘합니다. 다른 아이의 구슬을 계속 땁니다. 나는 구슬을 82개 갖고 있습니다. 시간이 제법 많이 걸리고 힘들었지만 말이죠. 그 많던 아이들은 대부분 놀이터를 떠날 수밖에 없습니다. 두 아이가 남아 있습니다. 이 아이들이 갖고 있는 구슬의 총수는 18개입니다.

이 아이들을 각각의 가격대라고 생각하면 됩니다. 내가 갖고 있는 구슬은 세력이 물량을 보유하고 있는 가격대입니다. 구슬치기를 계속하면서 내가 어느 정도 잃을 수는 있겠지만(조정), 나는 구슬치기를 아주 잘하고 충분한 구슬을 갖고 있습니다. 다시 흐름이 나한테 돌아오면 남은 두 아이의 구슬 수는 자꾸 줄어들 것입니다. 그 아이들에게는 더 이상 구슬치기가 재미없을 것입니다. 그냥 '야, 너 가져!' 이러면서 주고 집에 갈 수도 있겠죠.

상승을 위해, 이익을 극대화하기 위해 세력이 돈을 들여 사는 것으로 해결해야 할 주식의 수가 적어지면 적어질수록 게임은 쉬워집니다. 시간과 노력을 덜 들여도 구슬을 뺏을 수가 있게 되거든요.

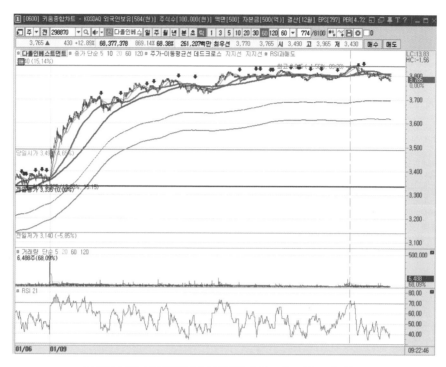

2023년 1월 9일 다올인베스트먼트 오전 9시 18분 27초 첫 VI

실전 사례를 통해 본격적으로 공부해봅시다. 2023년 1월 9일 월요일 아침의 다올인베스트(298870)라는 종목입니다. 오전 9시 18분 27초에 첫 VI가 발동합니다. 60틱 차트로 보면 시가가 4.65% 갭 상승으로 시작해서 VI가 발동할 때까지 지속적으로 상승합니다. 60틱 차트를 통해서는 상승의 추세는 잘 볼 수 있지만 거래량이 어떻게 차이 나게 만들어지는지는 알기 어렵습니다. 60번의 거래마다 캔들이 발생하면서 거래량을 보여주기 때문에 거의 균일하다는 느낌이 들 정도입니다. 그렇지만 VI가 발동하는 시점(하늘색 수직선)을 보면 거래량이 세게 터지는 것을 볼 수 있습니다.

2023년 1월 9일 다올인베스트먼트 오전 9시 18분 27초 VI 발동 종목 현황

종목명	구분	발동가격	시가대비 등락률	기준가격 동적VI	기준가격 정적VI	괴리율 동적VI	괴리율 정적VI	거래량	발동시간	해지시간	발동횟수
오리콤	정적	16,800	+10.16		15,250		+10.16	1,656,555	09:36:38	09:38:47	1
메디프론	정적	1,540	+17.56		1,400		+10.00	10,014,439	09:33:56	09:36:10	2
푸른기술	정적	8,000	+19.76		7,270		+10.04	4,263,480	09:28:31	09:30:36	2
셀루메드	정적	5,360	+10.17		4,865		+10.17	18,057,031	09:24:19	09:26:47	1
다올인베스트	정적	3,840	+10.03		3,490		+10.03	45,502,719	09:18:27	09:20:30	1
아이즈비전	정적	3,280	+10.07		2,980		+10.07	9,701,030	09:10:31	09:12:50	1
푸른기술	정적	7,350	+10.03		6,680		+10.03	4,263,480	09:08:51	09:10:59	1
줌인터넷	정적	3,970	+10.12		3,605		+10.12	9,329,500	09:08:30	09:10:32	1
피플바이오	정적	18,650	+10.03		16,950		+10.03	5,536,892	09:03:38	09:06:06	1
삼영엠텍	정적	4,415	+10.10		4,010		+10.10	3,983,176	09:01:50	09:03:59	1
메디프론	정적	1,445	+10.31		1,310		+10.31	10,014,439	09:00:40	09:03:07	1
러셀	정적	3,165	+10.09		2,875		+10.09	1,021,592	09:00:08	09:02:24	1
디알텍	정적	1,550	+1.31		1,400		+10.71	2,458,368	09:00:06	09:02:27	1

키움증권 [0193]변동성완화장치를 보는 화면을 띄워놓으면 VI가 발동하는 종목을 계속해서 볼 수 있습니다. 다올인베스트가 오전 9시 18분 27초에 3,840원으로 VI가 발동했음을 볼 수 있습니다.

그렇지만 시간을 축으로 보면 거래량이 어떤 식으로 들어오는지를 분명하게 알 수 있습니다. 옆 페이지의 차트를 보면, 1월 9일 첫 3분봉과 두 번째 3분봉을 통한 상승에서 거래량이 세게 붙은 것을 볼 수 있습니다. 그리고 VI가 발동하는 시점의 3분 동안의 거래량은 앞서 시초가부터의 상승을 만든 거래량에 비해 적은 것을 볼 수 있습니다.

무슨 말일까요? 세력의 평균매수가는 VI가 발동한 시가 대비 +10% 수준보다는 많이 낮을 것이라는 사실을 짐작할 수 있습니다. 세력이 시가에서

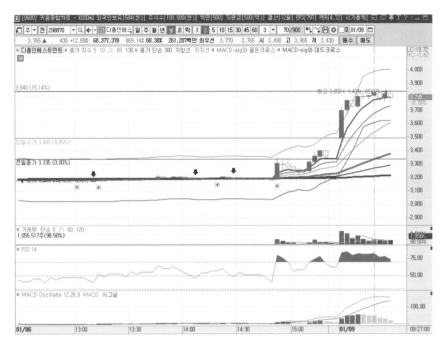

2023년 1월 9일 다올인베스트먼트 첫 VI 3분봉 차트

매수한 양과 VI 발동 가격 근처에서 매수한 양이 같다면 이론적으로는 평균매수가가 시가 대비 +5%가 됩니다. 지금 이 사례에서는 아래쪽에서의 매수 특히 첫 3분 양봉에서 거래가 많이 실렸으니 세력의 평균매수가는 시가 대비 +3%~5% 사이라고 짐작할 수 있을 것입니다.

그러니 VI 발동 가격에서 세력은 이미 평균매수가 기준 5~7%의 수익을 내고 있는 상태이며, 이는 그 정도 폭만큼은 조정이 일어나도 손해가 아니므로 세력도 용인할 수 있다는 뜻입니다. (달리 말하자면, VI가 발동하는 시점에서의 거래량이 아래쪽에서 카운터밸런스를 위해 잡은 물량보다 많다면 세력도 조정을 버틸 수 있는 여유가 그리 많지 않다는 뜻이 됩니다. 이 경우에는 견딜 수 있는 조정 폭을 만들기 위해 VI 이후 거래가 재개될 때 바로 상승으로 몰아가는 경우가 많습니다.)

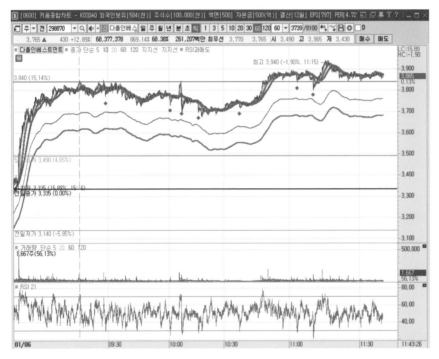

2023년 1월 9일 다올인베스트먼트 첫 VI 이후 조정 시 매수 후 반등(60틱 차트)

VI 이후 거래가 재개되었을 때의 주가의 흐름을 60틱 차트에서 살펴보죠. VI 가격에서 하락해도 세력 입장에서는 괜찮은 겁니다. 오버솔드식 초단타 매매는 VI 이후에 세력의 마인드로 매매합니다. VI 이후 주가가 하락할 때 적절한 신호가 나올 때마다 매수합니다.

매수의 신호는 60틱 차트상 RSI 과매도권으로 진입(또는 탈출)하거나, 120 이평선 기준 -3%, -5% 엔벨로프 하단을 터치할 때입니다. 단, 몰빵을 하면 안 되고 적절한 비중으로 분할매수합니다. 60틱 차트에서 보이는 다이아몬드 표시가 RSI 과매도권 진입 표시입니다. 이때마다 분할해서 매수했다면 다시 재상승이 시작될 때 +4~5%의 수익을 볼 수 있게 됩니다.

생각해보세요. VI 가격에서 -3~-5% 하락한 구간에서 분할매수하여 만든 매수평균가가 다시 VI 발동 가격대로 상승하면 그만큼 수익을 보는 것이 당연한 이야기겠죠?

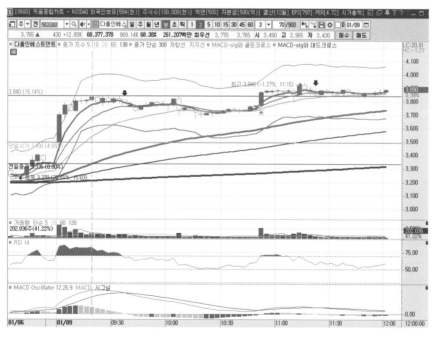

2023년 1월 9일 다올인베스트먼트 첫 VI 이후 조정 시 매수 후 반등(3분봉 차트)

60틱 차트만 보면 매수 타점의 위치에 대한 감을 잃어버리기 쉽습니다. 거래는 계속 일어나고 틱 차트는 그것을 반영해서 계속 캔들을 만들어가니까요. 그래서 객관적인 기준인 시간을 축으로 하는 차트를 하나 더 봅니다. 3분봉 차트로 보면 60틱 차트와는 또 조금 다른 시각을 갖게 됩니다.

VI가 발동한 시점(하늘색 수직선) 이후 주가가 하락하지만 60틱 차트에서 RSI 과매도 진입이 찍힌 부분이 3분봉 차트상으로는 20이평선 부근이라는 것을 알 수 있습니다. 심지어 그 하락도 장 시작 후 상승하면서 붙었던 거래량과는 비교도 안 될 정도로 적은 거래량이 발생하면서 만들어지는 것을 볼 수 있습니다. 장 초반 주가를 끌어올린 세력은 매도하지 않았다는 이야기입니다.

그리고 조정 후 첫 VI 가격을 돌파할 때 다시 거래량이 증가하는 것을 볼 수 있습니다. 첫 VI가 발동할 때의 거래량보다 훨씬 더 많은 거래량이 붙었습니다. 이로써 시가 +10% 선에서의 매수량이 늘게 되었기 때문에 세력의 평균매수가는 이 거래 전의 평균매수가보다 더 올라가게 됩니다. 결론적으로 VI 가격에서 조정이 있을 경우 여유를 부릴 지경은 아니게 되었으므로 세력은 주가를 올릴 수밖에 없습니다.

한편, 첫 VI가 발동한 이후 조정이 일어날 때 시초가부터 거래량이 증가하며 만들어진 3분봉 차트의 첫 장대 양봉의 종가를 깨지 않는 것을 보십시오. 세력의 평균단가가 바로 이 선일 가능성이 매우 높습니다.

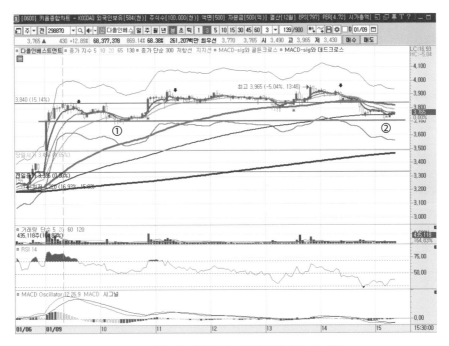

2023년 1월 9일 다올인베스트먼트 하루 3분봉 차트

첫 VI가 발동한 다음 조정을 거쳐 다시 VI 가격을 회복한 다음의 주가 흐름을 보시면, 거래량을 붙이면서 첫 VI 가격을 회복한 다음에는 그 가격을 깨지 않고 유지하는 것을 볼 수 있습니다. 그리고 오후 1시가 넘어 한 번 더 상승을 시도합니다. 첫 VI 가격 3,840원. 오후 1시 48분 최고가 3,985원. 두 가격의 차이는 145원, 즉 첫 VI 가격보다 3.7% 정도 추가 상승하였습니다. 첫 VI 이후 오버솔드식 초단타 매매의 논리에 근거하여 ① 근처에서 두려움 없이 60틱 차트를 보면서 분할매수를 했다면 4~8% 가까이 당일 초단타 매매로 깨끗하게 수익을 낼 수 있는 것입니다.

한편, 첫 VI 발동 이후의 조정이 첫 3분봉의 종가(파란색 수평선)를 깨지 않고 반등하였고, 장 후반에도 고점에서부터 하락을 했지만 ②도 ①과 같이 그 가격을 깨지 않았습니다. 분명히 오늘 매매한 세력은 손해는 보지 않았을 것입니다. 그렇지만 밤새 미국 시장이 어떻게 될지 그리고 그 영향을 받아 다음 날 시가가 어떻게 영향을 받을지는 아무도 모릅니다. 초단타 매매는 기약할 수 없는 다음 날의 리스크를 피하고자 하는 기술입니다. 따라서 초단타 매매의 기술을 이용한 매수를 했다면 그 물량을 적절한 수익으로 실현하고 다시 현금화함으로써 리스크를 0으로 만들게 됩니다.

다음 날 시초가가 갭 상승해서 시작하면 억울하지 않냐고요? 물론 다음 날 주가의 흐름까지 눈에 보인다면야 보유해도 괜찮겠지만, 초단타 매매를 한다고 했다가 갑자기 스윙으로 넘어가고 손실 나면 중장기로 투자했다며 스스로를 위로하는 사람을 너무나 많이 봤습니다. 괜찮습니다. 그럼 그냥 갭 상승해서 날아가라고 하죠 뭐. 오버솔드식 초단타 매매는 당일 챙길 수익은 확실히 챙기고 다음 날을 상쾌하게 맞이하는 것을 최우선으로 합니다.

실전 차트를 통한 해석은 이후 다양한 사례들을 통해 더 자세히 설명하겠습니다. 다만 갑자기 너무 자세한 사례와 설명으로 '아, 너무 어렵다'라는 생각을 드린 게 아닌가 걱정이네요. 당일 시초가 대비 10%가 오르는 가운데에서도 세력은 수익을 착실히 만들고 있다는 개념을 꼭 이해하기를 바랐기 때문입니다. 지금 이해가 가지 않아도 괜찮습니다. 다음에 다시 돌아와서 읽어보세요. 사례를 상세히 연구하는 것은 꼭 필요한 과정입니다.

VI 이후 조정(눌림목)의 논리

세력이 마음먹고 당일 주가를 날리기로 마음먹었다면 첫 VI 발동 후 계속해서 위로 매수해가면서 주가를 올리지만, 많은 경우 첫 VI 발동 이후 바로 하락하거나, 아니면 +1%~+3% 정도 VI까지 오르던 관성으로 조금 더 오르다가 하락하게 됩니다. 이 하락이 왜 일어나는가를 잘 이해해두는 것이 중요합니다.

한마디로 말해서, 아무리 세력이라고 해도 무한정의 자금이 있지 않은 이상 가능한 한 싼 가격에 다른 매매자(다른 말로 하자면 개미투자자들)의 물량을 뺏고 싶은 것이고, 목적을 달성하기 위해 머리를 많이 쓰는 것입니다.

첫 VI 발동 가격대 근처에 있는 매물의 경우에는 돈다발로 뺨 후려치듯이 시장가로 확 걷어가지만, 한편으로는 목적한 바를 이루고 나면 개미투자자들이 팔고 싶어서 안달이 나는 상황을 만들어서 싸게 걷어가기도 합니다. 여기에 대해서 자세히 설명하고자 합니다.

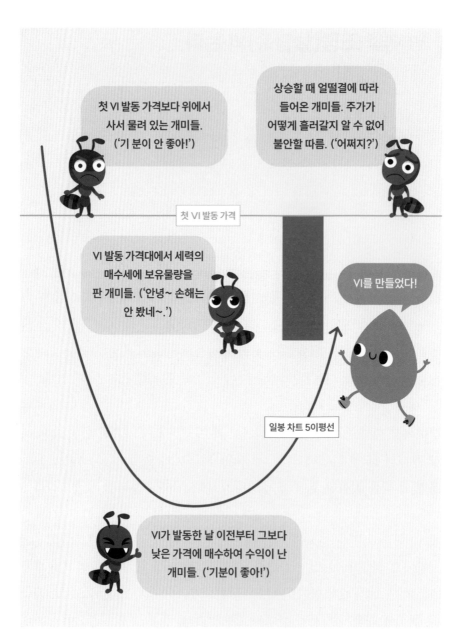

세력이 첫 VI를 만들었을 때 VI 발동 가격 근처에 있는 여러 개미들의 입장

세력이 거래량을 집중시키면서 첫 VI를 만들었을 때, 그 상황을 둘러싼 여러 개미들의 입장이 있습니다. 우선 첫 VI 발동 가격 근처에 물량을 갖고 있던 개미들은 세력에게 모두 팔고 이 종목을 떠나게 됩니다. 세력이 오늘 공격해서 물량을 가장 뺏고 싶었던 개미는 바로 이 개미들입니다. 이 가격대의 물량을 알고 있기 때문에 돈을 준비해서 쓸어 담습니다. 하지만 앞서 배웠던 카운터밸런스의 개념에 따라 첫 VI 발동 가격대에 쓸 돈만큼을 시초가에서부터 일정 상승 부분까지 투입해서 평균매수가를 만들어놓습니다. 이 단계에서 세력의 입장은 다음과 같을 것입니다.

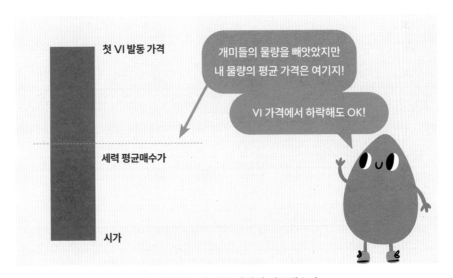

카운터밸런스에 따른 세력의 평균매수가

시가에서 10% 상승한 첫 VI 가격에서 카운터밸런스를 잘 빌드업했다면 세력의 평균매수가는 시가 +4~6% 사이가 될 것입니다. 이해하기 편하게 그냥 시가 +5%라고 생각하겠습니다. 달리 말하면 첫 VI를 발동시키기 위해 돈을 태웠지만 밑작업을 잘해놓았기 때문에 이 시점에서 세력은 이미 +5% 수익인 상태입니다.

첫 VI 가격에서 추가로 상승시킨다는 것은 첫 VI 가격대 위쪽으로의 물량을 돈으로 사서 채워야 한다는 뜻이며 이는 세력이 쓰게 되는 위쪽 가격대의 자금 비중이 커진다는 뜻입니다. 평가수익이 줄어들면서 하락에 의한 리스크가 발생하기 시작합니다. 따라서 세력은 이러한 부담을 최소화하면서 가격을 추가로 올리기 위해 다시 카운터밸런스를 아래쪽 가격대에서 만들어야 할 필요가 있습니다.

첫 VI를 발동시킨 다음에 다시 그 아래쪽 가격대에서 물량을 사 모으기 위해서는 가격을 떨어뜨려야 합니다. 처한 입장과 마음이 약한 개미를 찾아 공격을 하려고 할 것입니다. 첫 번째 허약한 개미는 바로 당일 첫 VI를 만드는 과정에서 멋도 모르고 쫓아 들어온 개미들입니다. 그들의 심리는 다음과 같을 것입니다.

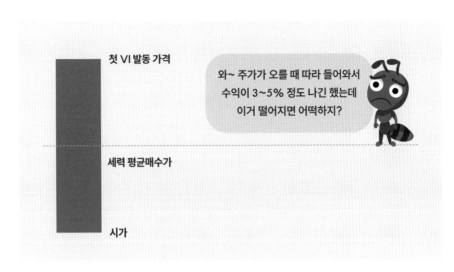

첫 VI 발동 가격

와~ 주가가 오를 때 따라 들어와서 수익이 3~5% 정도 나긴 했는데 이거 떨어지면 어떡하지?

세력 평균매수가

시가

세력이 첫 VI를 만드는 과정에서 멋모르고 쫓아 들어온 뇌동매매 개미의 심리

간단히 말해 자기가 무슨 생각으로 샀는지도 모르는 상태에서 재수 좋게 수익이 좀 난 상태입니다. 이들은 대부분 장대 양봉 기미가 엿보이는 시가 대비 5~7%에 더 올라갈까 봐 뇌동매매로 쫓아 들어온 개미들입니다. 늦게 매수한 개미는 거의 첫 VI 발동 가격에 추격매수하기도 합니다. 이 개미들 대부분이 작은 평가익 상태인데, VI 이후의 주가 흐름에 대해 전혀 알지 못하기 때문에 걱정이 많은 상태입니다.

항상 말씀드리듯, 개미들은 스스로 주가를 퍼 올리지 못합니다. 세력이 매수를 잠시 멈추고 '돌아가는 꼴을 보자~'가 되면 개미들끼리 서로가 서로에게 떠넘기면서 주가는 떨어지게 되어 있습니다. 자신의 평가익이 자꾸 떨어지는 모습을 보면 '에이 뭐 내가 그렇지' 하며 손해를 보지 않으려고 매도하게 되어 있습니다. 잘 생각해보십시오. 특정 가격대에서 주가를 올

리기 위해서 세력은 매수하면서 자기가 얼마만큼의 물량을 그 가격대에서 확보했는지 알고 있습니다. 그리고 그 가격대와 시간대에 발생한 거래량은 차트에 그대로 나와 있습니다. 그 거래량에서 세력 자신이 그 가격대에서 사 모은 물량을 빼면 쫓아 들어온 개미들의 물량이 남게 됩니다. 그 물량을 뺏어야겠죠.

일단 여기까지 오면 VI를 만들 때처럼 물량을 빼앗기 위해 수고하면서 비싸게 값을 쳐주면서 위로 올릴 필요도 없습니다. 잠시 매수를 멈추고 커피 한잔하면서 샌드위치 좀 먹고 있다 보면 이 개미들이 알아서 매도하기 시작합니다. 그 물량을 세력의 평균매수가 부근에서 매수하는 것입니다.

그러면 이론적으로는 세력의 평균매수가에서부터 첫 VI 가격대까지는 세력이 완전히 장악하게 되는 셈입니다. 이 평균매수가 근처의 세력 보유 물량이 많아질수록 당일 매매에서의 강력한 지지선이 됩니다.

이로써 세력은 당일 거래에 참여한 개미들의 물량을 상당수 빼앗을 수 있게 됩니다. 그런데 또 하나의 개미 집단이 있습니다. 그들은 예전에 첫 VI 발동가보다도 높은 가격에 매수해서 물린 채로 기다리고 있던 화난 개미들입니다. 이들의 심리는 약간 복잡합니다.

특히 물려 있던 기간이 길면 길었을수록 이들의 심리는 '톡 하면 터질 듯한' 상태가 됩니다. 오랫동안 물려 있었는데 첫 VI 가격에서 '본전!'이 되었거나 드디어 -2%~-3% 정도의 평가손 상태가 된 상황이라면 이 첫 VI 가격을 맞이하는 마음은 상상하기 어렵지 않습니다.

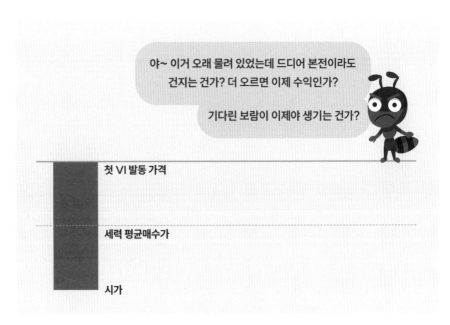

첫 VI가 발동했을 때 예전에 사서 물려 있던 개미들의 심리

'아! 조금만 더!!'
'조금만 힘을 더 내!'

하지만 세력이 추가매수를 해주지 않으면 이런 바람은 물거품에 지나지 않게 됩니다. 세력이 첫 VI 가격보다 더 비싸게 물린 개미들의 물량을 사줘야 하는 이유가 특별하게 있지 않은 이상 굳이 돈을 더 쓸 필요가 없지 않을까요?

세력이 잠시 매수세를 멈추면 주가는 다시 하락하기 시작합니다.

더 잔혹한 이야기를 하자면, 세력은 당일 자신이 사 모은 보유 물량을 이용해서 호가창에서 체결 가격대 몇 호가 위에 매도 물량으로 걸어버리기도 합니다. 허매도라고 하죠. 물려 있던 개미들이 눈치싸움을 시작하도록. '아, 나 말고도 오늘 상승을 이용해서 팔려고 하는 사람들이 많구나. 그들보다는 빨리 팔아야겠구나'라는 마음이 들 수밖에 없게요.

천천히 하락하던 주가가 속도를 붙여 더 떨어집니다. 첫 VI 가격에서 위로 +5% 정도까지의 가격대에 물려 있던 개미들은 앞다투어 물량을 내놓기 시작합니다. 왜냐고요? 다시 이런 기회가 오지 않을 것 같기 때문이죠. 조금이라도 손실을 줄인 게 다행이라고 위로하면서 매도하고 뒤돌아섭니다.

그런데 과연 누구에게 매도하는 것일까요? 네. 세력이 웃으면서 평균매수가 근처에서 받는 것입니다.

결론적으로 세력은 첫 VI를 발동시키면서 개미들의 심리를 흔들어놓고, 발동 가격 근처의 개미 물량을 빼앗아 매집하게 되는 것입니다.

아래쪽의 행복한 개미들의 물량은 어떻게 되는 것이냐고요? 세력의 대세에 지장이 없는 물량들입니다. 저가에 매수할 배짱 좋은 개미들은 많이 없으니까요. 오히려 저 아래에서부터 세력은 물량을 차근차근 장악해왔다고 보는 것이 정확합니다. 저가 매수의 기술을 구사하는 개미들의 물량이 조금 있는 정도겠죠? ㅎㅎ

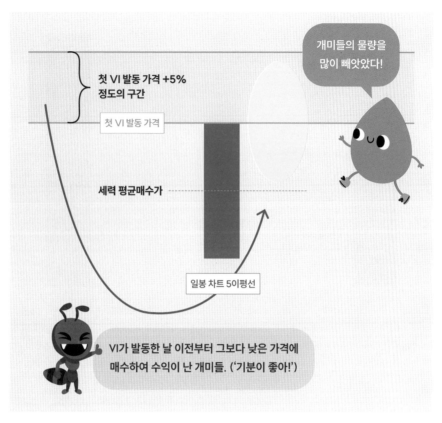

첫 VI 가격 위아래로 개미들의 물량을 평균매수가 근처에서 빼앗는다.

첫 VI 이후 조정이 왜 일어나고 어떻게 일어나는지 이해가 좀 되시나요?

이런 과정을 거치면서 세력이 개입한 첫 VI 발생 종목의 당일 봉의 형태는 크게 나누어 다음의 두 가지 형태를 띠게 됩니다.

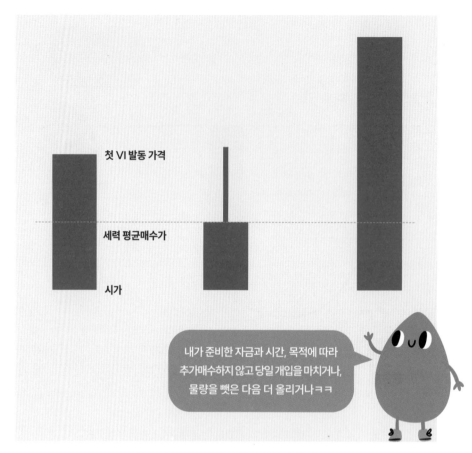

첫 VI 발동 가격

세력 평균매수가

시가

내가 준비한 자금과 시간, 목적에 따라
추가매수하지 않고 당일 개입을 마치거나,
물량을 뺏은 다음 더 올리거나ㅋㅋ

첫 VI가 발생한 종목의 최종 일봉의 형태

세력이 당일 염두에 둔 주가 상승의 목표치에 따라 준비한 자금의 규모나 타이밍을 살펴 추가매수하지 않기로 하면 주가는 평균매수가 근처로 떨어지면서 위꼬리를 달게 되거나, 첫 VI 발동 가격 근처의 개미 물량을 좀 더 털어낸 다음 매물대가 엷어진 상태에서 치고 올라가 상승하게 됩니다. (일러스트에서는 위꼬리가 없는 장대 양봉이지만 그것은 단순화하기 위함이며, 위꼬리가 있을 수 있습니다.) 특히 추가 상승 때의 개미들의 심리에 대해서 조금만 더 첨언하자면, 첫 VI 발동 시 추가 상승을 기대했다가 주가가 하락하는 것을 보면서도 매도하지 않았던 물린 개미들이 다시금 주가가 상승해 자기 본전 수준에 오면 팔 수밖에 없게 됩니다. '아! 또다시 떨어지면 어떡하지?'가 오랜 시간 버티고 버티던 마음을 허무는 것이죠.

오버솔드식 초단타 매매는 이러한 이유에서 발생할 수밖에 없는 조정을 이용하여 세력이 만들고자 하는 흐름을 타기 위해 진입할 타점을 연구하고, 그 타점에서 망설임 없이 매수한 후 대응하는 기술입니다.

첫 VI가 발생한 종목인데 거래량마저 평소 거래량의 4배 이상이 나올 정도라면 옆의 두 형태의 캔들의 모습 모두 이후의 매매에 대단히 중요한 역할을 하게 됩니다. 위꼬리를 단 양봉의 경우 세력이 주가 하락을 그 지점에서 멈춰 세운 것으로서, 세력의 평균매수가가 그 근처라고 생각할 수 있습니다. 한편 첫 VI 발동 가격에서 추가 상승하여 (특히 위꼬리 없는) 장대 양봉을 만들었다는 사실은, 상승 과정 동안 매도를 통해 상승을 방해할 만한 매물대가 없었다는 뜻이자 세력이 그 가격대를 완전히 장악했다는 뜻입니다.

종종 '거래량을 터뜨리며 위꼬리를 단 장대 양봉은 매집봉이다' '장대 양봉의 중간값이 중요하다'와 같은 말들을 책에서 읽거나 주식방송을 통해 들으셨을 것입니다. 그 자세한 내용이 바로 제가 이번 단락에서 설명드린 내용입니다.

첫 번째 매수 가능 타점: VI 발동 가격

시가에서부터 당일 10% 상승하면 첫 번째 VI가 발동하면서 거래가 2분 30초 동안 중단됩니다. 바로 이 가격이 첫 번째 매수 타점으로 고려할 수 있는 지점입니다. 거래가 중단되는 그 짧은 시간 동안, 시가에서부터 10%의 상승을 만들어온 매수자들(세력+달라붙은 개미들)과 이 종목의 상승이 불러들인 잠재 매수 대기자들이 생각을 정리하게 됩니다. 거래량이 막 붙으면서 급격하게 상승하는 상황에서는 생각할 것도 없이 도망가기 전에(=더 올라가기 전에) 잡아야겠다는 동물적인 본능으로 매수 버튼을 클릭하게 됩니다. 종목은 장대 양봉으로 매매자들을 유혹합니다. 그러나 상승의 와중에 조금이라도 '생각할 수 있는 시간'이 주어진다면 상승을 불러일으키던 열기가 식게 되고, 그 종목의 본질이 드러나게 됩니다.

VI 발동 후 거래가 중지되는 2분 30초 동안은 장 시작 전 동시호가 때처럼 예상 체결가가 보이게 됩니다. 예상 체결가는 다음과 같은 세 경우 중

하나가 됩니다.

- VI 발동 가격보다 높은 가격
  - 아직도 주가가 올라갈 여지가 있다고 생각하는 사람들이 계속 사려고 하고 있다. (그것이 세력인지 아닌지는 알 수 없다.)
  - 혹은 상승을 불러온 재료의 성격을 알고 있는 세력이 수익을 최대 고점에서 실현하기 위해 허매수를 보이면서 주가가 상승할 것처럼 개미들을 유혹하고 있다. (조금 더 자세히 설명하자면 시초가부터 카운터밸런스를 잘 구사하면서 VI가 발동한 시점에서 이미 수익을 거두고 있는 세력이 판단하기에, VI 지점이 오늘 최고가가 될 것이라고 봤다면 동시호가 부근에 살 것처럼 돈을 집어넣어서 동시호가를 상승시키면서 개미들이 기대하여 쫓아오게 만든 다음—이것을 '허매수'라고 한다—거래가 재개될 때 이 주문은 싹 취소하고 VI보다 2~3% 정도 더 오른 가격에 당일 매수한 물량을 개미들에게 던져버리는 것이다.)
- VI 발동 가격과 같은 가격
- VI 발동 가격보다 낮은 가격
  - 주가가 상승한 이유가 그다지 대단하지 않았다고 판단하는 사람들이 팔고 빠져나오고 싶어 하거나, 후속 대기 매수세가 없는 경우다.
  - 혹은 세력이 추가 상승을 위해 조금이라도 더 물량을 확보하고자 이미 보유 중인 물량으로 허매도를 걸어 상승이 잠시 멈춰 있는 동안 불안해하는 개미들의 매도 물량을 유도하고 있다.

VI가 발동한 순간, 해당 종목을 보유하고 있는 개미들의 마음은 '더 상승해서 수익을 더 줘!'라는 욕망과 '많이 오른 것 같은데 떨어지면 어떡하지?'라는 불안으로 뒤엉켜 있습니다. 보유하지 않은 상태에서 이 종목을 알게 된 개미들은 '이 가격보다 떨어지면 나도 쫓아 매수해야지'라는 마음으로 바라보고 있고요. 그런 마음을 교묘하게 이용하는 것이 세력입니다.

그렇기 때문에 분명히 말씀드리지만 VI 발동 가격을 타점으로 한 매수 진입은 주가의 방향성이 정해지지 않은 상태이므로 리스크가 있습니다. 하지만 이 가격에서의 매수를 결심했다면 바로 VI 발동 가격에 매수를 걸어놓습니다. 거래가 재개되면 다음과 같은 상황이 발생합니다.

- VI 가격보다 높은 가격에서 거래 재개(갭 상승)
  - 높은 가격에서 거래 재개 후 상승: 잡히지 않습니다. 다음 매수 기회를 기다려야 합니다. VI 가격보다 높은 가격에서 매수한다는 것은 초단타 매매에서 가장 큰 리스크를 감수하고 매수하는 것입니다. 충분히 훈련되지 않았다면 이 방식의 매매는 하지 말아야 합니다.

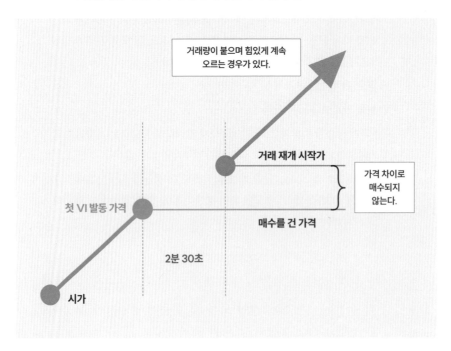

- 높은 가격에서 거래 재개 후 하락:

　가. VI 가격까지 내려오지 않고 다시 상승: 잡히지 않습니다. 다음 매수 기
　　　회를 기다려야 합니다.

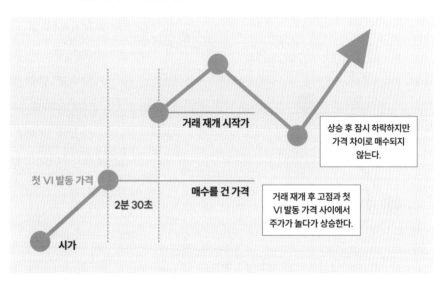

거래 재개 시작가

상승 후 잠시 하락하지만
가격 차이로 매수되지
않는다.

첫 VI 발동 가격

2분 30초

매수를 건 가격

거래 재개 후 고점과 첫
VI 발동 가격 사이에서
주가가 놀다가 상승한다.

시가

　나. VI 가격까지 내려와서 매수 체결

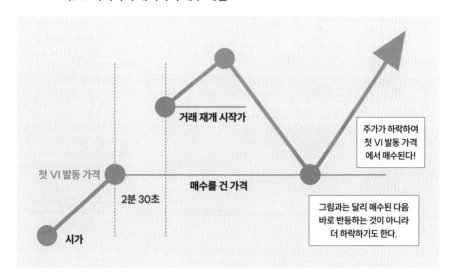

거래 재개 시작가

주가가 하락하여
첫 VI 발동 가격
에서 매수된다!

첫 VI 발동 가격

2분 30초

매수를 건 가격

그림과는 달리 매수된 다음
바로 반등하는 것이 아니라
더 하락하기도 한다.

시가

- VI 가격에서 거래 재개

  - 거래 재개 직후 매수 체결

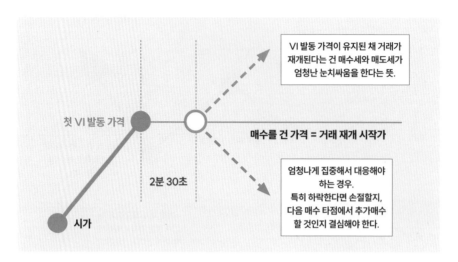

첫 VI 발동 가격

2분 30초

시가

VI 발동 가격이 유지된 채 거래가 재개된다는 건 매수세와 매도세가 엄청난 눈치싸움을 한다는 뜻.

매수를 건 가격 = 거래 재개 시작가

엄청나게 집중해서 대응해야 하는 경우.
특히 하락한다면 손절할지, 다음 매수 타점에서 추가매수 할 것인지 결심해야 한다.

- VI 가격보다 낮은 가격에서 거래 재개

  - 거래 재개 직후 매수 체결

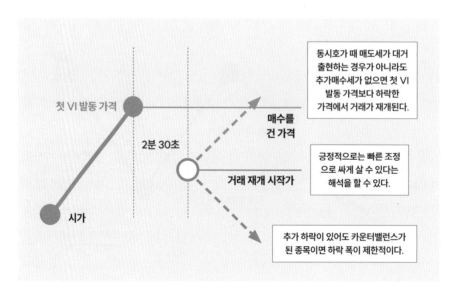

첫 VI 발동 가격

2분 30초

시가

매수를 건 가격

거래 재개 시작가

동시호가 때 매도세가 대거 출현하는 경우가 아니라도 추가매수세가 없으면 첫 VI 발동 가격보다 하락한 가격에서 거래가 재개된다.

긍정적으로는 빠른 조정으로 싸게 살 수 있다는 해석을 할 수 있다.

추가 하락이 있어도 카운터밸런스가 된 종목이면 하락 폭이 제한적이다.

따라서 'VI 가격에서 매수를 한다!'라고 하면 우리의 매수가는 VI 가격에서부터 VI 가격보다 낮은 가격의 범위에서 형성된다고 보면 됩니다.

여기서 잠깐. VI 가격에서의 매수전략의 시간 폭은 하루 종일이 아닙니다. 실전에서 적용해보면 아시겠지만 대부분의 경우 VI 가격에서 거래 재개 후 추가 상승의 시간은 그리 길지 않습니다. 따라서 VI 가격에 매수를 걸어놓았는데 거래 재개 시 잡히지 않았다면 바로 걸어놓은 매수를 취소하고 다음 매수 타점을 기다리는 게 맞습니다.

다만 어느 정도의 리스크를 질 수 있다고 생각하는 편이고, 거래에 약간의 자극을 양념 삼아 즐기고 싶으시다면 걸어놓은 매수가 안 잡히더라도 10분 정도 그냥 놔둘 수도 있습니다. 변동성이 심한 지점이라 왔다 갔다 하다가 잡히면서 바로 반등해서 수익을 볼 수도 있으니까요.

매수된 가격에서 상승하면 60틱 차트의 이평선을 보고 상승추세를 쫓아가다가 익절하면 됩니다.

많은 경우 VI로 거래의 탄력이 한 번 멈췄다가 다시 상승할 때엔 60틱 차트상 20이평선을 깨면 우선 익절을 해버립니다. 조정 또는 하락이 일시적으로 진행된다는 뜻이기 때문입니다.

20이평선을 깨지 않고 주가의 흐름이 지속되면 그 아래의 60이평선과 120이평선이 따라오면서 상승이 유지되기 때문에 20이평선을 깼다고 바로 익절하는 것이 아니라, 60이평선 정도에서 다시 반등이 들어오는지를

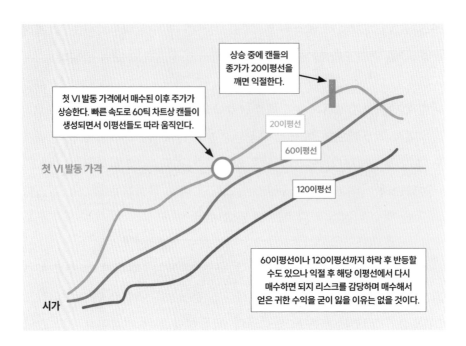

상승 중에 캔들의 종가가 20이평선을 깨면 익절한다.

첫 VI 발동 가격에서 매수된 이후 주가가 상승한다. 빠른 속도로 60틱 차트상 캔들이 생성되면서 이평선들도 따라 움직인다.

20이평선

60이평선

첫 VI 발동 가격

120이평선

60이평선이나 120이평선까지 하락 후 반등할 수도 있으나 익절 후 해당 이평선에서 다시 매수하면 되지 리스크를 감당하며 매수해서 얻은 귀한 수익을 굳이 잃을 이유는 없을 것이다.

시가

확인하고 매도하는 것도 생각할 수 있습니다.

어쨌든 일단 매수 시점이 그 시각에 당일 최고가이므로 미련을 갖지 말고 손 빠르게 대응해야만 합니다.

VI 가격에서 매수했는데 하락이 진행되면 시나리오를 짜고 대응해야만 합니다. 현재의 가격과 3분봉 차트상의 위치를 확인하는 것이 중요합니다. 일반적으로 첫 VI가 발동하는 시점에서의 3분봉은 3분봉 차트상 5이평선 위에 장대 양봉 형식으로 형성되어 있을 것입니다. VI 가격에서의 매수가가 이 장대 양봉 바로 다음 캔들에 속하게 되는데, 여기서 바로 상승하지 못하고 음봉이 발생된다고 하더라도 최소한 5이평선까지는 지켜보는 것이 좋습니다. (이후의 차트는 이해하기 쉽게 단순화한 것이며, 실전에서는 위꼬리 아래꼬리 등이 붙어 있을 수 있습니다. 패턴으로만 인지하세요.)

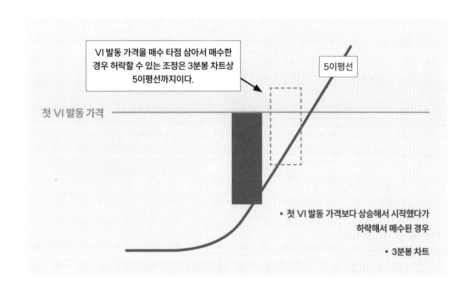

VI 발동 가격을 매수 타점 삼아서 매수한 경우 하락할 수 있는 조정은 3분봉 차트상 5이평선까지이다.

5이평선

첫 VI 발동 가격

• 첫 VI 발동 가격보다 상승해서 시작했다가 하락해서 매수된 경우

• 3분봉 차트

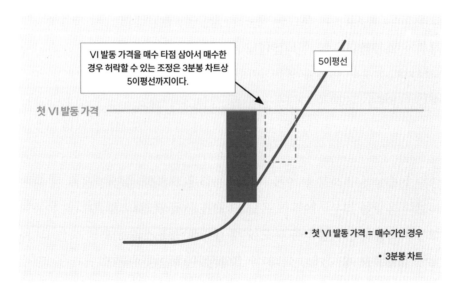

VI 발동 가격을 매수 타점 삼아서 매수한 경우 하락할 수 있는 조정은 3분봉 차트상 5이평선까지이다.

5이평선

첫 VI 발동 가격

• 첫 VI 발동 가격 = 매수가인 경우

• 3분봉 차트

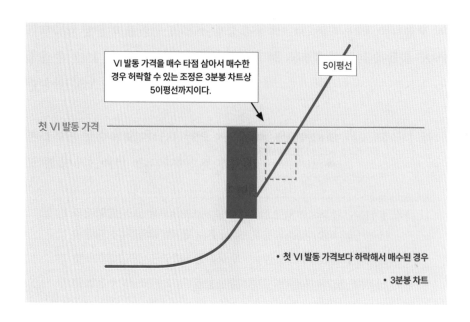

VI 발동 가격을 매수 타점 삼아서 매수한 경우 허락할 수 있는 조정은 3분봉 차트상 5이평선까지이다.

5이평선

첫 VI 발동 가격

• 첫 VI 발동 가격보다 하락해서 매수된 경우

• 3분봉 차트

세력이 잠시 해당 가격대에 있던 매물(=당일 첫 VI 가격 아래에서 매수해서 수익인 사람들이 이익을 실현하고 싶어 하는 물량+이전에 물려 있던 사람들이 본전이나 약간의 수익으로 도망하고 싶어 하는 물량)을 받아낸 다음 다시 상승시키는 경우가 확률적으로 많기 때문입니다. 상승은 다음과 같은 형태로 나타납니다.

• 3분봉 차트상 5이평선까지 주가가 하락했다가 아래꼬리를 말고 올라오는 형태

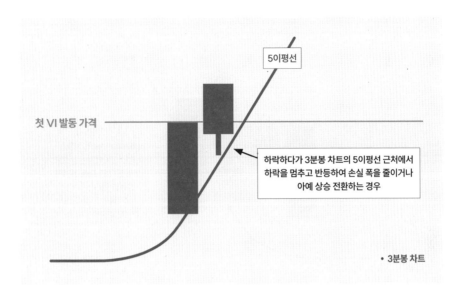

5이평선

첫 VI 발동 가격 ————

하락하다가 3분봉 차트의 5이평선 근처에서
하락을 멈추고 반등하여 손실 폭을 줄이거나
아예 상승 전환하는 경우

• 3분봉 차트

• 3분봉 차트상 5이평선까지 음봉 하나 이후 다시 양봉 만드는 형태

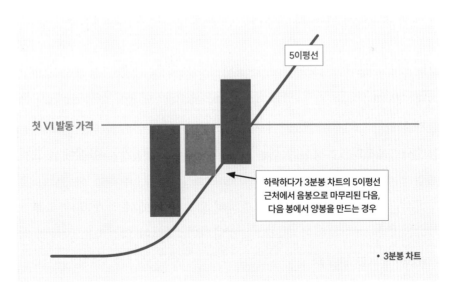

5이평선

첫 VI 발동 가격 ————

하락하다가 3분봉 차트의 5이평선
근처에서 음봉으로 마무리된 다음,
다음 봉에서 양봉을 만드는 경우

• 3분봉 차트

• 3분봉 차트상 5이평선까지 음봉 두 개 정도 만들고 다시 양봉 만드는 형태

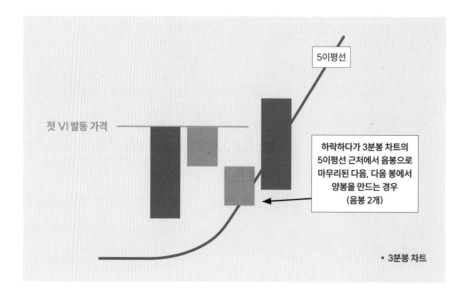

5이평선

첫 VI 발동 가격 ─────

하락하다가 3분봉 차트의
5이평선 근처에서 음봉으로
마무리된 다음, 다음 봉에서
양봉을 만드는 경우
(음봉 2개)

• 3분봉 차트

3분봉 차트상 5이평선을 깨지 않는 이상은 6분 정도는 지켜볼 필요가 있다고 말할 수 있을 것입니다.

한편, 3분봉 종가가 5이평선을 깨면 일단은 손절하는 것이 속 편합니다. 5이평선을 깰 경우에도 느낌을 잘 보셔야 하는데, 물량이 쏟아지며 확! 주가가 하락하는 경우가 있고 틱 차트상으로 볼 때 슬금슬금 하락추세를 만들면서 3분봉의 5이평선을 깨는 경우가 있습니다. 전자는 아래에서 크게 매수한 세력이 시장가로 익절하는 모습이고, 후자는 주가를 상승시킨 세력이 추가매수를 위한 자금을 투입하지 않는 상태에서 추가 하락에 불안해하는 다른 매수자들이 매도하는 것입니다. 세력이 익절하는 종목에 미련을 둘 필요는 없겠죠.

두 번째 매수 가능 타점:
60틱 차트 60이평선 및 120이평선 부근

VI 이후 거래가 재개될 때 주가가 VI까지의 상승 탄력을 그대로 이어받아 상승하는 경우에도 수익실현을 원하는 매도세에 의해 상승이 멈춘 다음 하락이 일어나게 되는데, 주가가 하락하더라도 기다리던 잠재 매수세에 의해 짧은 조정으로 끝나고 반등이 일어날 수도 있습니다.

'짧은 조정 후 반등'을 놓치지 않기 위해 어디를 매수 타점으로 잡아야 할까요? '느낌적 느낌' 같은 것으로 매수하는 것이 아니라 기준이 있어야 합니다. 오버솔드식 초단타 매매에서는 두 번째 매수 가능 타점을 상승 후 짧은 조정 시 주가가 60틱 차트상 60이평선 또는 120이평선에 닿을 때로 정하고 있습니다.

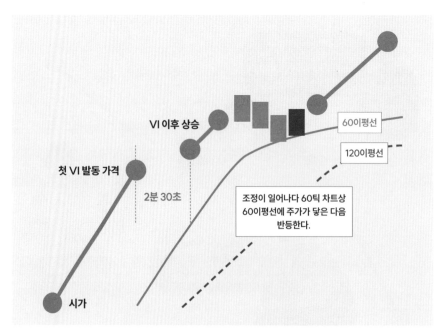

60틱 차트상 60이평선까지 조정한 다음 반등하는 경우

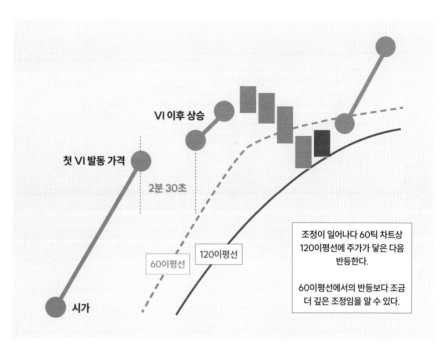

VI 이후 상승

첫 VI 발동 가격

2분 30초

시가

60이평선

120이평선

조정이 일어나다 60틱 차트상 120이평선에 주가가 닿은 다음 반등한다.

60이평선에서의 반등보다 조금 더 깊은 조정임을 알 수 있다.

60틱 차트상 120이평선까지 조정한 다음 반등하는 경우

첫 VI 이후 상승을 이어가는 종목이라면 매수세가 계속해서 들어오고 있다는 뜻이므로, 이런 지점에서 반등이 일어날 확률이 큽니다. 첫 VI 발동이후 60틱 차트상 60이평선이나 120이평선 부근은 보통 3분봉 차트상 5이평선 부근에 해당하는 경우가 많습니다. 기운 센 상승은 3분봉 차트상 5이평선과 10이평선이 골든크로스된 상태가 유지되면서 나타나는데, 특히 5이평선 위에서 주가가 움직이는 게 가장 센 상승이지요.

VI가 발동할 때까지 주가가 상승하는 동안, 60틱 차트상 60이평선과 120이평선은 골든크로스를 유지하면서 상승추세를 이어갑니다. 60틱 차트는

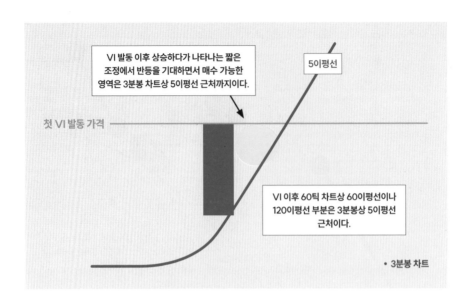

VI 발동 이후 상승하다가 나타나는 짧은 조정에서 반등을 기대하면서 매수 가능한 영역은 3분봉 차트상 5이평선 근처까지이다.

5이평선

첫 VI 발동 가격

VI 이후 60틱 차트상 60이평선이나 120이평선 부분은 3분봉상 5이평선 근처이다.

• 3분봉 차트

60회의 실거래를 하나의 캔들로 묶어 나타내면서 그 캔들의 개수로 이평선을 만들기 때문에 매매자들이 거래한 가격을 적나라하게 보여줍니다. 60틱 차트상 60이평선이라는 뜻은 3,600번의 거래에 참여한 사람들의 평균가격입니다! 골든크로스가 유지되던 상태에서 주가의 하락이 일어나면 캔들이 60이평선을 건드릴 때 매수, 120이평선을 건드릴 때 매수합니다.

캔들이 60이평선을 건드릴 때 매수한 후 상승(반등)이 일어나면 아래와 같은 기준을 바탕으로 자신에게 맞춰 수익을 실현합니다.

1 상승하다가 60틱 차트의 캔들이 20이평선을 깨면 매도.
2 캔들이 60틱 차트의 60이평선을 깨면 매도.
3 60틱 차트의 60이평선과 120이평선이 데드크로스를 만들면 매도.
4 3분봉 차트의 5이평선을 깨면 매도.

두 번째 매수 가능 타점에서의 매매는 정말 많은 경험을 해야만 합니다. 그래야만 거래의 움직임과 자신의 호흡을 맞출 수가 있습니다. 고점에서 거래량이 몰릴 때의 거래 속도는 상상을 초월합니다. 약간의 수익을 보고 매도했는데 팔자마자 장대 양봉이 쫙! 뻗어 올라가는 경우도 많고, 더 높은 수익을 기대하면서 홀딩했는데 일전에 말한 것 같은 세력의 시장가 매도로 훅 빠지기도 합니다. 자신의 머릿속에 원하는 수익률을 정해놓고 주가가 올라오기를 기다리는 매매를 하지 마시고, 시장이 보여주는 거래의 흐름을 그대로 타도록 하십시오.

편리한 매매 팁을 하나 드리겠습니다. 매수한 후 즉시 시장가 매도를 준비해서 언제든 클릭 한 번으로 매도가 되도록 해보세요. 지정가 매매를 하면 타이밍을 놓칠 수 있습니다.

60틱 차트상 60이평선이나 120이평선에서 매수했는데 하락하게 되면, 3분봉의 5이평선을 살펴서 깰 때까지 지켜봅니다. 깨면 손절매합니다.

사례를 볼까요.

종목명	구분	발동 가격	시가대비 등락률	기준가격		괴리율		거래량	발동 시간	해지 시간	발동 횟수
				동적VI	정적VI	동적VI	정적VI				
데이타솔루션	정적	7,080	+10.11		6,430		+10.11	2,629,018	15:03:59	15:06:17	1
프레스티지바	정적	3,695	+20.36		3,355		+10.13	5,765,755	14:52:19	14:54:41	2
프레스티지바	정적	9,770	+29.40		8,880		+10.02	3,109,601	14:50:36	14:53:02	3

2023년 1월 16일 데이터솔루션(263800) 첫 VI 발동

화면과 같이 2023년 1월 16일 오후 3시 3분 59초에 첫 VI가 발동합니다.
다음은 이 시점에서의 60틱 차트입니다.

2023년 1월 16일 데이터솔루션 VI 60틱 차트

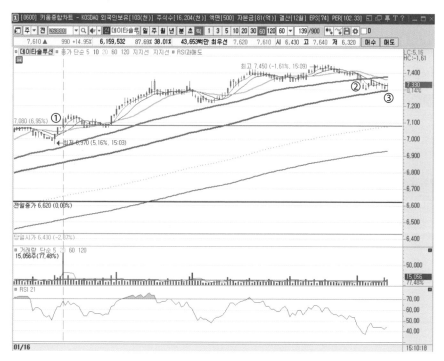

2023년 1월 16일 데이터솔루션 첫 VI 이후 60틱 차트 60이평선 및 120이평선 터치

첫 VI가 발동한 가격인 ①을 첫 번째 매수 가능 타점으로 삼아 매수를 걸어놓고 있었다면 거래 재개 직후엔 안 잡히겠지만 얼마 되지 않아 잡히는 것을 볼 수 있습니다. 그리고 매수한 물량은 상승을 통해 수익을 안겨주게 됩니다. 그리고 실제로 그렇게 매매하는 것이고요. 첫 번째 매수 가능 타점의 좋은 예가 되겠네요. 하지만 여기서는 60틱 차트상 60이평선과 120이평선 근처의 조정구역에서 매수하는 것에 대해 공부합니다. VI 가격에서부터 추가로 쭉 상승하다가 ②(3시 9분 53초)와 ③(3시 10분 15초)에서 주가는 60이평선과 120이평선을 터치합니다. ②에서 매수하면서 반등을 기대

했는데 반등 없이 밀리니 ③에서 한 번 더 매수하는 것입니다. 이때의 3분봉 차트의 모습을 살펴봅시다.

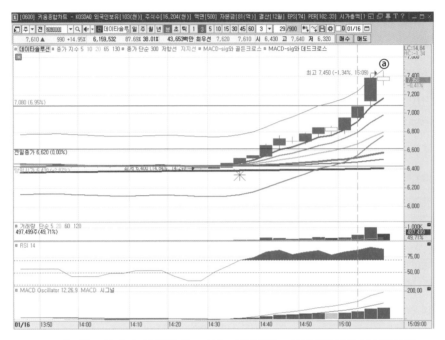

2023년 1월 16일 데이터솔루션 첫 VI 이후 3분봉 차트: 60틱 차트에서 60이평선 및 120이평선을 터치할 때

첫 VI 이후 상승한 다음 60틱 차트상 60이평선과 120이평선을 터치하면서 3분봉 차트에서는 ⓐ와 같은 음봉이 만들어집니다. 3분봉 차트상 5이평선을 타고 가는 강한 상승이라고 보고 5이평선을 깨지 않는 이상 매수 관점에서 접근합니다. 5이평선까지 음봉이 하나나 둘 더 나올 수도 있다고 생각하면서 준비합니다.

2023년 1월 16일 데이터솔루션 첫 VI 이후 60틱 차트 60이평선 및 120이평선 터치 후 반등 시 수익실현

②와 ③에서 60이평선과 120이평선을 터치할 때 매수한 다음 짧은 상승이 있었지만 주가는 다시 120이평선까지 밀립니다. ④에서 추가매수할지 아닐지는 매매자의 판단입니다. (②~④의 과정 동안 RSI가 꾸준히 저점을 높이면서 상승하고 있는 모습을 체크하십시오. 좋은 공부 포인트입니다.) 오버솔드는 리스크를 줄이기 위해서 ②와 ③에서 매수한 것만 들고 가는 것을 선택했습니다. 오히려 ④에서 추가로 하락하면 이후 배울 다른 타점에서 추가매수를 할 것입니다.

다행히 추가 하락 없이 주가는 ⑤지점까지 상승해줍니다. ②와 ③에서 ⑤
지점까지는 4%가 조금 넘는 수익라인입니다. 오버솔드식 초단타 매매는
VI 발동과 같은 단기 고점에서의 조정을 노리고 매수하는 기법이므로 과
욕은 부리지 않는 것이 좋습니다. 손에 있는 물량을 툭툭 익절하면서 보
유 물량을 줄여갑니다. 캔들이 60이평선을 깨는 ⑥지점은 3% 수익선입니
다. 우리가 매수 기준을 60이평선(또는 120이평선)으로 삼았기 때문에 주가
가 상승하면서 따라오던 60이평선(또는 120이평선)을 깨는 순간에는 모두
매도해서 마음 편하게 있는 것이 좋습니다.

**2023년 1월 16일 데이터솔루션 첫 VI 이후 60틱 차트 60이평선 및 120이평선 터치 후
반등 수익실현 후 하락**

결과론처럼 보일지 모르지만 확실하게 하락하는 모습을 보여줍니다. 만약 ⑤나 ⑥에서 익절하지 않았다면 주가가 120이평선을 깰 때나 ②와 ③에서 매수한 매수가를 깰 때 두말없이 약한 익절이나 약한 손절을 치고 나와야 합니다.

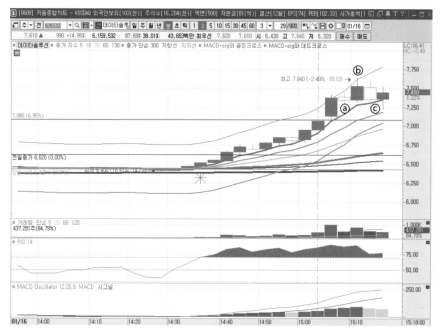

**2023년 1월 16일 데이터솔루션 첫 VI 이후 3분봉 차트: 60틱 차트에서 60이평선 및
120이평선을 터치 후 상승 익절 후 하락할 때**

지금까지의 60틱 차트상의 움직임은 3분봉 차트에서는 위와 같이 나타납니다. 60틱 차트상 두 번째 매수 가능 타점이 포함되었던 3분봉인 ⓐ 이후 ⓑ에서처럼 상승이 나옵니다. 보통 상승이 이어지려면 ⓑ 이후에도 양

봉이 이어져야 하는데 ⓒ처럼 하락이 3분봉 차트상 5이평선을 깨고 10이평선 근처까지 가는 것을 볼 수 있습니다. 고가에서 매수매도가 이뤄지는 상태에서는 3분봉이 다 만들어지는 것을 보고 의사결정을 할 경우 판단이 늦을 수 있기 때문에 오버솔드식 초단타 매매는 틱 차트를 사용하는 것입니다.

조금만 더 말을 붙이자면, ⓒ에서의 하락은 반등하여 다시 5이평선 위로 주가를 올려놓았습니다만 이는 어디까지나 결과론인 것이고, 실제로 ⓑ의 고점에서 ⓒ의 저점까지는 -4%를 약간 넘는 수준의 하락이기 때문에 ⓐ에서 매수했는데 적절한 지점에서 익절하지 않았다면 상승 → 하락으로 인한 손해를 감정적으로 받아들이게 되고 더 하락할 것 같은 마음에 오히려 손절해버릴 수도 있습니다. 오버솔드식 초단타 매매의 훈련이 잘된 사람은 집중력 있게 ⓑ에서 익절하고 다시금 기다려서 3분봉상 5이평선 근처에서 1차 매수, 10이평선 근처에서 2차 매수하여 다시금 짧은 수익을 내기도 합니다. 팔 때 잘 팔아야 다시 살 수 있습니다.

세 번째 매수 가능 타점:
60틱 차트 120이평선 기준 −3% 엔벨로프 하단

60틱 차트상에서 60이평선과 120이평선이 골든크로스를 유지하면서 상승을 하고 있다면 60이평선 위에서 놀던 주가가 60이평선이나 120이평선까지 내려오는 상황은 상승의 흐름 안에 있는 것으로 해석해서 하락보다는 반등에 무게를 두고 매수를 합니다. 이것이 두 번째 매수 가능 타점의 요약입니다.

그러나 주가가 120이평선 밑으로 내려가면 상승의 탄력이 일단 멈춘 것으로 해석하는 것이 좋습니다. 물론 120이평선 아래에서 반등을 할 수도 있겠지만 틱 차트는 거래의 횟수를 반영하면서 만들어지는 차트이기 때문에 첫 VI 이후의 지속적인 강한 상승을 유지하려면 굳이 주가가 120이평선 밑으로 떨어지도록 매수 세력이 방치할 이유가 없습니다.

120이평선 아래로 주가가 내려간 후 즉시 반사적으로 120이평선 위로 되돌리는 반등이 일어나지 않은 채 주가가 옆으로 기거나 아래쪽으로 조금씩 조금씩 내려간다면 그러는 가운데 60이평선도 상승에서 하락으로 꺾이게 되고 그 상태가 조금만 더 진행되면 60이평선과 120이평선의 데드크로스가 발생하게 됩니다.

그런 이유에서 주가가 60틱 차트상 120이평선을 깬다면 그 근처에서 매수했다고 하더라도 빠른 시간 내에 반등하지 못하는 이상 짧게 손절할 것을 권합니다. 이 매수를 두 번째 매수 가능 타점으로 보고 매수하였으므로 반등을 기다리겠다고 한다면 3분봉 차트에서 5이평선을 손절의 기준으로 삼으면 됩니다.

첫 번째 매수 가능 타점인 VI 발동 가격에서의 매수나 두 번째 매수 가능 타점인 VI 이후 상승 중 짧은 조정 시의 매수가 겁나는 분들은 VI 앞뒤로 만들어진 상승 흐름에서의 매수는 버리고, 나올 수밖에 없는 조정을 기다려서 매수하는 세 번째 매수 가능 타점을 살펴보십시오. 바로 60틱 차트상 120이평선을 기준으로 한 -3% 엔벨로프 하단에서의 매수입니다.

첫 번째와 두 번째 매수 가능 타점은 한창 탄력이 붙은 때이므로 틱 차트상 캔들이 빠른 속도로 찍히면서 주가가 흘러가기 때문에 이성적인 판단을 하기 어렵지만, 세 번째 매수 가능 타점부터는 상승 탄력에 일단 김이 빠진 상태에서의 매매라 거래 속도에 대응하는 것도 크게 부담되지 않을 것입니다.

더 엄밀하게 말하자면 세 번째 매수 가능 타점은 VI 발동 거래 재개 이후

60틱 차트상 120이평선을 기준으로 -3% 엔벨로프 하단을 '처음으로' 터치
할 때입니다. 일반적으로 VI 이후 120이평선 -3% 하단을 터치한다고 하면,
고점 대비 -3~-5% 하락한 상태이기 때문에 해당 종목을 지켜보고 있던 대
기 매수세는 이 하락을 매수 개입하기에 충분한 조정 폭으로 해석할 수 있
습니다.

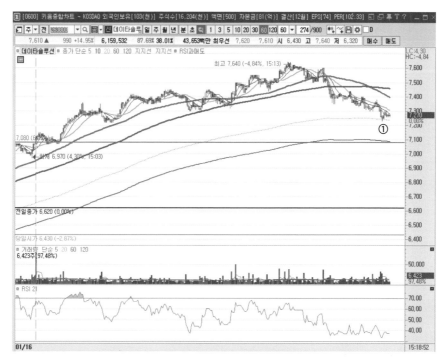

2023년 1월 16일 데이터솔루션 첫 VI 이후 60틱 차트상 첫 -3% 엔벨로프 하단 터치

2023년 1월 16일 데이터솔루션 첫 VI 이후 60틱 차트상 첫 -3% 엔벨로프 하단 터치 후 상승

-3% 엔벨로프 하단인 ①에서 매수한 물량은 기본적으로 60틱 차트상 60이
평선까지 상승했을 때, 120이평선까지 상승했을 때 부분 익절해나가는 것
입니다. ①에서의 매수(3시 18분 21초) 후 60이평선에 닿는 ②(3시 19분 14
초)까지는 1분 남짓한 시간이고, 약 1.9% 정도의 수익률을 거둘 수 있습니
다. 일부 익절 후 120이평선에 닿는 ③(3시 19분 42초)은 ②에서의 익절 후
30초 정도 지나는 시간인데요. ①의 매수가에서 3% 수익라인입니다. 여
기서도 익절합니다. 수익은 줄 때 지체 없이 거둬갑니다. '④까지 상승하
는 거 아닌가요?'라고 물을 수 있는데, ③을 찍고 다시 하락으로 돌아설

수도 있는 것입니다.

당일 장이 다 끝나가는 시간이므로 ③에서 모두 다 매도해버리는 것이 속
편합니다. 그러나 ②와 ③의 상승을 만들면서 틱 차트상 의미 있는 저항선
인 60이평선을 뚫어냈기 때문에 잔량을 남겨뒀다가 장 막판 동시호가 때
매도할 수도 있습니다. 동시호가 때 하락할 수도 있지만 그것은 그냥 운
에 맡기는 것이죠.

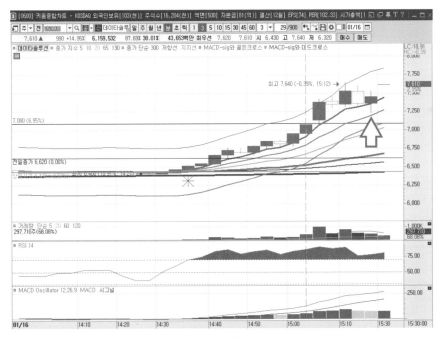

2023년 1월 16일 데이터솔루션 첫 VI 이후 3분봉 차트: 60틱 차트에서 -3% 엔벨로프
하단 첫 터치 후 상승

이 상황을 3분봉 차트에서 보면 갈색 화살표처럼 60틱 차트에서 -3% 엔벨로프 하단선을 처음 찍을 때가 보통 상승추세가 이어지는 3분봉 차트상 5이평선과 10이평선 사이의 가격임을 알 수 있습니다.

두 번째 매수 가능 타점을 설명할 때 동 종목에서 60틱 차트상 주가가 120이평선을 깨고 내려갈 때 다음 매수 타점을 말했던 것 기억나십니까? 규칙에 맞게 매도하여 수익을 낸 다음 다시 규칙에 맞는 매수 타점에서 매수하여 수익을 낼 수 있는 것입니다. 누군가는 고점에서 물려서 손해가 자꾸 커지는 것을 구경하면서 울고 있을 때 말이지요.

네 번째 매수 가능 타점: 60틱 차트 120이평선 기준 −5% 엔벨로프 하단

주가가 60틱 차트 120이평선 기준 −3% 엔벨로프 하단을 처음으로 찍을 때, 즉 세 번째 매수 가능 타점에서 매수를 했는데, 반등이 일어나지 않고 추가로 하락하는 것처럼 느껴지는 때가 있습니다. 이 타점은 VI 이후의 고점에서 −3%~−5% 정도 하락이 일어난 지점으로, 주가가 고점에서 여기까지 밀렸을 때는 이를 본격적인 하락의 시작으로 보고 두려워하기보다 일차적인 하락의 끝이자 머지않아 반등을 기대할 수 있는 지점이라 해석하여 매수로 대응합니다. 다만 하락의 끝이 조금 더 남아 있을 수도 있어서 −3% 엔벨로프 하단을 찍은 다음 즉시 반등하는 것이 아니라 추가로 밀릴 수도 있습니다.

'반등할 거야'라고 기대하고 1차 매수한 가격 근처에서 다시 급한 마음으로 추가매수를 하기보다는 주가의 움직임을 살피는 것이 우선입니다. 매수한 가격으로부터 추가 하락이 진행된다면 우리는 60틱 차트 120이평선 기준으로 -5%에 그어놓은 엔벨로프에 닿는지 여부만 챙겨보면 됩니다.

-3% 엔벨로프 하단 밑으로 추가 하락이 있다 하더라도 보통은 매수가의 -1% 남짓에서 반등을 시작하지만, -5% 엔벨로프 하단까지 내려왔다면 -3% 선에서 매수한 비중과 같은 정도로 추가매수합니다. 이를 통해 매수 단가의 평가손을 -1% 정도로 만든 다음 반등을 기다립니다.

이해가 잘 안 가시나요? -3% 엔벨로프 하단에서 100만 원어치 매수했다 고 하지요. 그런데 추가 하락이 발생해 -5% 엔벨로프 하단에서 100만 원 어치를 추가로 매수했다면 -1% 정도 평가손을 본 상태에서 200만 원어 치를 보유하게 됩니다.

왜 여기서 매수를 하면 반등의 가능성이 크다고 생각하는 것일까요? 첫 VI는 시가에서 10% 상승한 지점에서 발동하며, 60틱 차트 120이평선 기 준 -3% 엔벨로프 하단은 VI 가격 이후의 고가 대비 -3~-5% 하락한 상 태라고 말씀드렸습니다. (즉 VI 발동 이후 거래 재개 시 추가 상승 없이 바로 하 락하면 -3% 정도의 수준이 되고, 거래 재개 시 추가 상승을 한 다음 하락하게 되면 -5% 정도의 수준이 됩니다.) 이는 세력이 상승시킨 고가에서부터 -3%~-5% 하락했다는 말이 되며, 달리 말하자면 당일 세력의 평균매수가에 가까이 가 고 있다는 뜻이 됩니다. 카운터밸런스를 기억하십시오. 여기서 -5% 엔벨 로프 하단까지 -2%가 추가로 하락한다면 고가 대비 -5%~-7% 하락한 셈이기 때문에 거의 당일 세력의 평균매수가가 됩니다. 즉 여기서 더 하 락한다면 당일로는 세력도 손해 보는 상황에 놓이게 될 수 있기 때문에 -5% 엔벨로프 하단에서 추가 하락하는 것은 용납하지 않고, 다시 하락추세를 되돌릴 개연성이 커진다고 말할 수 있겠습니다.

이해하는 데에는 실전만 한 게 없죠. 2023년 3월 6일 5.51% 시가에서 시작해서 16.17%에서 첫 번째 VI가 발동한 탑머티리얼(360070)이라는 종목입니다. VI 발동 가격 위에서 한참 더 상승하고 큰 하락을 보여줬습니다. 너무 올라서 무서운 느낌이 드는 종목이라도 매수자리만 잘 찾아가면 손해 보지 않습니다.

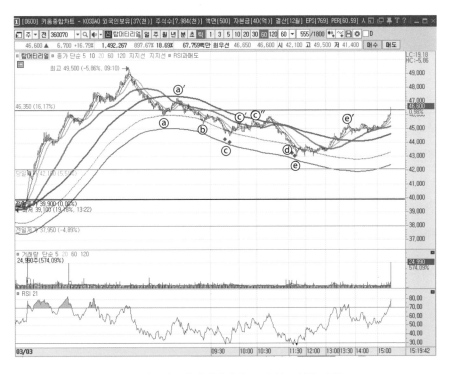

2023년 3월 6일 탑머티리얼 60틱 차트 하루 전체

ⓐ에서 60틱 차트 120이평선 기준 -3% 엔벨로프 하단선에 처음으로 닿습니다. 매수해서 60이평선이나 120이평선(ⓐ') 부분에서 익절합니다. ⓐ-ⓐ'의 상승은 2.48%의 수익라인입니다. 이 안에서 원하는 만큼 익절하면 됩니다. ⓑ도 -3% 엔벨로프 하단선입니다. 단, 첫 번째 -3% 엔벨로프 하단선은 아닙니다. 여기서 매수했을 때 60이평선까지 반등이 없네요. 원하는 만큼 상승하지 못하면 매수가 근처에서 손해 안 보는 선에서 손절합니다. ⓒ는 RSI 과매도권 진입과 120이평선 -3% 엔벨로프 하단이 겹쳐서 발생합니다. 매수 후 60이평선인 ⓒ'과 120이평선인 ⓒ"에서 익절할 수 있습니다. ⓒ-ⓒ'에서 2%의 수익을, ⓒ-ⓒ"에서는 2.5%의 수익을 거둘 수 있는 라인입니다.

중요한 지점은 120이평선 -3% 엔벨로프 하단에 다시 접하는 ⓓ에서 매수했는데 하락해서 -5% 엔벨로프 하단 근처인 ⓔ까지 추가 하락하는 지점입니다. 마침 이 지점도 RSI 과매도권과 겹쳐서 신호가 발생하고 있습니다. ⓓ에서 ⓔ까지 -1.3%의 추가 하락이 있었지만 ⓔ를 네 번째 매수 가능 타점으로 인지하고 매수했다면 이후 나오는 반등에서 최대 4.5%까지 수익을 얻을 수 있습니다. 하락 중에도 주의 깊게 매매하면 수익을 계속 확정지으면서 매매할 수 있음을 알 수 있습니다.

2023년 3월 6일 탑머티리얼 60틱 차트 고점-하락 구간 확대

고점에서 최대로 하락하는 ⓔ지점까지를 확대해보았습니다. 최악의 경우 맨 왼쪽의 고점에서 매수했는데 오를 때까지 기다린다고 버티면 하락의 끝점인 ⓔ지점까지의 하락을 그대로 맞을 경우 -12.63% 손실입니다. 그렇기 때문에 초단타 매매는 매수매도의 규칙을 정확히 정해서 실행해야 합니다. ⓑ타점에서 매수한 물량이 약간의 반등을 보이고 다시 밀리는 구간에서, 매매자는 약간의 손절매를 한 다음 다시 매수 타점을 찾을 수도 있지만 손절매 없이 120이평선 -5% 엔벨로프 하단까지 하락하면 추가매수한다는 개념으로 접근할 수도 있습니다. 의사결정을 제대로 하기 위해

서는 비중조절을 잘해서 매수해야 합니다.

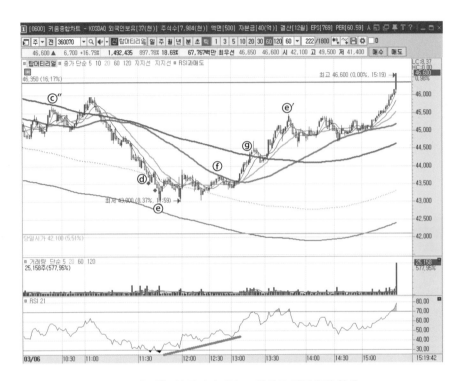

2023년 3월 6일 탑머티리얼 60틱 차트 반등 구간 확대

네 번째 매수 가능 타점인 120이평선 -5% 엔벨로프 하단에서 매수할 수 있었다면 장이 끝날 때까지 버틸 경우 7% 정도의 수익을 기대할 수 있습니다. 매번 드리는 말씀이지만 어디까지나 이는 차트 전체를 보니까 할 수 있는 말이며, 실제 매매에서는 계속 긴장의 끈을 놓칠 수 없으니 적절한 익절의 자리를 차근차근 찾으며 수익화해 나가야 합니다.

-3% 엔벨로프 하단이나 -5% 엔벨로프 하단에서 매수한 물량은 일반적으로는 60이평선 부근에서 일부 익절하면서 보유 물량을 더는 것이 원칙입니다. 하지만 이번 사례에서는 빠른 시간에 반등해서 주가를 올리지 못하는 바람에 60이평선이 흘러내려 와서 ⓕ지점에서는 약간의 수익을 보는 정도입니다. 차트는 간단해 보이지만, ⓔ에서 매수한 다음 ⓕ까지 1시간 정도가 흐르는 것이기 때문에 무척 긴장되면서도 지루한 시간이 지속되는 상황입니다. 1% 정도 수익 보고 매도하고 싶은 마음이 굴뚝같아지는 시간이기도 하고, 또 그렇게 익절해도 나쁘지는 않습니다.

저는 이럴 때 RSI의 추세를 봅니다. 주가는 횡보하지만 RSI 부분에 하늘색 직선으로 표시한 것과 같이 RSI는 계속해서 올라가고 있습니다. 그런 경우라면 조금 더 붙들어보는 것이죠. 어디까지요? RSI 과매수권으로 들어갈 때까지죠. ⓖ지점이 RSI 과매수권으로 들어가면서 동시에 120이평선에 닿는 지점입니다. 2.5% 수익라인입니다. 그다음은 재량껏 하는 것이지요.

당일에만 단타로 수익을 내고 빠져나오기 위해 돈을 들여서 VI 하나 만들고 끝내기에는 세력의 인건비가 너무 비쌉니다. VI가 발동할 정도의 상승을 통해 장대 양봉을 만드는 이유는 일봉 차트상 앞으로의 상승을 이끌기 위해 이동평균선의 간격을 벌리기 위한 작업이며, 상승에 방해가 될 매도세를 미리 흡수해놓기 위함입니다. 세력이 만들려는 전체적인 국면 안에서의 짧은 가격 변동을 활용하는 것이 오버솔드식 초단타 매매의 기본 기술이며, 세력이 만드는 중요한 가격대에 잘 스며들어 갔다면 차트를 보는 눈에 따라서는 당일 수익실현으로 끝나는 것이 아니라 세력에 묻어가면서 수익을 키워나갈 수도 있습니다. 다만 이는 이 책에서 소화하는 과제는 아닙니다.

물론, 이렇게 2차에 걸쳐 매수를 했는데도 더 하락한다면 손절매를 고려
해야 할 것입니다.

다섯 번째 매수 가능 타점:
60틱 차트 RSI 과매도권 진입/탈출

VI 발동 이후 거래 재개 시 60틱 차트 120이평선 이하로 주가가 하락하면서 VI를 통해 만들어진 상승의 추세가 소강 상태에 접어들었을 때, 오버솔드식 초단타 매매 타점의 성공 확률을 높여주는 지점은 바로 60틱 차트의 RSI 과매도권 진입 시 매수입니다.

앞서 언급했던 120이평선 기준 -3% 엔벨로프 하단(세 번째 매수 가능 타점) 및 -5% 엔벨로프 하단(네 번째 매수 가능 타점) 매수라는 전략을 사용하지 않고, '60틱 차트상 120이평선 아래로 주가가 떨어지면 RSI의 과매도권 진입만 보고 매수한다'라는 매수 전략을 선택하는 것도 차분한 매매를 하는 데 도움이 됩니다. (《저가 매수의 기술》에서도 엔벨로프를 이용하는 방법과 RSI를 이용하는 방법을 제시하고 있지만, 매매 경력이 많지 않은 분들에게는 RSI가 조금 더 편안한 매매를 할 수 있도록 돕는다고 말하고 있습니다.)

오버솔드식 초단타 매매에서 사용하는 틱 차트상에서, 엔벨로프와 RSI를 활용하여 매수 가능 타점을 찾을 때 -3% 엔벨로프 하단이나 -5% 엔벨로프 하단에 주가가 도달하는 시점에서 RSI도 과매도권으로 진입하는 상황이라면 이후 반등에 대한 신뢰도가 매우 높다고 말할 수 있겠습니다. 즉 120 이평선 기준으로 주가가 -3% 엔벨로프 하단에 닿거나 -5% 엔벨로프 하단에 닿는 하락의 정도를, RSI의 과매도권 진입이라는 신호를 통해 그 시점에서 매도할 거의 모든 사람은 매도한 상태이며 추가 매도세가 나올 가능성이 적어진 수준이라고 해석할 수 있습니다. 세력의 입장에서는 버티던 개미 물량 짜내기에 성공한 셈입니다. 매도할 사람이 나오지 않으면 하락은 멈출 것이며, 이어서 매수세가 진입한다면 주가는 어떤 식으로든 반등, 상승하게 됩니다.

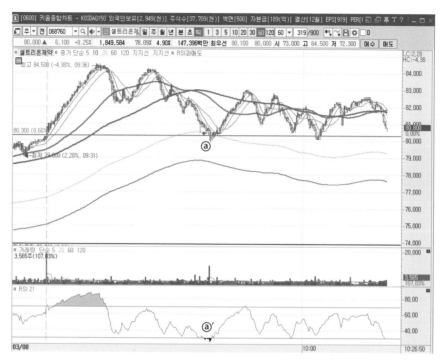

2023년 3월 8일 셀트리온제약 60틱 차트 RSI 과매도권 진입/탈출

셀트리온제약(068760)은 오전 9시 32분 50초에 첫 VI가 발동했습니다. VI 발동 가격은 80,300원. 거래 재개 후 84,500원까지 상승했다가 하락하는 데요. RSI가 과매도권으로 진입/탈출하는 동안의 ⓐ′구간에서 60틱 차트 상 120이평선 −3% 엔벨로프 하단을 찍는 ⓐ타점을 볼 수 있습니다. 이후 3.2% 정도의 반등 구간이 나오는데요. 위에서 내려오고 있는 60이평선에서 일부 익절하는 것도 좋지만, RSI 과매도권에서 탈출한 이상 과매수권 진입까지 충분히 끌고 가는 것도 나쁘지 않습니다.

특정 단계에서 -3%~-5% 하락하는 동안 매도할 사람들이 다 매도했다는 것은 곧 매물대 공백이라는 소리입니다. 따라서 매수세가 들어올 경우 대단히 민감하게 반응하게 됩니다.

그렇다면 이런 경우는 어떨까요? 120이평선 기준 -3% 엔벨로프 하단에 주가가 도달했는데 RSI는 아직 과매도권에 이르지는 않았다. 짐작하신 대로 '아, 아직 매도세가 조금 더 남았구나' '아, -5% 엔벨로프 하단까지 내려갈 수도 있겠구나'라고 생각할 수 있는 것입니다.

그래서 이런 경우에는 -3% 엔벨로프 하단에서 매수하는 비중을 조금 낮추거나, 아니면 RSI가 과매도권으로 진입할 때까지 조금 더 기다리는 식으로 매수 타이밍을 조정할 수 있습니다. 어쨌든 초단타 매매는 손해를 볼 리스크를 최소화해야 한다는 대전제가 있으므로 조심해서 나쁠 일은 없습니다.

여섯 번째 매수 가능 타점:
3분봉 차트 RSI 과매도권 진입/탈출

60틱 차트의 120이평선 이하로 주가가 하락하는 가운데 -3% 엔벨로프 하단이나 -5% 엔벨로프 하단에서 매수했는데도 즉시 반등하지 않고(많은 경우 빠르게 반등하지만) 추가로 하락한다면, 매매자는 판단을 내려야만 합니다. 손실이 아프긴 하지만 손절매를 선택할 수 있습니다. 《저가 매수의 기술》에서는 손절매를 하지 않는 것을 원칙으로 하지만, 초단타 매매에서는 손절매를 염두에 두고 매매합니다. '여기서 손절매해도 다른 매매로 회복한다'라는 생각을 하면서 유연하게 접근해야 합니다.

하지만 오버솔드식 초단타 매매에서는 첫 VI가 발동하는 종목을 대상으로 매매합니다. 달리 말하면 당일 주가를 움직이기 위해 세력이 힘을 쓰고 있는 종목에서 매매한다는 뜻이기 때문에 기분에 따라 손절매를 결단하기에 앞서, '세력이 주가의 하락을 어디서 멈출까?'를 생각해야 합니다.

많은 경우, 60틱 차트의 120이평선 - 5% 엔벨로프 하단선은 첫 VI가 걸린 가격 대비 - 5% 정도 수준이며, 이는 세력의 당일 평균매수가에 가깝습니다. 그렇기 때문에 손해를 보고 싶지 않은 세력이 이런 지점에서 하락세를 받아낸 다음 감아올리는 확률이 높다는 뜻이지요. 그러나 세력의 평균매수가를 개미들이 정확히 알기는 어려운 일입니다. 오늘의 상승이 전날부터 이어져서 이루어진 것이라면, 평균매수가가 더 아래에 있을 수도 있습니다. 그것을 마지막으로 더듬을 수 있는 자리가 3분봉 차트의 RSI 과매도권 진입/탈출 시점입니다. 여기까지 오게 되면 기술적 반등이든 하락추세상의 일시적 반등이든 상승이 일어납니다.

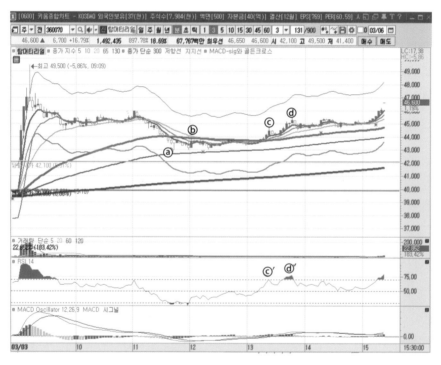

2023년 3월 6일 탑머티리얼 3분봉 차트

앞서 네 번째 매수 가능 타점에서 공부했던 2023년 3월 6일 탑머티리얼 (360070)의 3분봉 차트를 살펴봅시다.

3분봉 차트상 ⓐ에서 RSI 과매도권 진입, ⓑ에서 과매도권 탈출입니다. ⓐ가 60틱 차트에서는 120이평선 -5% 엔벨로프 하단으로 들어간 지점이었습니다. RSI 과매도권에서 매수해서 처음으로 과매수권을 찍는 ⓒ'에서의 가격인 ⓒ에서 매도하면 3%, 조금 더 들고 있었다면 RSI 과매수권으로 다시 들어가는 ⓓ'에서의 가격인 ⓓ에서 5% 정도에 매도할 수 있습니다. 몇 프로 수익이 났는지도 중요하지만, 공부하는 입장에서 봐야만 할 것은 **3분봉 차트상 RSI 과매도권 진입이 당일 VI가 발동한 종목에서는 중요한 반등지점**이라는 사실입니다.

HTS를 켜서, 오늘 VI가 발동한 종목들의 차트를 열어보십시오. 물론 훨훨 잘 날아간 종목들도 있겠지만 이와 같이 3분봉 차트상 RSI 과매도권까지의 조정을 겪고 반등하는 많은 차트들을 확인할 수 있을 것입니다.

일곱 번째 매수 가능 타점:
3분봉 차트 MACD-시그널선 골든크로스

당일 매수 후 매도하여 다음 날 생길 수 있는 리스크, 정확히 집어서 말하면 장 마감 후 대응할 수 없는 시간에 나온 악성 뉴스나 미국 시장의 하락으로 인한 시초가 갭 하락 리스크를 피하기 위해 초단타 매매를 선택한 만큼, 당일 주가의 흐름을 잘 살펴야 합니다. 어떤 종목에서 VI가 발동할 정도로 상승이 일어났다는 것은 다른 말로 하자면 그 종목에서 '변동 폭을 갖는 흐름'이 만들어졌다는 뜻입니다. 주가가 강하게 올라갔기 때문에 많은 경우 하락을 하더라도 어느 시점에서는 하락의 흐름을 멈추고 반등하는 흐름을 만들어줍니다. 우리는 3분봉 차트의 MACD와 시그널선의 관계를 통해서 현재 주가가 어떤 흐름 속에 있는지 알 수 있습니다.

VI 발동까지의 상승과 거래 재개 후 추가로 상승하는 동안은 3분봉 차트상 MACD와 시그널선의 골든크로스 상태가 유지됩니다. 이러한 상승추세가 조정 또는 하락으로 진입했다는 신호는 MACD와 시그널선의 데드크로스를 보고 눈치챌 수 있습니다.

앞의 매수 가능 타점 중 60틱 차트 120이평선 아래에서 -3% 엔벨로프 하단, -5% 엔벨로프 하단을 찍는 과정에서 3분봉 차트를 보게 되면 상승 과정 중에 만들어졌던 MACD와 시그널선의 골든크로스가 슬슬 데드크로스로 변하는 것을 볼 수 있습니다. 하락하던 주가가 엔벨로프의 하단을 찍고 나서 바로 반등하지 못하면 3분봉 차트상 RSI 과매도권 진입/탈출 시점에서 추가매수하는 것을 생각할 수 있다고 했죠? 하지만 하락 과정에서 -3% 엔벨로프 하단과 -5% 엔벨로프 하단에서 두 차례 매수했는데도 더 하락하면 사실 세 번째 매수를 위해 손이 안 나가는 것이 일반적인 심리 상태입니다. 3분봉 차트상 RSI 과매도권으로 들어가는 순간 더 하락할 것 같다는 생각이 드니까요. 만약 3분봉 차트상 RSI 과매도권으로 들어가는 타이밍에는 차마 추가매수할 수 없었다면, 하락이 일단락되고 다시 새로운 흐름이 만들어진다는 의미를 갖는 3분봉 차트상 MACD와 시그널선의 골든크로스 부분에서는 매수를 해볼 수 있습니다.

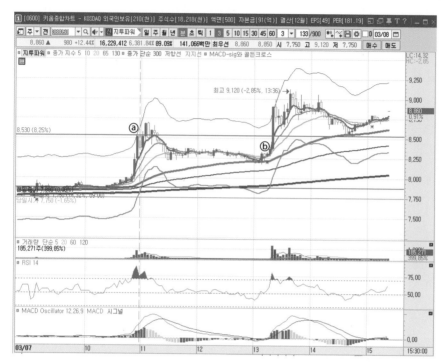

2023년 3월 8일 지투파워 VI 발동 이후 3분봉 차트상 MACD-시그널선 골든크로스

2023년 3월 8일 오전 10시 56분 24초에 지투파워(388050)에 VI가 발동
(ⓐ)합니다. 그리고는 하락하여 2시간 정도 지루한 흐름을 보이다가 ⓑ에
서 위 방향으로 꺾어지면서 이차 상승을 하는데요. MACD를 자세히 보면
ⓐ 이후 MACD와 시그널선의 데드크로스가 나온 후 유지되다가 골든크
로스가 나는 것을 볼 수 있습니다. 이 차트는 앞에서 말씀드린 이론적 설
명에서처럼 3분봉 차트상 RSI 과매도권으로 확 들어가지는 않았습니다
만, 저 60이평선 자리가 오늘의 세력 평균매수가가 아닌가 싶네요. 당일
시가 7,750원과 첫 VI 가격 8,530원의 중간값이 8,140원인데 60이평선을

밟고 오르는 자리가 8,160원이었습니다.

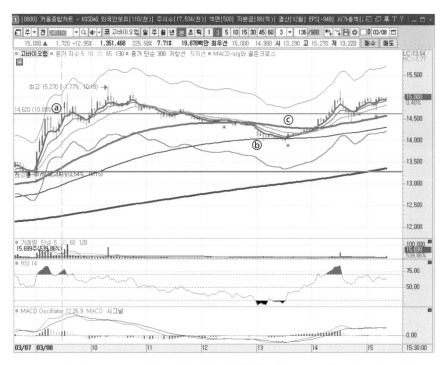

2023년 3월 8일 고바이오랩 VI 발동 이후 3분봉 차트상 MACD-시그널선 골든크로스

이 사례는 3분봉 차트상 RSI 과매도권까지 진입/탈출 시점에서 매수하지 않더라도 MACD와 시그널선의 골든크로스에서 매수하여 수익을 낸 사례입니다. 고바이오랩(348150)은 오전 9시 28분 56초에 14,620원으로 ⓐ에서와 같이 첫 VI가 발동합니다. 하락이 이어져 3분봉 차트상 RSI 과매도권으로의 진입 시 매수하는 것이 쉽지 않을 것입니다. 추세의 반전에 대한 확신을 갖기 어렵기 때문입니다. 그러나 MACD와 시그널선이 골든

크로스를 만든 ⓒ 같은 지점에서는 일단 추세가 바뀌는 것으로 판단하고 매수 관점에서 접근할 수 있을 것입니다. 이날의 시가는 13,290원, 첫 VI 발동 가격은 14,620원. 중간값은 13,955원. ⓑ에서 ⓒ 사이의 최저가는 13,980원입니다. 세력의 평균매수가가 보이시나요?

자꾸 떨어지는 데 물타라는 말 아닌가요?

제목과 같은 의구심이 생길 수 있습니다. VI 발동을 기준으로 하는 오버솔드식 초단타 매매는 순간적으로 발생하는 매도 공백 부분을 활용하는 기술입니다. 세력은 주가의 상승을 통해 상승구간 내에 있는 개미투자자들의 물량을 일차적으로 빼앗은 다음, 다시 하락시키면서 추가 상승을 기대하며 매도하지 않고 버티던 개미투자자들의 물량마저도 빼앗아서 특정 시점과 특정 구간의 매도 물량을 비게 만듭니다. 바로 이 지점을 노리는 것입니다.

그래서 오버솔드식 초단타 매매를 할 때에는 기본적으로 해당 종목이 다음의 두 조건을 만족시키면서 이미 상승추세 안에 있음을 확인한 다음 진입합니다.

1 일봉상 5이평선과 10이평선의 골든크로스가 유지되는 상태에서
2 당일 시장의 관심이 집중되면서 시초가 대비 10% 상승(첫 VI 발동)할 정도로 강한 매수세가 들어온 종목

일봉상 강한 상승은 5이평선과 10이평선의 골든크로스가 유지된 상태에서 진행됩니다. 이 골든크로스 상태 속에서 더 빠르게 주가를 상승시키기 위해 세력은 장대 양봉을 만들어내는데, 이때 만들어지는 VI는 대단히 큰 의미를 갖습니다. 우리는 이 VI를 보고 매매를 하는 것입니다.

많은 경우, VI 발동 이후 60틱 차트의 60이평선, 120이평선 접근 시 매수한 물량은 반등하면서 추가상승으로 이어집니다. VI가 발동할 정도의 상승의 성격에 따라 다를 수는 있으나, 위의 두 조건을 동시에 만족한다면 신뢰도는 더 높아집니다. (단편적인 계약이나 루머로 인한 재료로 세력이 아닌 동호회 등이 갑자기 달라붙어서 VI가 만들어지는 경우도 있습니다. 이런 경우는 뜬금없는 자리에서 급상승이 일어납니다. 주가의 본격적인 상승을 위한 준비과정인 5이평선과 10이평선의 골든크로스를 만드는 과정 같은 것 없이 갑작스러운 장대 양봉이 만들어지는데, 후속 매수세가 부족해서 급락하는 경우도 있습니다.) 즉 반등하면서 추가상승이 일어나면 적절한 매도 타이밍에서 익절하면 됩니다. 다음의 사례를 보시죠.

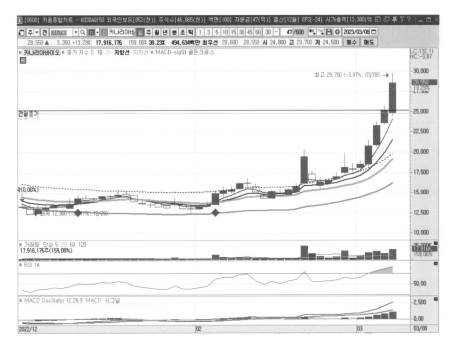

2023년 3월 8일 카나리아바이오 일봉 차트: 5이평선과 10이평선의 골든크로스 유지 중

2023년 3월 3일부터 계속해서 초단타로 진입하여 수익을 내고 있는 카나리아바이오(016790)의 일봉 차트입니다. 일봉 차트상 5이평선과 10이평선의 골든크로스가 유지되고 있는 상태에서 3월 8일도 시가에서 10% 이상 상승하는 장대 양봉이 나오고 있습니다. VI가 발동하는 시점의 틱 차트를 살펴보시죠.

**2023년 3월 8일 카나리아바이오 60틱 차트상 VI 이후 60이평선 및
120이평선에서 매수 시 수익실현 기준**

ⓐ에서 첫 VI가 발동한 다음 거래가 재개되었을 때 두 번째 매수 가능 타
점인 60틱 차트상 60이평선에 접근한 ⓑ나 120이평선에 가깝게 접근한
ⓒ에서 매수했을 경우, 상승하던 추세를 못 지키고 120이평선을 깨면 빠
르게 손절매하는 것이고, 상승이 유지되면 다시 60이평선을 만나는 ⓓ
(3.6%)나 120이평선을 만나는 ⓔ(2.2%)에서 익절하면 됩니다.

'더 오르겠지?'라는 애매한 희망으로 끝까지 붙들고 있는 것이 아니라, 오
버솔드식 초단타 매매에서는 가볍게 익절해서 수익을 취하는 것을 우선

으로 합니다. 매도한 가격 이후로 더 폭발적으로 올라가면 그냥 보내주면 됩니다. 치고 들어오는 매수세가 강하다는 증거이니 조정 때 다시 받으면 되는 것입니다. 익절해야 할 때 익절하지 못하고 붙들고 있다가 추세가 확 꺾이면 손절도 못하고 당황하게 되니 수익은 항상 적절히 실현하면서 가야 합니다.

하지만 VI 발동 이후 매수한 물량이 추가상승을 만들어내지 못하고 60틱 차트상 120이평선을 깨면 즉시 손절해서 전열을 가다듬으면 됩니다. 짧은 손절이 되는 것이죠. '120이평선에서 매수했는데 즉시 올라가지 못하고 이평선 약간 아래로 내려가면 무조건 팔라는 건가요?'라고 물으면 '이 부분은 경험을 통해 자신의 감각을 날카롭게 하는 수밖에 없네요'라고 말씀드려야 할 것 같습니다. 하지만 120이평선 기준으로 위와 아래를 구분해서 매매를 하는 것이 좋습니다.

120이평선 아래로는 -3% 엔벨로프 하단, -5% 엔벨로프 하단이라는 매수 가능 타점들이 있기 때문에 120이평선에서 매수한 다음 하락하면 '추가매수하면 되지, 뭐'라고 생각할 수 있지만 비중조절이 잘 안 된 매매자라면 자칫 크게 물려버릴 수 있으므로 미련을 갖지 않고 포지션을 정리하는 것이 좋습니다.

한편, 120이평선 아래에서 하는 매매는 조정(눌림목)을 이용하는 매매입니다. 60틱 차트상 120이평선 -3% 엔벨로프 하단에서 매수했을 때 -5% 하단까지 하락하는 것을 기다리라는 말이 아닙니다. -3% 엔벨로프 하단에서 매수한 후 반등하면 부드럽게 익절합니다. 60이평선 정도까지 올라왔을 때 일부 익절하고 보유 물량 중 120이평선 정도까지 더 상승해도 익절, 그러고 나서 추가 상승하면 적절한 지점에서 알아서 익절하는 겁니다. -3% 엔벨로프 하단에서 매수했는데 상승으로 돌리기 위한 힘이 모자라서 하락하게 된다면 -5% 엔벨로프 하단까지 갈 수 있으며 이때에는 2차 매수를 통해 평균매수가를 낮춰서 반등 시 빠르게 수익을 낼 수 있는 상황을 만들어놓는 것입니다. 즉 우리는 매수 후 추가 하락 진행보다는 반등의 확률이 높은 지점에서 매수하는 것이며 그 반등의 크기가 0.5%든 1%든 1.2%든 심지어 0.1%든 우리가 기준으로 삼는 지점에서 기계적으로 익절을 해주는 것입니다.

VI 발동 이후 무려 7개의 매수 가능 타점을 소개해드렸습니다만, 매매자의 성향에 따라 자신에게 잘 맞는 타점이 있습니다. 책을 읽으며 공부하는 시기에는 여러 타점에서 다 매수하면서 연습해보십시오. 타점이 나올 때까지 '기다릴 수 있으면' 그것만으로도 초단타 매매의 기초는 확립된다고 말할 수 있습니다. 오버솔드식 초단타 매매를 하다 보면 매수 타점이 한 종목에서 그렇게 자주 나오지 않는다는 것을 알 수 있습니다. 기다리지 못해서 엉뚱한 자리에서 매수하게 되면 수습이 어렵습니다. 정확하게 매수 타점이 나올 때까지 기다렸다가 매매하십시오.

노파심에서 다시 한 번 말씀드립니다. 첫 번째 매수 가능 타점에서부터 하락할 때마다 추가로 매수해서 일곱 번째 매수 가능 타점까지 계속 매수하라는 말이 아닙니다.

타점 설명을 마무리하면서

지금까지 오버솔드식 초단타 매매의 기술를 구성하는 종목 선정의 방법과 그 이론적 배경 그리고 일곱 개의 매수 가능 타점에 대해 모든 것을 설명하였습니다. 마무리하면서 몇 말씀 남기고자 합니다.

하나. 집중력이 유지되는 시간에만 매매하십시오.

VI가 발동하는 종목은 하루 종일 출현하지만, 매매자의 집중력이 살아 있을 때 나오는 종목은 제한적입니다. 저는 오전 10시 이내에 VI 발동 종목을 대상으로 매매를 마치는 것이 좋다고 생각합니다. 물론, 돈을 벌다 보면 없던 집중력도 생기기 마련이기도 하지만 자칫 방심이나 풀어진 긴장감은 대응의 속도를 늦춰 필요 없는 손실을 보게 할 수도 있습니다. 매매에만 집중할 수 있는 시간을 확보하고 매매하시기를 권하고 싶습니다.

둘. 100% 수익을 주는 타점은 없습니다.

세상에는 정말 다양한 기준의 초단타 매매가 있을 것이고 실제로 엄청난 고수분들이 있습니다. 오버솔드식 초단타 매매는 말 그대로 오버솔드가 수익을 챙기고 있는 '스트라이크 존'을 활용하는 매매입니다. 꾸준히 수익을 낼 수 있는 포인트를 정리한 것이지만 그것이 100% 맞는다고 말하기는 어렵습니다. 결국, '(VI가 발동한 종목 중에서도) 어떤 종목을 선택하느냐' '어떤 타점을 활용하느냐' '어떻게 익절하느냐'는 사람마다 다 다르기 때문에 같은 기술로 매매한다고 해도 생각만큼 잘되지 않을 수도 있습니다.

하지만 오버솔드식 초단타 매매를 통해 VI가 발동하는 종목들을 집중해서 살피다 보면, 자신도 모르는 사이에 항상 상승하는 종목에서만 매매를 하고 있는 모습을 발견하게 될 것입니다. 시장의 중심에서 매매하고 있게 될 것입니다. 그리고 어떤 모양의 차트에서 상승이 일어나는지 보는 눈이 생길 것입니다. 초단타 매매를 통해 기대한 만큼 수익을 만들어가지 못하더라도 결국 시간문제입니다. 조급해하지 마십시오.

셋. 꾸준히 차트 공부하십시오.

당일 자신이 초단타 매매로 접근할 수 있는 VI 발동 종목은 매우 제한적일 것입니다. 따라서 하루 중 일정 시간을 내서 당일 VI 발동 종목들의 흐름을 항상 챙겨보도록 하십시오. VI 발동 종목 중 100만 주가 넘는 종목으로 추리면 30~40종목 남짓일 것입니다. 차 한잔 마시면서 1시간 정도 훑어보면 어느 순간부터 실전에서도 움직이는 60틱 차트나 3분봉 차트의 VI 이후 움직임이 눈에 들어올 것입니다.

조금은 귀찮을 수 있어도 차트의 시가와 첫 VI 가격 그리고 그 중간값에 수평선을 그어 넣고 살펴보십시오. 세력의 평균매수가를 눈으로 읽어낼 수 있게 됩니다.

이제 이론 공부는 모두 끝났습니다. 이후로는 실전 사례를 중심으로 어떻게 이론을 적용해서 매매하는지를 배우게 될 것입니다. 실전 사례에서 가르쳐드리는 방식으로 여러분도 차트 공부를 할 때 체크해보시기 바랍니다.

4장

VI D데이 매매

우리는 지금까지 당일 첫 번째 VI가 발동한 종목을 중심으로 매매하는 오버솔드식 초단타 매매의 이론적 배경과 타점에 대해 공부했습니다.

첫 번째 VI가 발동한 날 실행하는 초단타 매매를 'D데이 매매'라 하겠습니다. D데이 매매는 사실 훈련이 안 되어 있으면 쉽지 않습니다. 앞에서 자세히 가르쳐드리려고는 했지만, 실전에서는 다양한 케이스가 발생하므로 그에 대한 준비를 해야만 합니다.

이번 장에서는 제가 실제로 매매했던 당시의 차트들을 바탕으로 최대한 자세한 설명을 하기 위해 노력했습니다. 오버솔드가 실제 매매하면서 했던 생각을 자세히 적은 11종목의 D데이 매매를 꼼꼼히 읽으시면 무언가 눈이 뜨이게 될 것이라 생각합니다.

60틱 차트는 당시에 캡처해놓지 않으면 구할 수 없습니다. 2022년 장이 너무너무 안 좋을 때에도 초단타 매매를 통해 수익을 쌓아나갈 수 있음을 보여드리기 위해 오버솔드식 초단타 매매 책을 기획하면서 캡처를 해놓았기 때문에 생생한 느낌으로 보실 수 있을 것 같습니다.

이번 장은 4개의 단원으로 나뉘어 있습니다.

- 첫 번째 VI 발동 이후 매매 사례 연구
- 60틱 차트와 3분봉 차트의 연계 매매: 3분봉 차트에서의 5이평선 및 10이평선 반등
- 60틱 차트와 3분봉 차트의 연계 매매: 3분봉 차트에서의 20이평선 반등
- 60틱 차트와 3분봉 차트의 연계 매매: 3분봉 차트에서의 65이평선 반등

첫 번째 VI 발동 이후 매매 사례 연구는 60틱 차트만 보면서 매매하는 사례입니다. 앞서 배운 매매 타점에 최대한 충실히 따라서 매매한 내용입니다.

그 이후 3개의 단원에서는, 60틱 차트를 이용하여 오버솔드식 초단타 매매를 진행할 때, 매수 타점의 신뢰도를 높이기 위해 3분봉 차트와 연계해서 매매하는 방법을 설명해드립니다. 꼼꼼히 손으로 차트를 짚어가며 읽어보시면 큰 도움이 될 것으로 믿습니다.

그럼, 시작할까요?

첫 번째 VI 발동 이후 매매 사례 연구

센트럴모텍 2022년 7월 27일

오후 2시 12분 36초, 센트랄모텍(308170)이 17,300원에서 첫 번째 VI가 발동합니다.

종목명	구분	발동 가격	시가대비 등락률	기준가격 동적VI	기준가격 정적VI	괴리율 동적VI	괴리율 정적VI	거래량	발동 시간	해지 시간	발동 횟수
센트럴모텍	정적	18,900	+20.38		17,150		+10.20	3,176,227	14:53:35	14:55:56	2
센트럴모텍	정적	17,300	+10.19		15,700		+10.19	3,176,227	14:12:36	14:15:00	1
한화에어로스	정적	65,600	+21.26		59,600		+10.07	10,621,218	14:09:31	14:11:58	2
압타머사이언	정적	13,400	+22.94		12,150		+10.29	3,533,200	14:07:22	14:09:41	2
삼진제약	정적	26,400	+10.00		24,000		+10.00	1,109,309	14:01:20	14:03:21	1
프레스티지바	정적	4,840	+10.00		4,400		+10.00	2,265,476	13:52:42	13:55:09	1
압타머사이언	정적	12,000	+10.09		10,900		+10.09	3,533,200	13:38:39	13:41:01	1
압타바이오	정적	21,400	+25.88		19,450		+10.03	4,330,652	13:37:55	13:40:04	2
압타바이오	정적	18,700	+10.00		17,000		+10.00	4,330,652	13:21:09	13:23:38	1
트루윈	정적	2,940	+10.11		2,670		+10.11	16,157,348	13:02:04	13:04:11	1
피제이전자	정적	8,110	+23.63		7,370		+10.04	2,400,689	12:42:12	12:44:18	2
한화에어로스	정적	59,600	+10.17		54,100		+10.17	10,621,218	11:43:49	11:46:05	1
세림B&G	정적	4,315	+20.53		3,920		+10.08	51,608,870	11:34:15	11:36:42	2

이때의 3분봉 차트를 보면 다음과 같습니다.

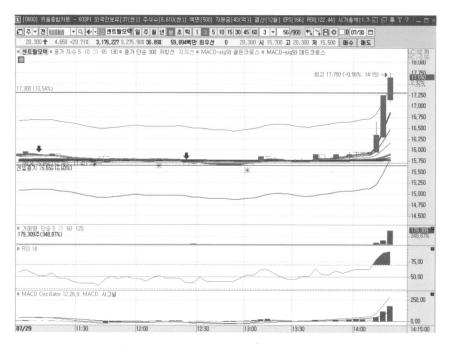

2022년 7월 29일 센트랄모텍 오후 2시 12분 36초 VI 발동. 3분봉 차트

VI 발동으로 인한 거래 중지에서 해지까지 2분 30초가 걸리기 때문에, 3분봉 차트상으로는 거래가 재개된 2시 15분에 시작되어 17분 59초까지의 캔들이 양봉으로 나타났습니다. 하지만 이는 결과론적인 것이고, 거래가 재개될 때의 시가에 매수할 것인지 아닌지는 무척 긴장되는 의사결정입니다. 매수한 다음 폭락할 수도 있거든요. 실제 종목을 잘못 선택하면 그런 일을 당하곤 합니다. 그렇기 때문에 앞서 배운 것처럼 훈련이 부족한 상태에서는 거래 재개 시 VI 발동 가격보다 높게 갭 상승으로 시작했을 때는 쫓아가서 매수하지 말고, 첫 번째 VI 발동 이후의 첫 번째 매수 가능 타점은 VI 발동 가격으로 삼으시라 말씀드리는 것입니다.

우리는 이 종목의 차트를 계속 보고 있었던 것이 아니기 때문에, VI가 발동한 바로 그 시점에서 차트를 봤을 때는 '어, 많이 올랐네?' 싶고 매수하는 것이 겁날 수도 있습니다.

VI 발동 이후 거래가 재개되는 시초가에 바로 매수 진입을 할 것인가 아닌가는 개인의 판단의 영역입니다. 그러나 매수매도의 손이 빠른 분만 시초가에 매수하는 것을 추천합니다. 오버솔드식 초단타 매매에서는 주가가 당일 시가에서 10%나 올라온 만큼 매매자들의 매수세가 잠시 주춤할수도 있을 것이며, 그로 인한 조정 시 조금 싸게 매수 진입할 수 있는 타점들을 찾을 것입니다. 3분봉 차트상 5-10-20이평선이 골든크로스 이후 깨끗하게 정배열을 만드는 모습을 잘 기억해두십시오. 거래량이 붙으며 깨끗하게 정배열이 만들어지면 조정 시 각 이평선은 매우 의미 있는 지지 역할을 해냅니다.

첫 번째 VI가 발동했을 때의 60틱 차트를 보고 이런저런 시나리오를 생각해봅시다.

2022년 7월 29일 오후 2시 12분 36초 VI 발동 시 60틱 차트

7월 29일, 주가는 당일 시가에서 17,300원까지 치솟아 오르며 첫 번째 VI
가 발동했습니다. 거래가 잠시 멈췄습니다. 주어진 2분 30초 동안 이런저
런 판단을 내려야 할 것입니다.

우선 RSI를 확인합니다. 7월 25일부터 5일간의 60틱 차트가 얼마 되지 않
는 공간에 모여 있습니다. 거래가 지극히 적게 일어나는 종목임을 알 수
있습니다. VI가 발동한 당일, 거래량은 전날 대비 3,275%나 발생하였습
니다. 거래량이 이런 식으로 붙으면 보조지표들의 신뢰도가 상당히 올라
갑니다. 어쨌든 지난 5일 동안 RSI 과매도권으로 두 차례 진입한 후 저가

가 다져지면서 상승이 일어났습니다. 옆의 차트에서 RSI 부분을 보시면, 우상향 갈색 직선을 보실 수 있습니다. RSI는 저점이 상승하는 추세를 보이고 있습니다. 주가의 상승과 하락이 반복되는 가운데 RSI가 상승의 추세를 보이면 주가 상승을 내포하고 있다고 가정하고 진입할 수 있습니다. 주가의 흐름과 RSI의 진행 방향이 다를 경우를 '다이버전스 divergence'라고 합니다. 모든 상황을 통해, 일련의 하락이 마무리된 후 반등 또는 상승하게 될 것이라고 해석할 수 있겠습니다.

우리는 당일 이 시점에서 무슨 이유로 센트럴모텍에 상승이 일어났는지 알 수 없습니다. 다만 차트를 보고 대응할 뿐입니다.

60틱 차트상 5이평선과 20이평선 그리고 60이평선의 정배열이 만들어진 상태입니다.

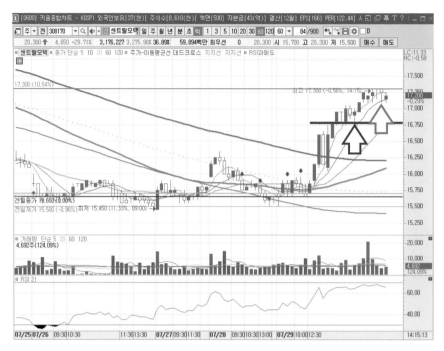

2022년 7월 29일 오후 2시 15분 13초 VI 발동 후 거래 재개 시 상황. 60틱 차트

60틱 차트의 연한 갈색 화살표가 가리키는 캔들이 거래가 재개된 이후 첫 60회의 거래가 만들어낸 캔들입니다. 음봉이죠? 첫 번째 매수 가능 타점 인 VI 발동 가격에서 매수했다면 기대했던 상승의 연속성에 의한 추가 상 승이 아니라 첫 캔들이 만들어지는 60번의 거래 동안 주가가 하락할 때 마음이 불안할 것입니다. (불안하지 않다면 훈련이 잘된 상태라 말할 수 있을 것 입니다.) 그러나 60틱 차트상 주요 이동평균선이 정배열을 만들며 상승 중 이기 때문에 최소한 20이평선이 쫓아오는 것을 기다릴 수 있습니다.

거래 재개 후 첫 캔들은 시가 17,300원에서 저가 17,100원까지 -1.16% 하락했다가 아래꼬리를 말면서 반등했습니다.

첫 번째 매수 가능 타점인 VI 발동 가격을 포함하여 거래가 재개될 때의 시초가를 잡고 매매하고자 하는 트레이더는 매매의 규칙을 분명히 세워놓아야 합니다. 우선 첫 매수의 비중에 대한 원칙이 있어야 하고, 손절에 대한 원칙은 분명해야 합니다. 또한 추가매수를 염두에 두고 있다면 추가매수 타점에 대한 계획을 세워놓아야 합니다. 오버솔드식 초단타 매매는 이 작업을 꾸준히 반복하면서 수익을 누적해갑니다.

60틱 차트에서 5-10-20-60이평선의 정배열이 만들어진 상태이기 때문에 '캔들이 종가로 10이평선을 깨면(또는 20이평선을 깨면) 매도' 같은 규칙을 세워놓습니다. (다만 60틱 차트에서는 10이평선은 크게 활용하지 않습니다.) 또는 VI를 발동시키는 흐름이 만들어진 시작 가격을 손절매 선으로 설정할 수도 있습니다. 진한 갈색 화살표를 보십시오. 상승이 진행되는 과정 중 VI 가격 근처에서 음봉이 나왔다가 화살표가 가리키는 시점부터 양봉을 연속적으로 생성시키며 VI를 만들었습니다. 즉 그 가격부터는 세력이 용서 없이 돈을 써서 끌어올린 것으로 생각해도 무리가 없습니다. 세력도 한정된 시간 동안에 자신이 세운 계획을 실현시켜야 하기 때문에 VI 근처에서는 빠르고 압축적으로 움직입니다. 시간 낭비를 하지 않기 위해 특정 가격 이하로는 더 밀리지 않겠다는 뜻이므로, VI 이후 거래 재개 시 주가가 하락하더라도 저 지점은 깨지 않을 가능성이 큽니다. 추가매수와 손절매가 동시에 존재할 수 있는 중요한 선입니다.

그것도 아니라면 3분봉 차트상 5이평선과 10이평선의 골든크로스가 유지되는 동안은 홀딩하겠다는 계획을 세울 수도 있습니다.

어쨌든 계획대로 주가가 흘러가지 않을 경우 끊고 도망쳐 나올 수 있는 기준을 세워놓는 것이 중요합니다. 손절매는 초단타 매매의 필수조건 중 하나입니다.

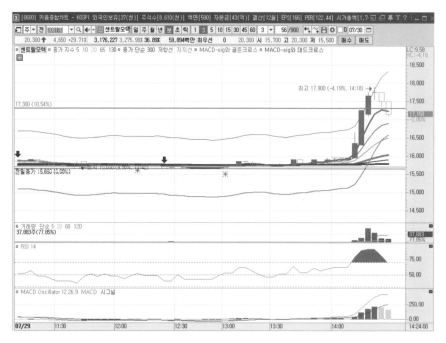

2022년 7월 29일 오후 2시 24분~26분 59초 VI 발동 후 상승하다 5이평선까지 조정받는 3분봉 차트

VI 발동 후 거래 재개 시초가에 매수한 사람은 1~3% 정도 수익을 실현할 수 있는 기회가 있었습니다. 문제는 기다리던 조정(눌림목)에서 어떻게 대응하느냐입니다. 3분봉 차트상 정배열이기 때문에 5이평선 또는 10이평선 부분이나 20이평선 부분, 65이평선 부분에서 60틱 차트상 어떤 타점이 나타나는지를 따라 매수 개입의 의사결정을 하면 됩니다.

공격적인 매수자라면 현재 만들어진 두 번째 음봉의 종가가 5이평선을 깨는 것을 보고 60틱 차트와 연계하여 1차 매수를 계획할 수 있을 것입니다. 아니면 조금 더 하락할 것을 기다렸다가 10이평선 근처에서의 매수를 생각할 수도 있을 것입니다. 60틱 차트를 보면 매수해야 하는 타점이 명확해집니다. 오후 2시 24분~26분 59초까지 만들어진 음봉이 어떻게 만들어졌는지 60틱 차트를 보죠.

2022년 7월 29일 첫 번째 VI 발동에서 오후 2시 26분 58초까지 조정받는 60틱 차트

3분봉 차트상 두 번째 음봉이 만들어지는 상태까지의 60틱 차트의 모습입니다. 두 번째 매수 가능 타점인 120이평선에 다가왔습니다. RSI 과매도권 진입까지는 10 정도 남은 상태입니다. 최고가인 17,900원에서 -4.47% 정도 빠진 상태인데요. RSI상으로는 아직 하락이 조금 남아 있을 수도 있는 것처럼 보입니다. 하지만 120이평선에서 매수한 다음 첫 VI를 발동시킨 시작 가격(진한 갈색 라인)까지는 약간의 폭이 있으니 여기까지 깨면 손절한다고 생각하는 게 좋겠습니다. 어쨌든 추가 하락이 있더라도 RSI 과매도권 진입이라는 타점으로 연결되기 때문에 나쁜 타점은 아닙니다.

이것은 공격적인 매수입니다. RSI 과매도까지 들어가기 전이므로 더 하락할 수도 있다는 리스크를 안고 하는 매매이기 때문입니다. 이런 공격적인 매수를 결심할 수 있는 배경에는 3분봉 차트상 5이평선과 10이평선의 골든크로스가 유지되고 있다는 상황이 있습니다. 즉 VI 발동 이후 추가로 상승한 고점부터 약 -5% 하락하였지만, 달리 보면 현시점은 VI 발동 가격에서 살짝 빠진 정도이며, 60틱 차트상 60이평선과 120이평선의 골든크로스가 만들고 있는 상승추세는 지속되고 있습니다. (그래서 첫 번째 VI가 발동하면 그 가격대는 선을 그어놓는 습관을 들이면 좋습니다.)

여기서 잠깐. 만약 거래 재개 시 시초가 매수를 했는데 고점까지 상승하는 과정에서 익절하지 못한 상태라면 최소한 60이평선을 캔들이 종가로 깨는 파란색 화살표 지점에서는 포지션을 일단 정리해야 합니다. 끊어내고 다시 매수 개입을 준비하는 것이죠.

조금 복잡하게 생각하실 것 같아서 다시 말씀드리면,

1 첫 번째 VI 발동 이후 거래가 재개된 시가에 매수한 물량은 주가 상승 시 익절한다.

2 그런데 익절하지 못하고 주가가 하락하는 것을 지켜보고 있었다면 60틱 차트상 60이평선 부분에서는 추가로 매수하는 것이 아니라 60이평선을 캔들이 종가상 깰 때 매도(약익절 또는 약손절)한다. (60틱 차트상 60이평선은 두 번째 매수 가능 타점이지만, 이미 첫 번째 매수 가능 타점에서 매수한 물량을 정리하지 않은 상태라면 물타는 시점은 아니다.)

3 1에서 익절하여 보유 물량이 없을 때엔 60이평선 부분에서 매수 개입을 할 수 있다. 단, 매수 후 60이평선 아래로 주가가 떨어질 때 손절할 것인지 120이평선에서 추가매수할 것인지는 매매자의 판단에 따른다.

4 60이평선을 캔들이 종가상으로 깼을 때 약익절 또는 손절했는데 다시 올라가면 어떡하나? 그런 경우에는 그냥 놔준다. '아! 억울하다!'라고 감정이 흔들리는 순간 어렵게 세워놓은 모든 원칙이 깨지기 때문이다.

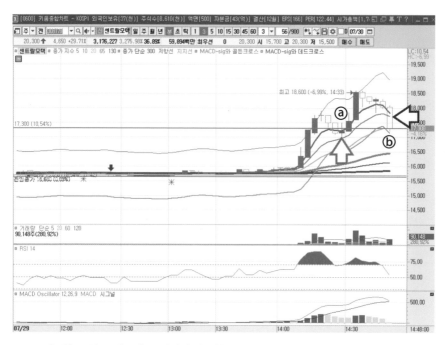

2022년 7월 29일 VI 발동 후 조정에서 반등한 오후 2시 48분~50분 59초 캔들. 3분봉 차트

3분봉 차트상 두 음봉이 나온 다음에 ⓐ에서 작은 양봉을 만들면서 하락 추세를 멈췄고, 5이평선과 10이평선의 골든크로스 상태를 깨지 않는 것을 볼 수 있습니다. 이후 양봉이 연속되어 수익구간을 만들어줍니다. 하지만 실현하지 않은 수익은 수익이 아니죠. 멍때리고 있다가는 ⓑ와 같이 5이평선과 10이평선의 정배열 상태를 몸통으로 깨고 20이평선까지 떨어지는 -5% 가까운 음봉을 맞으며 수익을 모두 토해내는 경우가 발생할 수도 있습니다.

오버솔드식 초단타 매매에서는 수익을 줄 때 신속하게 익절하고 손을 터는 것이 핵심입니다. 일단 초단타 매매의 타점으로 매수했다면 뭉기적거릴 필요가 없습니다. 60틱 차트를 중심으로 매수매도를 하는데 거래가 터지는 구간에서는 3분도 매우 긴 시간입니다. 조정 시 매수했다면 어느 지점에서 매도할 수 있었을까요? 역시 60틱 차트를 살펴보면 답이 나옵니다.

2022년 7월 29일 VI 발동 이후 오후 2시 47분 13초까지의 주가 흐름.
조정 이후 반등. 60틱 차트

두 번째 매수 가능 타점인 60틱 차트상 120이평선에서 매수했을 때의 결과가 펼쳐지고 있습니다. 다소 공격적인 매수였지만 좋은 결과가 나왔습니다. 공격적으로 매수했다는 말은 추가로 하락할 수 있는 리스크를 감수한다는 뜻이므로, 매수 시 투입한 자금의 비중은 크지 않았습니다. 우리는 이 매수 타점 이외에도 세 번째, 네 번째 매수 가능 타점인 120이평선 기준 -3% 엔벨로프 하단과 -5% 엔벨로프 하단을 추가매수 또는 신규매수 지점으로 시야에 넣어두고 있는 상태였습니다.

ⓐ지점에서 120이평선까지 하락하다가 양봉이 하나 나왔죠. 120이평선까지 떨어지는 음봉을 잡을 수도 있지만 조금이라도 무언가 매수의 근거를 갖고 매수하고자 한다면 양봉을 하나 확인하는 것도 나쁜 습관은 아닙니다.

매수 이후 추가매수세가 들어와 주면서 상승을 시작합니다. 상승의 고점까지는 9% 가까이 올라갔습니다. 매수자의 성향과 시장에서의 경험 그리고 공부하여 단련한 매매기술에 따라서 간 크기가 다르기 때문에 이 수익라인 안에서 익절하는 수익률은 모두 다를 것입니다. 익절과 관련해서는 아래와 같은 기준들이 있을 수 있습니다.

1 반등시 60이평선 근처에서 매도해서 수익실현
2 상승을 유지하다 20이평선을 깰 때 매도해서 수익실현
3 60틱 차트상 RSI 과매수권 진입 시 매도해서 수익실현
4 초단타 매매 시 자신이 갖고 있는 기준 수익률에 강제 수익실현(예: 3% 수익이면 무조건 매도!)
5 3분봉 차트상 5이평선과 10이평선의 데드크로스에서 수익실현
6 3분봉 차트상 5이평선 기준 +5% 엔벨로프 상한선에서 수익실현

다만, 꼭 매도해서 포지션을 정리해야만 하는 시점이 있습니다.

ⓑ와 같이 60이평선을 깨고 하락하거나 ⓒ와 같이 120이평선이 깨진다면 보유 중인 물량의 수익률을 그 지점에서 확정할 필요가 있습니다. 익절한 다음에 좋은 지점이 나오면 또다시 살 수 있으니까요.

본 사례에서도 60틱 차트에서 가격 차트의 고점이 계속 낮아지는 것을 볼 수 있습니다. 60틱 차트는 앞의 이론 부분에서 공부한 것과 같이, 실제 거래들이 어느 지점에서 어떻게 이뤄지는지를 볼 수 있는 차트이기 때문에 매수매도와 관련된 판단을 미룰 필요가 없습니다.

또한 갈색 선이 보여주는 것 같이 RSI의 고점이 자꾸 낮아지는 모습도 상승을 기대하기에는 조금 어려운 구간이라는 것을 알 수 있게 해줍니다. 이런 다양한 상황에 근거하여 판단을 내림으로써 ⓐ에서 매수한 물량은 ⓑ나 ⓒ에서는 최종적으로 정리해야만 합니다.

**2022년 7월 29일 오후 2시 52분 12초. VI 발동 후 조정에서 반등
그리고 다시 하락하는 60틱 차트**

앞서 집중력을 갖고 수익실현을 모두 마친 상태라면, 주가가 하락하여 RSI 지표가 과매도권으로 진입한 ⓐ가 나왔을 때 무척 반가웠을 것입니다. 다섯 번째 매수 가능 타점이지요. 120이평선을 기준으로 −3% 엔벨로프 하단을 깬 지점에서 RSI 과매도권에 들어갔다는 말은 60틱 차트에서의 120이평선 즉 앞선 7,200번의 매매에 개입한 투자자들보다 3% 싸게 매수할 수 있는 기회가 왔다는 것이고, 7,200번의 매매 개입자들은 이 시점에서 −3% 손해 보고 있다는 말이기도 합니다.

종목을 지켜보고 있던 대기 매수세가 바로 이 시점에서 '싸졌다' '조정은 충분했다' '개미들의 물량을 잘 뺏었다'라고 판단해서 매수 참여를 할 경우 주가는 반등하게 됩니다. 그렇지 않다면 하락추세가 조금 더 이어질 수도 있습니다.

그러나 오버솔드식 초단타 매매의 경험상 RSI 과매도권 진입과 주가의 120이평선 기준 엔벨로프 하단 터치가 함께 일어나는 구역에서는 주가의 반등 및 추가매수의 기회가 주어지는 경우가 많았습니다. 이 사례에서도 ⓐ에서 바로 반등하지 못하고 추가 하락했지만 -5% 엔벨로프 하단에 걸리면서 다시 RSI 과매도 진입 신호 ⓑ가 나왔습니다. ⓐ와 ⓑ의 차이가 1% 정도이기 때문에 ⓐ에서 매수한 매매자는 추가매수를 할 수도 있고, 아니면 그냥 기다릴 수도 있습니다.

매수 개입의 스타일 또한 다를 수 있습니다. RSI 과매도권 진입과 동시에 매수하는 것이 아니라 RSI 과매도권 탈출 시 매수할 수도 있습니다. 모두 트레이더로서의 자기 성격이 더 공격적인지 안정적인지에 따라 달라질 수 있는 매수 타이밍입니다. ("초단타 매매에서 '안정적'이라는 말이 어울리는가?"라는 질문은 차치하더라도요)

결론적으로 말해, 초단타 매매에서 3분봉 기준으로 매도 타이밍을 판단한다고 했을 때는 앞의 사례와 같이 5이평선과 10이평선을 깨고 20이평선까지 하락하는 -5%짜리 음봉(즉 급락!)을 맞으면서 (평가)수익을 그대로 시장에 돌려주게 되는 억울한 상황을 겪을 수 있습니다. 3분봉 차트는 현재 주가가 놓인 분위기를 파악하는 데 활용하면서 60틱 차트를 이용해서 수익은 수익대로 익절하고, 남들이 패닉에 빠질 때 다시 매수 개입해서 수익을 도모할 수 있는 기회를 잡을 수 있는 것이 오버솔드식 초단타 매매입니다.

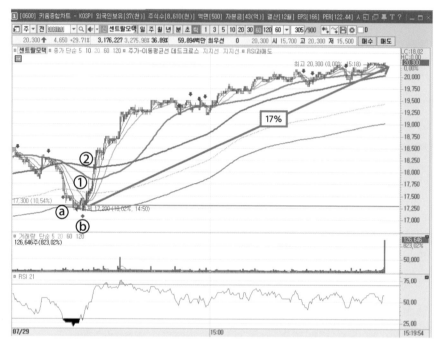

2022년 7월 29일 VI 발동 후 오후 3시 19분 54초까지 조정에서 반등
그리고 다시 하락 후 다시 상승하는 흐름. 60틱 차트

ⓐ와 ⓑ에서의 매수 개입은 기본적으로 RSI 과매도권 진입이 내포하는 상승 중 조정(눌림목) 시 매수이므로, 첫 번째 VI 발동 이후 고가인 거래 재개 시가에 하는 매수 때보다는 흥분이 가라앉은 조금 더 차분한 마음으로 자신의 간 크기에 따라서 적절한 물량을 실을 수 있을 것입니다.

최종적으로 이 종목은 상한가로 마무리되었습니다. 14시 53분 35초에 두 번째 VI가 발동하기도 했습니다. 하지만 ⓐ와 ⓑ에서 매수한 물량은 자신의 매매 기준에 따라 항상 수익을 실현해서 리스크를 없애는 방향으로 진행해야 합니다.

단순하게는 ①과 같이 반등 중에 60이평선 부분에서 일부 익절할 수 있습니다. 60이평선이 계속 하락하고 있기 때문에 이 하방 압력으로 인해 다시 하락할 수도 있으니까요. 하지만 60틱 차트를 볼 때 음봉 없이 계속 세게 매수가 들어오면서 반등이 진행되었기 때문에 ②의 120이평선 근처에서 매도할 수도 있습니다. 엔벨로프 기준으로 볼 때 +4%~+5% 수익권에서 익절하는 셈입니다.

생각할 거리가 하나 있습니다. (RSI 과매도권 진입/이탈)+(120이평선 기준 −3%/−5% 엔벨로프 하단)에서 매수 진입한 물량을 위에 있는 60이평선이나 120이평선에서 익절해야 하느냐 수익을 극대화하고자 홀딩해야 하느냐의 판단은 어떻게 해야 하는가 하는 것이죠.

핵심은 '누가 팔아서 하락이 일어나는가'입니다. 세력이 '올릴 만큼 올려서 이제 수익실현하고 이 종목을 떠나야겠다'라는 의도로 매도하면서 일어나는 하락이라면 반등도 극히 짧기 때문에 60이평선 및 120이평선 근처에서의 매도(익절이든 약한 손절이든)는 착실히 해줘야 합니다. 그러나 세력이 추가매수를 잠시 멈춰서 주가가 하락하는 상태라면 개미들끼리 서로 떠넘기면서 주가가 떨어지는 것이며, 세력은 싸진 가격으로 매수하면서 다시 주가를 상승시킬 수 있으니 굳이 60이평선 및 120이평선에서 짧은 익절을 할 필요가 없습니다. 이런 논리를 앞의 이론의 장에서 충분히 설명했습니다.

다만, 그것을 구별하기에는 실력이 무르익지 않았으니 일단 이 책에서는 원칙적으로 반등 시 60이평선이나 120이평선에서 물량을 툭툭 털면서 몸을 가볍게 하시라 설명하는 것입니다. 반등하다 그 이평선 맞고 후우우우욱 빠지는 것을 한번 경험해보시면 이해하실 수 있을 것입니다.

본 사례에서의 반등은 5이평선과 20이평선이 정배열을 만들고 계속 올라가는 추세이기 때문에 ① 및 ②에서 일부 익절한 다음 보유 상태를 유지하거나 많은 초단타 매매를 통해 흐름이 몸에 배인 선수급이라면 짧은 익절 없이 60틱 차트의 이평선을 따라 갈 것입니다. 그래서 최종적으로 60이평선이나 120이평선을 깨는 곳에서 최종 익절합니다.

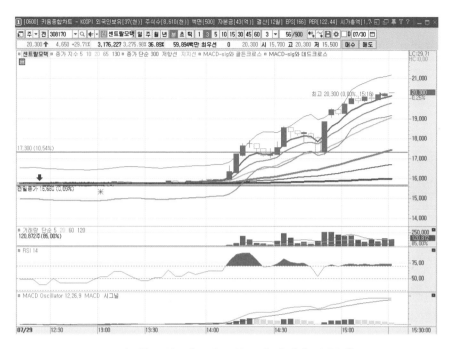

2022년 7월 29일 오후 3시 30분 00초 장 마감. 3분봉 차트

3분봉 차트상 20이평선 반등에서 시작하여 5이평선과 10이평선의 골든 크로스가 유지되면서 상한가를 실현하였습니다. 달리 말하자면, 첫 번째 VI 이후 상승→하락 과정이 있긴 했지만 다시 상승했으니 중간에 매수매도를 복잡하게 하지 않았더라도 상한가를 맞이할 수 있었던 게 아닌가도 싶습니다.

3분봉 차트상 이평선의 정배열이 잘 유지되는 상황이었기 때문에 5이평선과 10이평선 또는 5이평선과 20이평선의 데드크로스까지는 매도 없이 버티는 매매를 선택할 수도 있을 것입니다.

그런데 중요한 것은, 우리는 이 정배열의 시작 시점에서 매수를 한 것이 아니라 시초가 대비 10% 이상 주가가 오른 상태에서 매수 진입을 했다는 사실입니다. 달리 말하면 주가가 하락할 수 있는 리스크를 안고 있기 때문에 매수매도에서 더 정교한 접근이 필요한 것입니다.

펼쳐진 차트를 보고 결론을 말하기는 쉽지만, 그 과정 속에는 쉽게 단정해서 말하기 어려운 순간들이 있기 마련입니다. 첫 번째 VI 발동 이후 상승→조정→2차 상승→3분봉 차트상 20이평선까지 하락. 이 순간에 보유하고 있던 사람들의 멘탈은 바사삭 부서지기 마련입니다.

어쨌든 보유하고 있었다면 상한가로 장 마감 동시호가에 진입하게 되지만, 오버솔드식 초단타 매매는 당일 청산해서 밤새 있을 불확실성에 의한 리스크마저 없애버리고자 하는 기술이기 때문에 종가에서 최종 수익실현을 하면 될 것입니다.

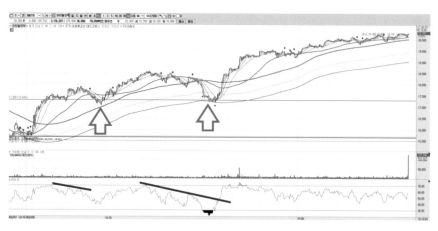

2022년 7월 29일 센트럴모텍 하루 전체 60틱 차트

2022년 7월 29일 센트랄모텍의 하루 동안의 60틱 차트입니다. 오후 2시 12분 36초의 첫 번째 VI 발동 이후 두 번의 킬링 매수 포인트가 있었습니다. 특히 RSI 과매도권에서 멋지게 반등하는 모습이 인상적입니다.

3분봉 차트와 60틱 차트를 이쪽저쪽 보는 가운데 바쁘겠지만 RSI의 흐름을 잘 챙겨보십시오. RSI의 고점이 낮아지는 것은 하락을 내포하고 있다고 보고 그다음 타이밍을 찾아야만 합니다.

한편, 이것 눈치채셨습니까? 첫 VI 발동 가격이 계속 지켜지고 있다는 사실을요.

메가엠디 2022년 8월 16일

종목명	구분	발동가격	시가대비 등락률	기준가격 동적VI	기준가격 정적VI	괴리율 동적VI	괴리율 정적VI	거래량	발동시간	해지시간	발동횟수
NE능률	정적	6,130	+10.05		5,570		+10.05	3,683,285	10:02:58	10:05:23	1
YBM넷	정적	5,130	+10.20		4,655		+10.20	12,866,302	10:01:30	10:03:40	1
메가엠디	정적	3,500	+10.06		3,180		+10.06	24,188,886	09:54:25	09:56:48	1
켐트로스	정적	10,250	+10.22		9,300		+10.22	5,487,265	09:48:38	09:50:54	1
국전약품	정적	9,170	+10.08		8,330		+10.08	27,923,020	09:37:28	09:39:35	1
레이저쎌	정적	14,950	+10.33		13,550		+10.33	6,613,851	09:36:08	09:38:35	1
우양	정적	4,595	+10.06		4,175		+10.06	4,516,927	09:24:19	09:26:45	1
프로이젠	정적	2,620	+10.08		2,380		+10.08	17,983,642	09:13:38	09:16:05	1
에이치와이티	정적	22,550	+10.00		20,500		+10.00	9,937,558	09:09:10	09:11:38	1
금강철강	정적	9,420	+10.05		8,560		+10.05	6,773,631	09:06:04	09:08:19	1
클라우드에어	정적	1,385	+10.36		1,255		+10.36	4,568,596	09:01:25	09:03:42	1
대동전자	정적	15,600	+5.05		13,600		+14.71	3,793,950	09:00:27	09:02:49	1
경남스틸	정적	4,125	+0.12		3,685		+11.94	12,255,351	09:00:08	09:02:32	1

2022년 8월 16일 오전 9시 54분 25초 메가엠디 첫 번째 VI 발동

2022년 8월 16일 오전 9시 54분 25초에 메가엠디(133750)에 첫 번째 VI가
발동했습니다. 발동 가격은 3,500원입니다.

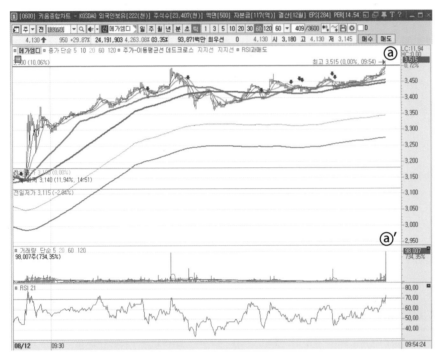

2022년 8월 16일 메가엠디의 오전 9시 54분 24초 상황. 60틱 차트

첫 번째 VI가 발동하는 ⓐ에서의 거래량 ⓐ'를 보십시오. 이전 60번의 거
래로 만들어진 캔들의 거래량보다 7.3배가 많은 거래량이 나왔습니다. 또
한 앞서 첫 번째 VI 가격 근처까지 접근했던 전고점에서도 매수 거래량이
많이 나온 것을 확인할 수 있습니다.

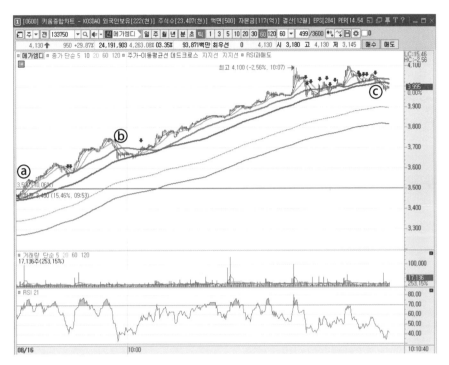

2022년 8월 16일 메가엠디의 오전 10시 10분 40초 상황. 60틱 차트

첫 번째 VI를 만드는 거래량을 보고 첫 번째 VI 가격에서 매수 진입했다
면 꾸준한 상승이 일어나는 가운데 적절하게 익절할 수 있었을 것입니다.
60이평선을 깨는 ⓑ지점(4.5% 수익라인) 그리고 120이평선을 깨는 ⓒ지점
(14.5% 수익라인)은 수익을 꼭 실현해야 하는 포인트입니다.

그리고 또 매수 타이밍을 기다리는 것이죠.

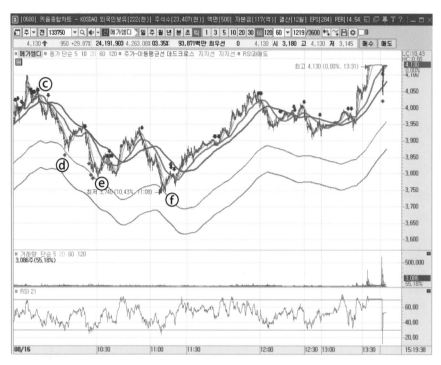

2022년 8월 16일 메가엠디의 오후 15시 19분 38초 상황. 60틱 차트

ⓒ에서 매도한 다음 장 마감까지 60틱 차트로 보게 되는 주가 흐름입니다. 익절하여 갖고 있는 현금으로 ⓓ, ⓔ, ⓕ 등에서 매수한 다음 적절히 익절할 수 있는 지점들을 살필 수 있을 것입니다.

주목할 만한 점은 **상한가까지 버틸 수 있는가 아닌가**인데요. 초단타 매매로 접근한 종목에서 상한가까지 기다리는 것은 쉬운 일이 아닙니다. 하지만 종목의 특성을 잘 이해하면 익절을 조금 미루면서 기다리다가 행운과 함께 상한가를 경험할 수도 있습니다.

이날 메가엠디는 정부의 고교학점제 정책과 관련하여 시장의 관심이 몰리면서 상한가를 실현했습니다. 메가엠디는 교육관련주 중에서 대장주 역할을 합니다. 첫 번째 VI가 발동한 종목 중에서 매매할 종목을 선택하는 방법에 대해 배운 것 기억나십니까? '대장주를 매매하라'라는 항목을 다시 한 번 살펴보십시오. 정부정책과 관련된 종목들은 상한가를 실현하는 경우가 많습니다. 특히 교육은 우리나라의 모든 학부모들이 관심을 기울이는 영역이기 때문에 더욱 그렇죠. 코로나 시기에 비대면 수업 관련해서도 교육주들이 많이 올랐습니다.

하지만 각 종목마다의 특성까지 기억하고 연구하면서 '상한가 가지 않나?' 하고 기다리는 것보다는 수익을 실현할 수 있는 지점에서 실현하고, 다시 그 현금으로 매수 타이밍을 잡아 매수하도록 권하는 것이 60틱 차트를 이용한 초단타 매매를 안내하는 오버솔드의 바람입니다.

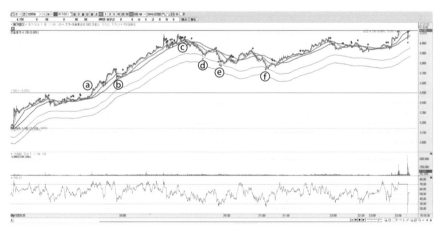

2022년 8월 16일 메가엠디의 하루 전체 60틱 차트

60틱 차트와 3분봉 차트의 연계 매매: 3분봉 차트에서의 5이평선 및 10이평선 반등

그린케미칼 2022년 8월 1일

				1 [0193] 변동성완화장치(VI) 발동종목현황							

1 [0193] 변동성완화장치(VI) 발동종목현황

◉전체 ○코스피 ○코스닥 | 정규시장 | ▼ | 정적VI | ▼ | ◉전체 ○ | ▼ | Q | ► ‖ ⚙ | 조회 다음

VI안내

* 변동성 완화장치(VI) 발동시 2분간 단일가매매 적용되며, 해제시에는 임의연장(30초 이내) 적용됩니다.

종목명	구분	발동가격	시가대비등락률	기준가격		괴리율		거래량	발동시간	해지시간	발동횟수
				동적VI	정적VI	동적VI	정적VI				
카나리아바이	정적	38,350	+10.04		34,850		+10.04	1,262,725	13:31:16	13:33:35	1
그린케미칼	정적	9,300	+10.06		8,450		+10.06	2,311,341	13:21:18	13:23:28	1
서린바이오	정적	16,400	+10.07		14,900		+10.07	1,015,749	13:15:20	13:17:40	1
현대퓨처넷	정적	3,060	+10.07		2,780		+10.07	17,284,558	12:58:53	13:01:08	1
지엔씨에너지	정적	4,895	+10.00		4,450		+10.00	9,176,085	12:51:18	12:53:43	1
피제이전자	정적	8,450	+10.03		7,680		+10.03	1,669,750	12:44:45	12:47:07	1
셀루메드	정적	6,040	+10.02		5,490		+10.02	4,961,293	12:39:58	12:42:27	1
KPX생명과학	정적	6,160	+10.00		5,600		+10.00	1,989,601	12:34:21	12:36:46	1
현대바이오랜	정적	14,000	+10.24		12,700		+10.24	2,172,755	12:15:58	12:18:12	1
나무기술	정적	2,265	+10.22		2,055		+10.22	4,411,814	12:09:32	12:11:49	1
NE능률	정적	6,680	+10.05		6,070		+10.05	7,221,141	11:58:41	12:01:04	1
일승	정적	3,720	+10.06		3,380		+10.06	8,317,066	11:28:09	11:30:36	1
대성파인텍	정적	2,100	+10.24		1,905		+10.24	12,148,564	11:14:08	11:16:32	1

2022년 8월 1일 오후 13시 21분 18초 그린케미칼 첫 번째 VI 발동

2022년 8월 1일 오후 13시 21분 18초에 그린케미칼(083420)에 첫 번째 VI 가 발동했습니다. 발동 가격은 9,300원입니다.

오버솔드식 초단타 매매에서는 60틱 차트와 3분봉 차트를 서로 보완적으로 활용하며 매매 타이밍을 잡는 데 이용하고 있습니다. 앞서 첫 번째 VI 이후 매수 가능 타점에 대해 공부했습니다. 60틱 차트를 중점적으로 활용하지만, 60틱 차트에서 보여지는 매수 가능 타점에 확신을 갖기 위해 3분 봉 차트에서의 주가 위치를 확인합니다.

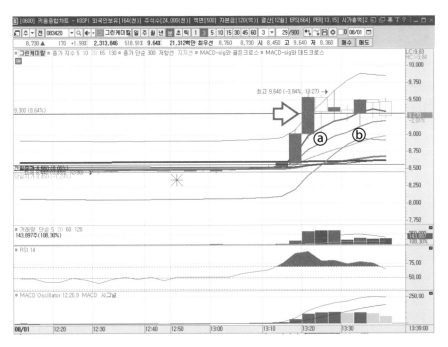

2022년 8월 1일 그린케미칼의 첫 번째 VI 발동부터 오후 13시 41분 59초까지의 상황. 3분봉 차트

첫 번째 VI 발동 이후 재개된 거래의 주가 흐름에서 3분봉 차트상 5이평선 근처인 ⓐ나 10이평선 근처인 ⓑ에서 매수하여 수익을 내는 것을 60틱 차트와 연동하여 보도록 하겠습니다. 3분봉 차트상 5이평선과 10이평선이 골든크로스된 상태를 유지하며 상승할 경우, 이 흐름 속에 있는 주가는 강한 상승추세를 타고 있는 것으로 볼 수 있습니다.

2022년 8월 1일 그린케미칼의 오후 13시 25분 19초 상황. 60틱 차트

VI가 발동했다는 말은 어떤 이유에서든 시장 참여자의 관심을 받아 거래가 집중되고 있다는 뜻이며, 오버솔드식 초단타 매매에서는 그 풍부한 유동성을 활용하여 조정(눌림목)이라고 판단할 수 있는 지점에서 매수 참여

를 하여 수익을 도모합니다. 매수 후 손절매도 항상 염두에 둡니다.

첫 번째 VI 발동 이후 상승이 유지되지 못하고 흘러내리면 경험상 60틱 차트의 120이평선 부근이 3분봉 차트상 5이평선 근처인 경우가 많습니다. 따라서 3분봉 차트상 5이평선 근처까지의 조정 후 반등을 기대하면서 동 종목의 60틱 차트의 120이평선 부근에서 1차 매수를 하고, RSI가 과매도로 진입하면 추가매수한다는 생각으로 준비를 하게 됩니다.

3분봉 차트에서 볼 때, 첫 VI 발동까지 캔들 2개로 10% 가까이 상승시킨 힘이 있기 때문에 조정을 기다리던 시장 참여자들이 다시 매수해줄 것이라고 생각하고 매수 진입하는 것입니다.

다음 페이지의 차트에서 보이듯, 매수 이후 주가가 상승합니다. 60이평선 근처까지 상승하면 일부 익절해주는 것이 편안합니다. 60틱 차트상 120이평선까지 조정 후 반등이 전고점까지 유지되는 것을 볼 수 있습니다. RSI가 과매수권으로 진입할 때는 역시 익절해주는 것이 좋습니다. 현재 60이평선과 120이평선이 골든크로스 상태를 유지하고 있기 때문에 아직 상승추세는 살아 있다고 판단하여 홀딩할 수 있지만 주는 수익은 어느 정도는 항상 챙기는 습관을 들이세요. 전고점을 돌파해서 계속 상승할 수도 있겠지만 몇몇 지표는 다른 이야기를 하고 있습니다.

60틱 차트의 주가 부분에 그은 갈색 선을 살펴봐 주십시오. 주가는 반등하여 전고점 근처까지 갔지만, 추가 상승의 의지를 보이며 그 지점을 뚫어내지 못하고 다시 하락을 시작하고 있습니다. 우리는 하락을 몇 가지

2022년 8월 1일 그린케미칼의 오후 13시 27분 39초 상황. 60틱 차트

이유를 바탕으로 예견할 수 있습니다. 우선 전고점 근처까지 상승할 때의 RSI의 고점이 이전 전고점에서의 RSI 고점보다 낮습니다. RSI의 과매수권 고점을 이은 갈색 선이 하향하고 있습니다. 상승의 힘이 떨어졌다고 해석할 수 있습니다.

또 하나는 전고점까지의 상승 시 주가의 상승 각도보다 120이평선에서 전고점 위치까지 반등하는 상승 각도가 좀더 완만하다는 점에서 현재 물량을 급하게 사 모으면서 주가를 상승시키고자 하는 강한 매수세가 없다고 판단할 수 있습니다. 전고점을 돌파하는 추가 상승을 하기 위해서는 거래량이 터져줘야만 하는데, 거래량 부분을 보면 특별한 거래량 급증 동향이 없습니다.

어쨌든 우리는 오버솔드식 초단타 매매를 활용하여 이 상황 속에서 3분봉 차트의 5이평선 반등을 60틱 차트에서의 매수 가능 타점과 연계하여 최대 6% 가까운 수익을 얻을 수 있습니다.

2022년 8월 1일 그린케미칼의 오후 13시 39분 34초까지의 지속적인 매수 타점 출현.
60틱 차트

60틱 차트 120이평선에서 1차 반등한 다음 전고점을 돌파하지 못하고 하락해서 다시 120이평선인 ⓐ지점까지 하락하는데, 이때의 기울기를 잘 보십시오. 적절한 매도 포인트에서 익절하지 못하면 주가가 급락하여 수익을 반납해야 하는 경우도 많습니다. 하지만 이미 수익실현을 해서 현금으로 들고 있거나, 두 차례 정도의 익절을 통해 보유 물량의 비중이 낮아진 경우라면 공격적인 매수자는 부담 없이 다시 ⓐ에서 1차 매수를 한 다음, 추가 하락이 있을 경우를 대비하여 120이평선 기준 - 3% 엔벨로프 하단에서 2차 매수를 준비할 것입니다.

120이평선에서 매수하였다면 적당한 수익에서 매도해야 합니다. 그리고 이제부터는 매수 진입할 때 조심해야 합니다. 주가의 각 고점에 해당하는 RSI의 고점을 이은 흐름이 하락하는 기울기를 갖고 있기 때문에 ⓐ지점에서 매수했다고 해도 전고점을 돌파하는 힘이 모자란 것처럼 보인다면 (거래량이 올라가지 않죠) 재빠르게 익절하거나 최소한 120이평선을 깰 때는 전량 매도해야 합니다. 3분봉 차트상 5이평선의 지지에 의지하는 매수는 일단은 유효하지 않다고 보면 되겠습니다. 이 방식이 유효하기 위해서는 60틱 차트상 120이평선에서의 반등이 계속 고점을 높여야만 합니다.

ⓑ지점은 120이평선 기준 - 3% 엔벨로프 하단에 다가가는 지점입니다. 하단에 접하지는 않았지만 앞서 비슷한 가격대의 저점에서 반등이 있었으므로 여기서 1차 매수를 합니다. 그리고 - 5% 엔벨로프 하단에 닿을 때 RSI 과매도권 진입이 함께 일어나면 추가매수를 합니다. 매수 후 반등하지만 이 상승에서의 익절 포인트는 60이평선이 1차 매도, 나머지 물량은 스스로 알아서 2차 매도하면 되겠습니다. 물론 조심스러운 매매를 위해 - 3% 엔벨로프 하단에 닿지 않은 이상 매수를 하지 않는 것도 좋은 매매

판단입니다.

사례를 통해 알 수 있듯이, 첫 번째 VI 발동 종목을 매매할 때, 주가를 한 방향으로 힘있게 몰아가지 못하고 이평선 근처로 뺐다 올렸다 할 때는 집중적인 매수세가 들어오지 않는다고 판단하고 일정 수익을 거둔 후에 버리는 것이 좋습니다.

키다리스튜디오 2022년 8월 4일

종목명	구분	발동가격	시가대비 등락률	기준가격 동적VI	기준가격 정적VI	괴리율 동적VI	괴리율 정적VI	거래량	발동시간	해지시간	발동횟수
네오리진	정적	797	+10.08		724		+10.08	14,702,291	13:37:08	13:39:27	1
키다리스튜디	정적	10,900	+10.32		9,880		+10.32	6,957,096	13:34:43	13:36:44	1
안국약품	정적	10,750	+25.29		9,770		+10.03	3,237,464	13:27:11	13:29:17	2
안국약품	정적	9,440	+10.02		8,580		+10.02	3,237,464	13:22:59	13:25:07	1
FSN	정적	5,230	+10.11		4,750		+10.11	13,717,786	12:48:11	12:50:36	1
위메이드	정적	74,400	+21.17		67,600		+10.06	6,476,199	12:42:02	12:44:29	2
컴투스홀딩스	정적	64,300	+10.10		58,400		+10.10	1,359,671	12:38:04	12:40:33	1
오하임아이엔	정적	3,645	+10.12		3,310		+10.12	2,071,447	12:24:32	12:26:43	1
위메이드플레	정적	26,150	+10.11		23,750		+10.11	2,422,439	12:13:44	12:16:04	1
크리스탈신소	정적	1,195	+10.14		1,085		+10.14	17,149,632	12:04:09	12:06:21	1
우리엔터프라	정적	2,685	+10.04		2,440		+10.04	5,199,097	11:40:51	11:43:15	1
금양	정적	8,840	+10.09		8,030		+10.09	40,203,770	11:33:05	11:35:29	1
패션플랫폼	정적	1,705	+10.00		1,550		+10.00	9,351,246	11:30:24	11:32:40	1

2022년 8월 4일 오후 13시 34분 43초 키다리스튜디오 첫 번째 VI 발동

2022년 8월 4일 오후 13시 34분 43초에 키다리스튜디오(020120)에 첫 번째 VI가 발동했습니다. 발동 가격은 10,900원입니다.

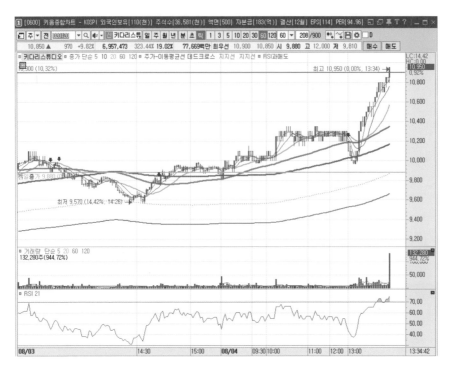

2022년 8월 4일 키다리스튜디오의 오후 13시 34분 42초 상황. 60틱 차트

첫 번째 VI 발동 시점에서의 거래량을 보십시오. 이전의 캔들에서 발생하던 거래량보다 9배 가까운 거래량이 폭발하면서 첫 번째 VI를 발동시켰습니다. 따라서 거래 재개 후 시초가부터 따라잡아도 큰 지장이 없을 것입니다.

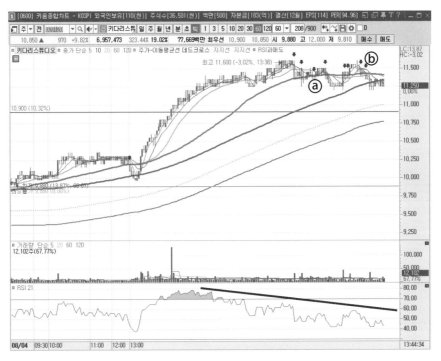

2022년 8월 4일 키다리스튜디오의 오후 13시 44분 34초 상황. 60틱 차트

거래 재개 시 시초가에 잡은 물량은 상승추세가 이어질 경우 60틱 차트
의 60이평선을 깰 때마다 이익실현을 해주는 것이 조심스러운 초단타 매
매의 기술입니다. 본 차트의 ⓐ와 ⓑ 자리에서는 익절을 하는 것이 좋습니
다. 60이평선과 120이평선의 정배열이 이어지는 상태에서 밀집하는 과정
이므로 잠시 머뭇거리다 주가가 다시 올라가면서 60이평선과 120이평선
의 간격이 다시 벌어질 수도 있지만, 우선은 안전이 최우선입니다. 주가의
흐름과는 달리 RSI의 고점이 계속 낮아지는 게 눈에 거슬립니다. 다이버
전스 상황입니다.

최대 +6%까지 수익을 얻는 선에서 충분히 만족하고 수익실현할 수 있습니다.

익절한 다음에는 당일 거래를 마칠지, 아니면 계속해서 매매를 이어갈지 결정해야 합니다. 집중력이 살아 있고 시간이 허락한다면 다음 매수 타점을 준비해야 하겠지요. 우선 거래량이 폭발하면서 만들어진 첫 번째 VI 가격대인 10,900원 그리고 120이평선 기준 -3% 및 -5% 엔벨로프 하단 및 RSI 과매도권 진입(또는 탈출) 시점이 그에 상응하는 매수 타점이 될 것입니다.

2022년 8월 4일 키다리스튜디오의 익절 후 오후 13시 54분 19초까지의 흐름. 60틱 차트

ⓑ에서 매도한 이후 주가는 120이평선마저도 깨고 맙니다. 하락의 흐름을 지켜보던 중, 주가는 120이평선 기준 -3% 엔벨로프 하단에 도달합니다(ⓒ). RSI 과매도권 진입까지는 아직 하락이 조금 남았지만, 훈련이 된 공격적인 초단타 매매자라면 이 지점에서 매수할 수 있습니다. 하락하는 동안 첫 번째 VI를 발동시킨 거래량이 빠져나간 흔적이 없습니다.

이 첫 번째 VI 발동 가격인 10,900원 선에 근접했을 때 생각할 수 있는 최악의 시나리오는 물량을 때려 부으며 VI 발동 가격을 깨는 것이지만, 이

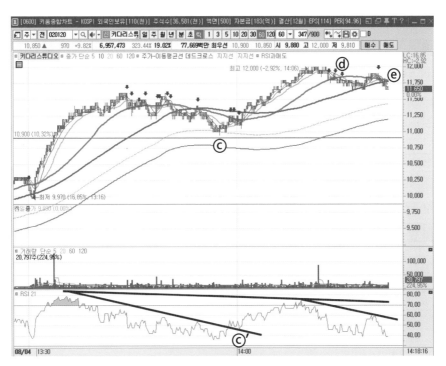

2022년 8월 4일 키다리스튜디오의 재매수 이후 오후 14시 18분 16초까지의 흐름.
60틱 차트

VI를 만든 거래량이 만만치 않았고 더욱이 첫 접근이기도 하기 때문에 손절을 각오하고 매수하는 것입니다.

ⓒ에서 매수했다면 우선 바로 위에 60이평선이 있으니 여기서 일부 익절을 해도 되고 조금 더 버티면서 주가의 흐름을 살펴봐도 됩니다. (버틸 수 있는 나름의 근거는 잠시 후 설명하겠습니다.) 어쨌든 주가가 하락을 지속하면서 RSI의 고점을 이은 선도 내려오다가 ⓒ'에서 RSI 고점 하락추세를 돌파하는 것을 볼 수 있습니다. 수익이 계속 나고 있습니다. 신이 납니다. 다시금 60이평선을 깨는 ⓓ와 ⓔ지점 같은 데에서는 미련 없이 익절합니다. ⓒ에서 출발해서 고점이 한 번 더 높아졌지만 RSI로는 이전 상승 시의 과매수권 진입 때 만들어진 고점보다 힘이 약합니다. 그리고 ⓓ에서 ⓔ로 갈 때 RSI 고점이 낮아집니다. 역시 거슬립니다.

ⓒ에서 시작하여 고점까지 최대 +9%를 보장하는 수익라인 속에서 우리는 시장을 즐겼습니다. 충분하지 않나요?

60틱 차트에서 ⓒ가 반영하는 바를 3분봉 차트와 연계해서 살펴보도록 하겠습니다.

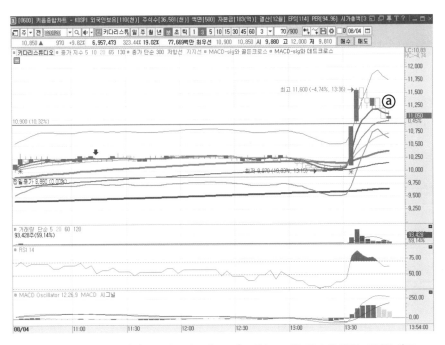

2022년 8월 4일 키다리스튜디오의 오후 13시 54분~56분 59초의 캔들. 3분봉 차트

한 개의 장대 양봉으로 첫 번째 VI를 만들면서 3분봉 차트의 5이평선과
10이평선 그리고 20이평선의 정배열을 깨끗하게 만들어냈습니다. VI 발
동 이후로도 위로 쭉 상승봉을 뽑아내면서 이평선의 간격을 벌려놓았습
니다. 상승 진행 중이므로 5이평선과 10이평선의 골든크로스가 유지되면
상승이 계속된다는 생각을 갖고 매매에 임합니다. 10이평선까지 주가가
접근하는 ⓐ지점이 60틱 차트상의 ⓒ입니다.

ⓐ 이후 골든크로스를 지속적으로 유지해준다면 홀딩할 수 있는 근거가
되고, 만약 그러지 못한다면 손절하면 됩니다.

앞서 60틱 차트상에서 ©에서 매수한 물량을 60이평선에 닿을 때 부분 익절하지 말고 버텨볼 수 있는 근거는, 바로 3분봉 차트상 5이평선과 10이평선의 골든크로스가 유지된 상태가 지속되고 있기 때문입니다.

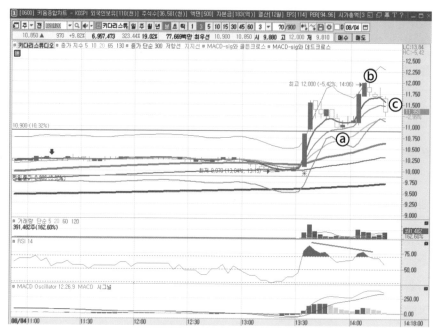

2022년 8월 4일 키다리스튜디오의 오후 14시 18분~20분 59초의 캔들. 3분봉 차트

60틱 차트에서는 계속해서 캔들이 만들어지면서 주가가 움직이기 때문에 매매자의 마음도 급해지기 마련입니다. 그렇지만 3분봉 차트를 연계해서 살펴보면 60틱 차트가 어떤 그림을 그리기 위해 바쁘게 움직이는지 조금 더 명확히 알 수 있게 됩니다. 사례에서도 ⓐ에서 매수해서 5이평선과 10이평선의 골든크로스 유지만 집중하면서 10분 정도 기다렸더니 상승이 확~! 나왔죠. 더 갈 것 같은 기분이 들기도 하고 더 가주기를 바라는 마음도 생깁니다. 그러나 ⓑ지점이 60틱 차트상 60이평선을 깨는 지점입니다. 물량을 정리해야만 하는 타이밍인 것입니다.

ⓒ의 음봉이 좀 의미심장합니다. 5이평선과 10이평선을 모두 몸통으로 깨고 내려갑니다. 《저가 매수의 기술》에서 이평선의 의미에 대해 매우 상세하게 설명했습니다만 간략하게 말하자면 이렇게 몸통으로 이평선을 깬다는 말은 상승추세를 구가하던 매매자들이 한꺼번에 갑자기 물리는 순간이라는 뜻입니다.

'20이평선이 쫓아서 올라오고 있으니 괜찮지 않느냐?'라고 하겠지만 이미 2시 18분, 장 후반입니다. 더 올라간다면 그냥 보내준다는 마음으로 미련을 갖지 말고 매도하여 리스크 관리를 하는 것이 좋습니다. 그리고 이미 수익 많이 봤잖아요?

하나만 더. 주가의 고점은 높아졌지만 RSI의 고점은 낮아졌죠. 다이버전스. 상승보다는 하락에 더 무게가 실리고 있습니다.

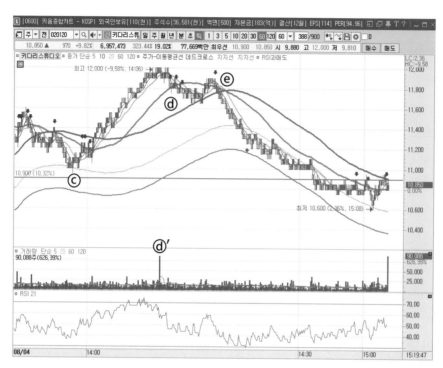

2022년 8월 4일 키다리스튜디오의 익절 이후 오후 15시 19분 47초까지의 흐름. 60틱 차트

ⓓ와 ⓔ에서 익절을 했다면 장 후반으로 진입하고 있으므로 욕심을 거두는 것이 좋습니다. ⓔ에서부터 하락 중에 RSI 과매도로 진입한 지점이 있긴 하지만 이미 3분봉 차트의 단기 상승 이평선인 5-10-20이평선을 모두 깬 상태이기 때문에 어지간한 재매수세가 붙어주지 않는다면 하락을 다시 되돌릴 시간이 모자랍니다.

특히 ⓓ'에서의 음봉 거래량이 상당히 크지요? 누군가가 수익실현을 단단히 했습니다. 첫 번째 VI를 만들 때의 거래량이 13만 주 정도인데, 여기서

9만 주 가까이 나왔습니다. 초단타 매매의 60틱 차트는 실시간 거래를 횟수로 헤아려 그대로 반영해주는 차트이기 때문에, 여기서 나오는 거래량의 특이한 변화는 그냥 넘겨서는 안 됩니다.

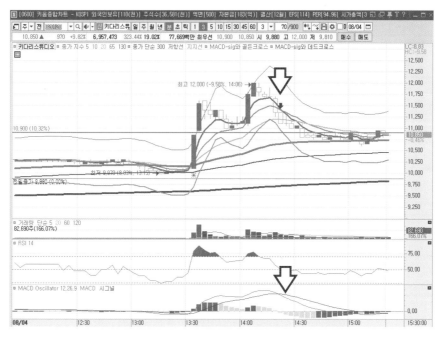

2022년 8월 4일 키다리스튜디오의 첫 번째 VI 발동에서 장 마감까지의 주가 흐름. 3분봉 차트

3분봉 차트입니다. 앞서 설명한 것처럼 첫 번째 VI를 발동시키면서 단기 상승 이평선을 정배열로 만들고 상승을 했습니다만, 화살표 부분에서 5 이평선과 10이평선을 몸통으로 깨고 곧 이어서 다음 캔들에서 20이평선마저 깼습니다. 간단히 말해서 5이평선과 10이평선의 골든크로스를 보며 버티던 매수자들은 이익실현을 미리 하지 않은 한 모두 새가 되어버린 것

입니다.

그리고 MACD를 보세요. MACD와 시그널선의 데드크로스가 발생했습니다. 끝난 것입니다. 앞에서는 MACD와 시그널선의 골든크로스가 계속 유지되었기 때문에 힘을 한 번 더 받았지만 저렇게 명확한 신호가 나오면 이 종목의 오늘 상승추세는 끝났다고 보시는 게 맞습니다.

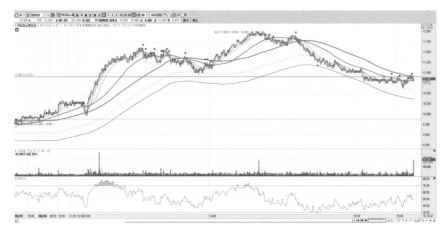

2022년 8월 4일 키다리스튜디오의 하루 전체 60틱 차트

첫 번째 VI를 발동시킬 때의 거래량, 거래 재개 후 상승을 마치고 하락할 때 VI 라인 근처에서의 거래량, 반등 후 고점에서 하락이 시작할 때의 거래량을 잘 살펴보십시오.

캠시스 2022년 8월 5일

종목명	구분	발동가격	시가대비 등락률	기준가격		괴리율		거래량	발동 시간	해지 시간	발동 횟수
				동적VI	정적VI	동적VI	정적VI				
파미셀	정적	13,950	+10.28		12,650		+10.28	9,093,454	09:31:29	09:33:47	1
현대에너지솔	정적	55,600	+10.10		50,500		+10.10	1,025,177	09:30:38	09:33:00	1
캠시스	정적	2,640	+10.00		2,400		+10.00	184,519,206	09:25:53	09:27:59	1
유니온머티리	정적	3,490	+10.09		3,170		+10.09	25,789,222	09:21:44	09:24:08	1
지투파워	정적	52,700	+10.02		47,900		+10.02	1,744,271	09:17:08	09:19:14	1
와토스코리아	정적	7,090	+10.09		6,440		+10.09	1,562,430	09:08:09	09:10:36	1
피엔케이피부	정적	6,000	+10.09		5,450		+10.09	9,584,607	09:07:53	09:10:03	1
에이프로	정적	15,200	+21.12		13,800		+10.14	1,823,199	09:06:53	09:09:05	2
에이프로	정적	13,850	+10.36		12,550		+10.36	1,823,199	09:02:51	09:04:58	1
대동전자	정적	11,850	+10.23		10,750		+10.23	5,066,284	09:01:58	09:04:24	1
아이오케이	정적	840	-0.24		745		+12.75	7,247,522	09:00:26	09:02:39	1
토탈소프트	정적	7,480	+10.00		6,800		+10.00	2,013,494	09:00:24	09:02:47	1
범양건영	정적	5,580	+2.01		5,070		+10.06	12,534,791	09:00:13	09:02:19	1

2022년 8월 5일 오전 9시 25분 53초 캠시스 첫 번째 VI 발동

2022년 8월 5일 오전 9시 25분 53초에 캠시스(050110)에 첫 번째 VI가 발동했습니다. 발동 가격은 2,640원입니다.

이 시점에서 이미 1000만 주가 넘는 거래량이 발생하면서 주가가 오르고 있습니다. 평소와 달리 이런 정도의 거래량이 발생하는 데에는 무언가 이유가 있는 겁니다. 그 이유를 알기 위해 검색창을 두드릴 필요도 없습니다. 오히려 그런 이유를 알게 되면 주가의 흐름에 순응하지 않고 자기만의 희망회로를 돌리게 되는 경우가 많기 때문에 오버솔드식 초단타 매매에서는 철저히 차트상 주가의 움직임만 체크합니다. 장이 시작한 지 30분도 안 되서 200~300억 사이의 매수세가 들어오고 있으니, 초단타 매매를

하는 우리의 입장에서는 우선 첫 번째 VI 발동 후 거래가 재개될 때 공부한 타점에 따라 매수를 해볼 수 있을 것이고, 장중 3분봉 차트상 5이평선이나 10이평선으로 주가가 접근하거나 20이평선으로 짧은 시간에 급락한다면(그럴 리가 없어 보이는 상승거래량이지만) 매수해서 수익을 볼 궁리를 하면 됩니다.

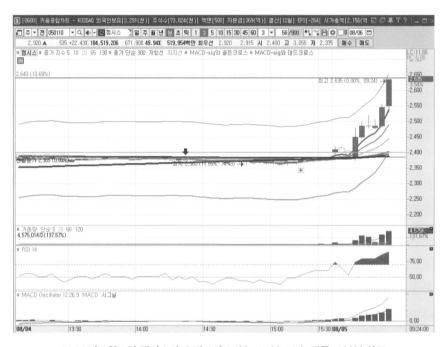

2022년 8월 1일 캠시스의 오전 9시 24분~26분 59초 캔들. 3분봉 차트

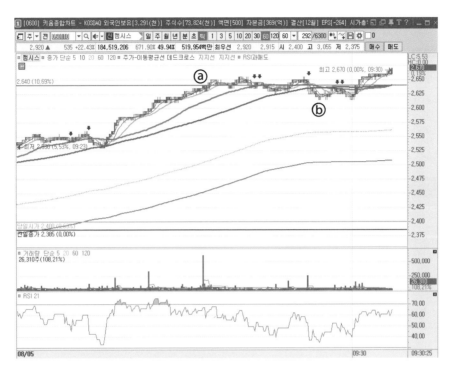

2022년 8월 5일 캠시스의 첫 번째 VI 발동부터 오전 9시 30분 25초까지의 상황. 60틱 차트

60틱 차트상 ⓐ에서 첫 번째 VI가 발동했습니다. 거래 재개 후 첫 번째 매수 가능 타점인 VI 가격에서 매수 진입을 했다면 주가가 VI 가격 위로 즉시 상승하지 않고 120이평선을 깨는 ⓑ지점에 올 때까지 속이 타들어 갈 것입니다. 하지만 저 ⓑ지점은 조금만 더 하락했다면 첫 RSI 과매도권 진입인 지점입니다. 오히려 추가매수를 준비해야 하는 시점입니다. 첫 번째 VI 가격을 깨지 않고 일차적으로 상승을 시켰으면 더 좋았겠지만 이 경우에는 약간의 여유(?)를 부려도 괜찮을 정도로 거래량이 심상치 않습니다.

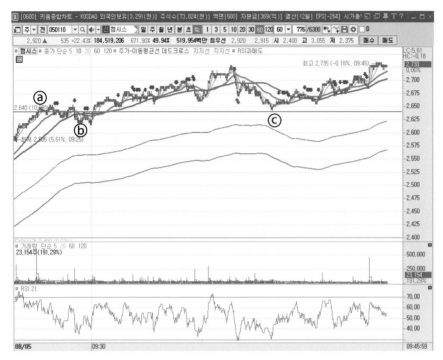

2022년 8월 5일 캠시스의 오전 9시 45분 59초 상황. 60틱 차트

ⓐ와 ⓑ에서 사 모은 물량은 상승구간에서 +2%~+3%의 익절을 할 수 있었고 첫 번째 VI 발동 가격대인 ⓒ지점에서도 RSI 과매도권 진입 신호를 보고 다시 재매수할 수 있었습니다.

중요하게 말씀드리고 싶은 것은 이 점인데요. 이날 장 초반 캠시스의 거래량이 어마어마했습니다. 당일 최종적으로는 184,519,206주, 5000억 원 가까이 거래가 되었습니다. 그래서 60틱 차트의 속도가 무척 빠를 수밖에 없고 그런 만큼 60틱 차트에서는 상하 폭의 움직임이 작게 느껴질 수도 있습니다. 그래서 3분봉 차트를 연계해서 매수매도를 하는 것이 도움이 됩니다.

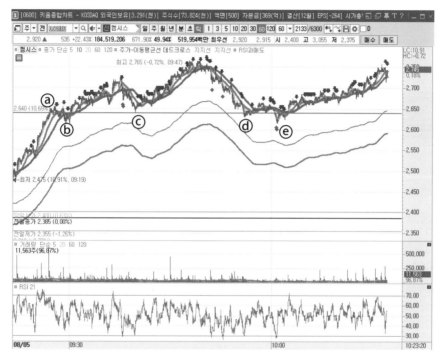

2022년 8월 5일 캠시스의 오전 10시 23분 20초 상황. 60틱 차트

60틱 차트상 ⓒ에서 매수했다면 또다시 +3% 정도의 수익을 볼 수 있었고, 아무리 매도를 망설였다고 해도 주가가 120이평선을 깨는 부분에서는 전량 매도했어야 합니다. 그래야 다시금 편안한 마음으로 주가의 하락을 바라보며 매수 타점을 기다릴 수 있습니다. 그런 10여 분의 기다림 끝에 첫 VI 발동 가격대인 ⓓ 및 RSI 과매도권으로 진입하는 ⓔ에서 다시 매수할 수 있었다면 주가의 상승을 기분 좋게 바라보면서 익절 기회를 찾

으면 됩니다.

60틱 차트에서의 이런 매수 타점들은 3분봉 차트에서의 주가의 흐름과
잘 맞춰봐야 수익 극대화를 꾀할 수 있습니다.

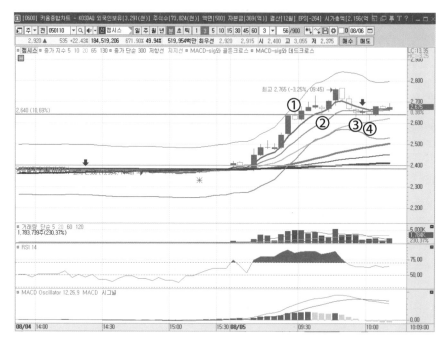

2022년 8월 5일 캠시스의 첫 VI 시점부터 10시 9분까지의 상황. 3분봉 차트

3분봉 차트의 ①은 60틱 차트에서의 ⓐ와 ⓑ지점입니다. 5-10-20-65이
평선이 정배열 상태에서 거래량이 동반되면서 주가가 급격히 상승하는
도중이므로 5이평선까지는 상승의 추가 진행을 엿보며 매수를 해야 하는
영역입니다. ②는 60틱 차트에서의 ⓒ입니다. 5이평선의 지지를 받고 있

습니다. ③과 ④는 각각 60틱 차트에서 ⓓ와 ⓔ지점입니다. 3분봉 차트상 10이평선, 20이평선의 지지를 받고 있음을 아래꼬리를 보고 알 수 있습니다. 뭐라 해도 지수이평선으로 단기 상승을 보여주는 5이평선과 10이평선이 골든크로스를 유지하고 있기 때문에 주가가 5이평선을 깨는 시점까지 주의해서 차트를 보고 있어야 할 것입니다.

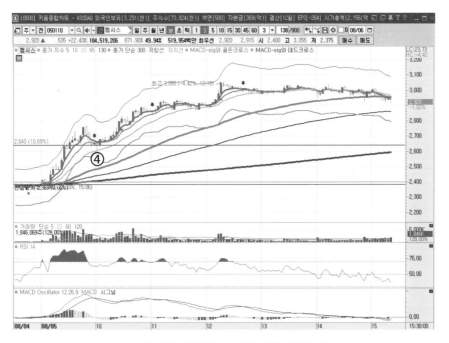

2022년 8월 5일 캠시스의 하루 전체 3분봉 차트

3분봉 차트상 첫 번째 VI가 발동한 가격대를 기준으로 거래 재개 시의 시가부터 따라붙어서 버텼거나, 아니면 일부 익절을 하고 주가가 조정을 받으며 다시 첫 번째 VI 가격대에 가까워졌을 때 ④ 같은 지점에서 매수한 사람에게는 큰 상승을 거둘 수 있는 기회가 있었습니다. 3분봉 차트상의 5이평선과 10이평선의 골든크로스가 유지되는지 여부만 보면 되었습니다.

물론, 상승의 과정 중간중간 아무 때나 각자의 판단에 따라서 익절할 수 있습니다. 어디까지 버틸 것인가, 어디까지 수익을 극대화할 것인가는 초단타 매매의 영역에서는 좀처럼 붙이기 힘든 감각이긴 합니다. 하지만 오버솔드식 초단타 매매의 기본 기술을 바탕으로 실전에서 적용하면서 그 속도감을 느끼며 마음이 강건해진다면 매매를 할 때마다 점점 수익률이 올라갈 것임은 틀림없습니다.

한편, 이 3분봉 차트와 60틱 차트의 연계를 통한 매매에서 말씀드리고 싶은 점은, 사례와 같이 주가가 3분봉 차트상 65이평선 위에서 움직이고 있을 때 60틱 차트의 RSI 과매도권 진입 지점에서의 매수의 비중은 조금 과감하게 잡아도 괜찮다는 것입니다.

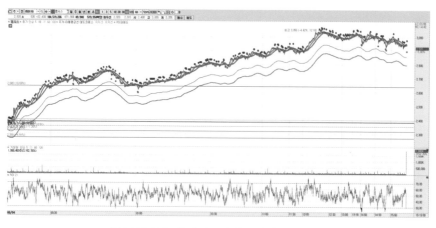

2022년 8월 5일 캠시스의 하루 전체 60틱 차트

한국정보통신 2022년 8월 8일

종목명	구분	발동 가격	시가대비 등락률	기준가격		괴리율		발동 시간	해지 시간	발동 횟수
				동적VI	정적VI	동적VI	정적VI			
서전기전	정적	10,200	+10.03		9,270		+10.03	14:58:44	15:00:47	1
한국정보통신	정적	9,350	+24.01		8,500		+10.00	14:51:14	14:53:28	3
쇼박스	정적	5,530	+10.16		5,020		+10.16	14:44:30	14:46:41	1
나이스정보통신	정적	27,400	+10.04		24,900		+10.04	14:36:43	14:39:11	1
한국정보통신	정적	9,240	+22.55		8,400		+10.00	14:36:34	14:38:35	2
이루온	정적	3,155	+20.65		2,865		+10.12	14:31:42	14:34:05	2
한국정보통신	정적	8,300	+10.08		7,540		+10.08	14:23:52	14:26:08	1
이루온	정적	2,880	+10.13		2,615		+10.13	14:21:48	14:24:32	1
대성에너지	정적	13,900	+18.30		12,600		+10.32	13:43:18	13:45:47	2
인천도시가스	정적	29,100	+10.02		26,450		+10.02	13:34:22	13:36:25	1
진매트릭스	정적	8,800	+10.00		8,000		+10.00	13:20:32	13:22:55	1
링크제니시스	정적	7,180	+10.12		6,520		+10.12	13:11:10	13:13:26	1
HPSP	정적	61,000	+10.11		55,400		+10.11	12:56:29	12:58:32	1

2022년 8월 8일 오후 14시 23분 52초 한국정보통신 첫 번째 VI 발동

2022년 8월 8일 오후 14시 23분 52초에 한국정보통신(025770)에 첫 번째 VI가 발동했습니다. 발동 가격은 8,300원입니다.

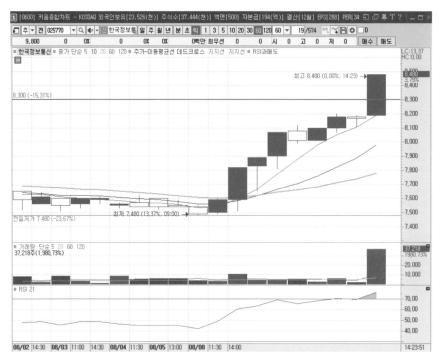

2022년 8월 8일 한국정보통신의 오후 14시 23분 51초 상황. 60틱 차트

첫 번째 VI를 발동시키면서 주가를 쳐올리는 거래량의 크기가 당일 그 어
느 때보다도 폭발적입니다. 따라서 첫 번째 VI가 발동한 가격인 8,300원
은 대단히 중요한 의미를 갖는 가격임을 알 수 있습니다.

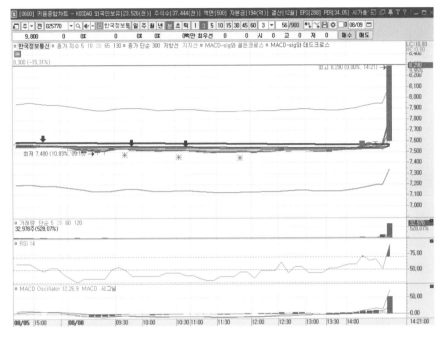

2022년 8월 8일 한국정보통신의 오후 14시 21분~23분 59초 캔들. 3분봉 차트

첫 번째 VI가 만들어지는 순간의 3분봉 차트를 보니, 거래량이 폭발하며 (3만 3000주 정도밖에 안 되니 좀 과장된 면이 있지만, 이전의 거래량에 비하면 폭발적입니다) 3분 만에 9% 이상의 상승이 있었습니다. 이를 통해 밀집해 있던 이평선에서 5이평선, 10이평선, 20이평선이 정배열로 진입하게 됩니다. 이 3분간의 장대 양봉으로 인해 각 이평선 사이의 간격이 매우 뚜렷해졌습니다. 이런 형태의 차트가 나오면 5이평선과 10이평선의 정배열이 유지되면서 상승하는 한, 계속해서 조정 시 매수 타이밍을 찾을 수 있는 종목으로 삼아도 무리가 없다 말할 수 있습니다.

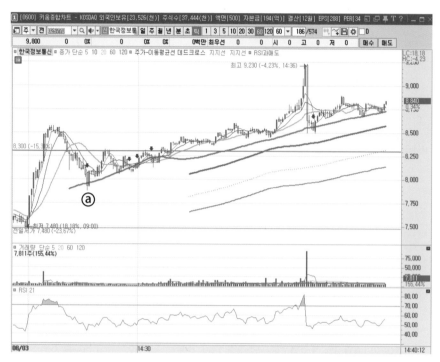

2022년 8월 8일 한국정보통신의 첫 번째 VI 발동부터 오후 14시 40분 12초까지의
주가 흐름. 60틱 차트

첫 번째 VI 발동 후 거래가 재개되었을 때 하락이 있었습니다만 ⓐ타점은
RSI가 과매도권으로 진입하면 추가매수하겠다는 생각을 하고 매수 진입
할 수 있는 포인트입니다. 3분봉 차트에서 5이평선과 10이평선의 정배열
이 갖고 있는 힘을 믿어보는 것입니다.

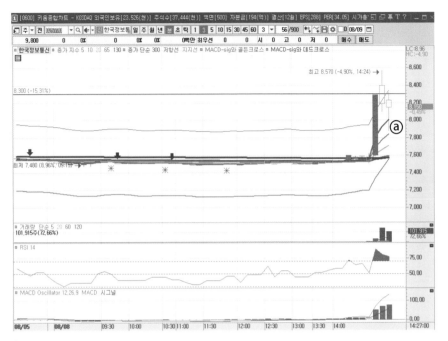

2022년 8월 8일 한국정보통신의 오후 14시 27분~29분 59초 캔들. 3분봉 차트

3분봉 차트에서 14시 27분~29분 59초 동안 만들어진 저 아래꼬리 음봉은 10이평선 근처까지 주가가 하락한 후 반등했는데 이 지점이 바로 60틱 차트상 14시 27분 11초인 @부분입니다. 매수 진입 이후부터 수익권입니다. 저런 타점에서 용기 있게 매수할 수 있었다면 3분봉 차트의 5이평선과 10 이평선의 정배열 진행의 결대로 타고 가는 것도 나쁜 선택은 아닙니다.

2022년 8월 8일 한국정보통신의 첫 번째 VI 발동부터 오후 15시 17분 55초까지의
주가 흐름. 60틱 차트

ⓐ에서 매수하여 적절한 수익을 실현한 이후에도 계속해서 초단타 매매
를 할 수 있는 타점들이 나타납니다. 그렇기 때문에 전업투자자라 하더라
도 하루 한 종목에서 세 종목 정도로 추려놓은 다음 집중해서 매매하는
것을 추천합니다. 결국 수익의 크기는 집중력의 문제입니다.

RSI가 과매도권으로 진입하면서 120이평선 -3% 엔벨로프 하단과 -5%
엔벨로프 하단까지 하락하는 ⓑ지점과 ⓒ지점이 매우 매력적인 타점입니
다. 상승 중 조정이 나타날 것임을 암시하는 사인을 RSI의 고점이 낮아지

는 추세를 통해 포착할 수 있으며, 매수한 물량을 익절한 다음 적절한 매수 타점에서 다시 매수한다면 수익을 반복해서 만들어갈 수 있습니다.

주가의 방향과 지표의 방향이 다르게 움직이는 것을 다이버전스라고 했지요. 본 사례의 경우 ⓐ 이후 주가는 고점이 높아지면서 상승이 유지되는데, RSI의 고점은 낮아지고 있습니다. 따라서 미련 없이 수익을 실현한 다음 다시 새로운 매수 타점을 기다리는 전략을 세울 수 있는 것입니다.

특히 ⓑ지점은 첫 번째 VI 가격대이기도 하므로 급락이 있었지만 지지도 충분히 예측할 수 있었습니다.

이와 같은 60틱 차트에서의 흐름이 3분봉 차트상 5이평선과 10이평선의 정배열 상태에서 어떻게 보이는지 확인해보겠습니다.

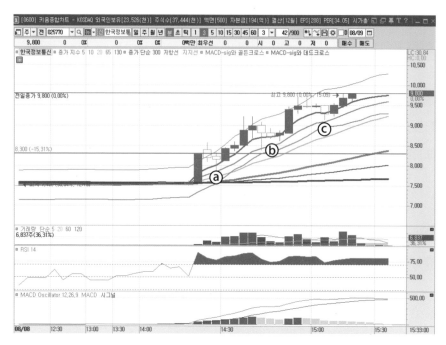

2022년 8월 8일 한국정보통신의 첫 VI 발동에서 장 마감까지. 3분봉 차트

3분봉 차트상 ⓑ와 ⓒ지점이 60틱 차트에서는 RSI가 과매도권으로 진입한 지점이라는 것을 알 수 있습니다. 10이평선의 지지를 받고 있습니다. 전체적으로는 첫 번째 VI 발동 이후 5이평선과 10이평선의 정배열이 계속 유지되고 있습니다. 보통 이평선의 정배열이 시작될 때 장대 양봉으로 이평선 사이의 간격을 잘 펼쳐놓으면 꼬이지 않고 잘 상승합니다. 'ⓐ에서 매수해서 장 마감까지 홀딩하고 있었다면 상한가 먹는 거 아닌가요?'라고 묻고 싶겠지만 ⓐ에서 매수한 매매자의 경우, 수익이 점점 늘어나다가 갑자기 ⓑ지점까지 하락하면서 수익 폭이 줄어드는 것을 보게 되면 그나마 얻게 된 수익을 지키고 싶어서 작은 수익이라도 실현하고자 매도하는 것

이 인지상정입니다. 그 시점에서는 더 떨어질 것 같거든요. 그래서 차트의 성격을 모르면 매매하기가 까다로운 것입니다. ⓐ지점에서 샀는데 본의 아니게 장 마감까지 해당 종목을 살펴보지 못한 사람이 운 좋게도 상한가를 나중에 확인할 수 있는 것이라 생각하십시오.

초단타 매매에서는 리스크를 없애는 것이 최우선 과제입니다.

화성밸브 2022년 8월 12일

종목명	구분	발동 가격	시가대비 등락률	기준가격		괴리율		거래량	발동 시간	해지 시간	발동 횟수
				동적VI	정적VI	동적VI	정적VI				
휴스틸	정적	4,945	+10.01		4,495		+10.01	1,336,379	15:19:15	15:20:00	1
세아특수강	정적	18,150	+27.82		16,500		+10.00	1,911,510	15:02:18	15:04:44	2
케이엔제이	정적	13,650	+21.33		12,400		+10.08	1,465,416	14:47:24	14:49:31	2
푸른기술	정적	9,390	+10.08		8,530		+10.08	1,619,158	14:15:44	14:17:51	1
수젠텍	정적	15,250	+10.11		13,850		+10.11	1,307,807	14:05:53	14:08:15	1
세아특수강	정적	15,650	+10.21		14,200		+10.21	1,911,510	14:03:29	14:05:45	1
화성밸브	정적	8,000	+21.58		7,270		+10.04	17,313,109	13:53:44	13:56:13	2
아가방컴퍼니	정적	3,465	+10.00		3,150		+10.00	2,289,312	13:49:51	13:51:58	1
케이엔제이	정적	12,400	+10.22		11,250		+10.22	1,465,416	13:42:28	13:44:43	1
화성밸브	정적	7,240	+10.03		6,580		+10.03	17,313,109	13:26:54	13:29:07	1
동방	정적	3,345	+10.03		3,040		+10.03	8,784,048	13:05:36	13:07:53	1
태웅로직스	정적	6,370	+20.64		5,790		+10.02	34,110,847	12:58:55	13:01:14	2
제노포커스	정적	7,040	+10.00		6,400		+10.00	5,645,428	12:45:50	12:48:07	1

2022년 8월 12일 오후 13시 26분 54초 화성밸브 첫 번째 VI 발동

2022년 8월 12일 오후 13시 26분 54초에 화성밸브(039610)에 첫 번째 VI 가 발동했습니다. 발동 가격은 7,240원입니다.

2022년 8월 12일 화성밸브의 오후 13시 26분 54초 상황. 60틱 차트

당시의 60틱 차트입니다. 첫 VI 발동 시점인 ⓐ에서의 거래량이 장 시작 이후 어느 때보다 많이 붙었습니다. 주가가 12시 30분 근처에 60틱 차트 상 60이평선과 120이평선을 뚫어내면서 1시간 가까이 상승하면서 발동한 VI이기 때문에 VI 발동 이후에도 너무 바쁘게 따라붙지 말고 주가의 흐름을 잘 살피면서 위험을 줄이는 매매를 하는 것이 좋겠습니다. 10% 정도의 상승은 세력이 마음만 먹으면 6분에서 9분 사이에도 충분히 만드는데 시간이 너무 많이 걸렸죠.

주가의 상승을 쫓아 올라오고 있는 60이평선이나 120이평선이 일차적으로 매수를 고려해볼 수 있는 타이밍이 될 것입니다. 또한 60틱 차트상에서 포착한 매매 타점의 신뢰도를 높이기 위해 3분봉 차트에서의 주가와 5이평선 및 10이평선의 관계를 잘 살펴봐야겠지요. VI가 발동한 시간의 3분봉 차트에서 주가의 흐름을 살펴봅시다.

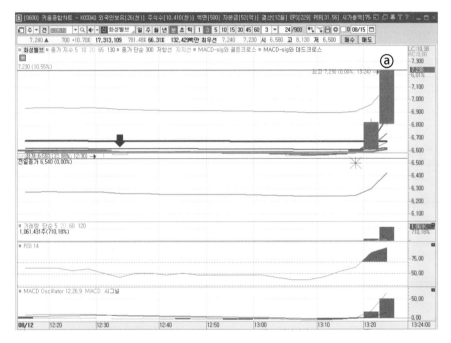

2022년 8월 12일 화성밸브의 오후 13시 24분~26분 59초의 캔들. 3분봉 차트

2022년 8월 12일 오후 13시 26분 54초에 첫 번째 VI가 발동했으니, 3분봉 차트상으로는 오후 13시 24분~26분 59초 사이에 만들어지는 ⓐ캔들이 VI와 연관된 봉입니다. 초단타 매매자의 눈에는 3분봉 차트상 5-10-

20-65이평선의 정배열이 깔끔하게 만들어진 상태가 눈에 들어와야 합니다. 이번 3분봉으로 주가를 끌어올리면서 이평선 사이의 간격을 더 선명하게 넓히게 될 것입니다. 초단타 매매자는 최소한 5이평선과 10이평선의 정배열이 유지되는 동안은 계속 60틱 차트를 보면서 매매 타이밍을 살펴야 합니다.

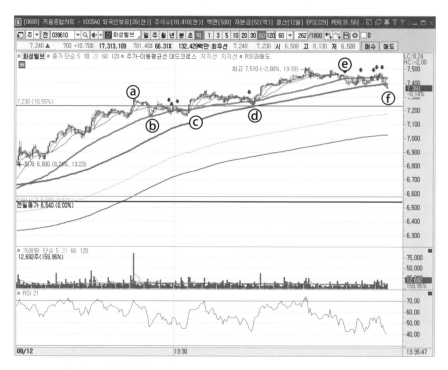

2022년 8월 12일 화성밸브의 첫 번째 VI 발동부터 오후 13시 35분 47초까지의 상황.
60틱 차트

첫 번째 VI 발동 시점인 ⓐ 이후 거래가 재개되었는데 바로 상승하는 모습은 아닙니다. 첫 번째 VI 발동까지 너무 긴 시간 동안 올라와서 그렇습니다. 첫 번째 VI까지의 상승의 양상을 통해 거래 재개 이후에도 크게 바쁘지 않을 것임을 짐작할 수 있기 때문에 주가가 흐르는 모습을 살펴보기만 하면 됩니다. 60이평선에 접근한 ⓑ에서나 60이평선을 깨고 120이평선에 접근하는 ⓒ 정도의 선에서 매수할 수 있을 것입니다. 이 시간대의 3분봉 차트를 보면 이해가 갈 것입니다.

하지만 '더 떨어지면 어쩌지?'라며 아직 매수에 나설 자신이 없다면, 첫 번째 VI 발동 가격선 아래에서 움직이다가 다시 그 가격선의 위로 올라선 다음의 60이평선과 120이평선 근처인 ⓓ에서 매수할 수 있을 것입니다.

VI가 발동된 이후 VI 가격대 아래에서 조정을 받다가 다시 VI 가격대를 탈환한다는 말은 누군가가 주가를 더 올리고 싶어 한다는 뜻이며, 동시에 이 사례에서 60이평선이나 120이평선이 VI 가격 위에서 움직이고 있다는 것은 그만큼의 매수자들이 VI 가격대 위에서 주식을 사고 있음을 뜻합니다. 이평선에 대해 정확하게 이해하고 싶으신 분들은 전작인 《저가 매수의 기술》을 참고해주세요.

이렇게 매수한 물량은 상승 이후 60이평선을 깨고 내려오는 ⓔ나 120이평선을 깨는 ⓕ에서 수익실현을 해줘야 합니다. 여기까지의 3분봉의 흐름을 보죠.

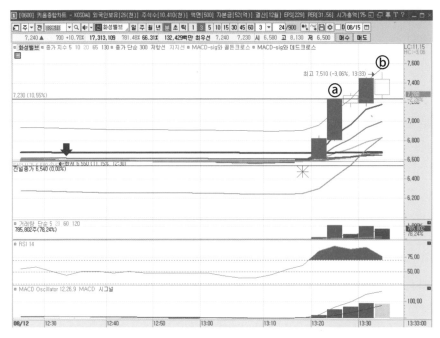

2022년 8월 12일 화성밸브의 오후 13시 33분~35분 59초의 캔들. 3분봉 차트

첫 번째 VI가 발동된 ⓐ에서 거래가 재개되자 음봉이 나옵니다. 이 음봉의 저가가 60틱 차트에서 볼 수 있었던 ⓑ, ⓒ지점입니다. 3분봉 차트를 보는 분이라면 60틱 차트상 ⓑ, ⓒ에서 매수하면서 더 하락할 경우 3분봉 차트상 5이평선 근처를 추가매수 타이밍으로 잡게 됩니다. 여기서는 60틱 차트상 60이평선 및 120이평선 근처까지만 하락했기 때문에 짧은 음봉으로 끝났지만, 3분봉 차트상 5이평선 근처로 더 하락하게 되면 60틱 차트에서는 120이평선 -3% 엔벨로프 하단이나 -5% 엔벨로프 하단까지 떨어지는 적절한 매수 타점이 발생할 것입니다. 이럴 때 추가매수해주는 것이죠.

3분봉 차트의 ⓑ에서는 캔들의 고점 대비 –3%에 가까운 하락 폭이 있었지만, 60틱 차트를 보면서 ⓔ나 ⓕ에서 익절 대응한 매매자라면 오히려 그다음 매수 타이밍의 출현을 기다리게 됩니다.

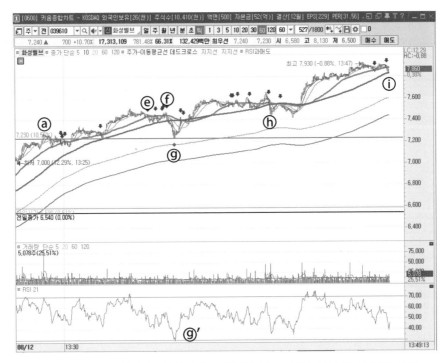

2022년 8월 12일 화성밸브의 첫 번째 VI 발동부터 오후 13시 49분 13초까지의 상황.
60틱 차트

60틱 차트를 보고 ⓔ(3.5% 수익라인)나 ⓕ(2.6% 수익라인)에서 익절 대응한 분들이라면 다시 첫 번째 VI 발동 가격대로 접근하는 ⓖ포인트에서 과감하게 재매수할 수 있을 것입니다.

초반에 설명한 것처럼 ⓐ에서 첫 번째 VI가 만들어진 이후 주가가 한동안 그 아래에서 놀다가 VI 가격대를 회복하면서 상승했다는 상황 속에는 주가 상승의 주체가 첫 번째 VI 가격을 중요하게 생각하고 있으며 그 가격을 지키겠다는 뜻이 포함되어 있기 때문입니다. 여기서는 생략된 ⓓ에서도 첫 번째 VI 가격을 깨지 않은 것을 확인할 수 있습니다. 더욱이 ⓖ에서는 RSI가 과매도권으로 진입하는 순간인 ⓖ'를 확인할 수 있습니다.

이 지점에서의 매수 이후 이익실현은 매매자의 몫입니다. 120이평선을 깨는 ⓗ 같은 지점에서 가볍게 익절할 수 있습니다. ⓖ에서 매수한 사람이라면 4.2%~5% 수익라인에 있는 것입니다.
'ⓗ에서 매도한 다음 다시 매수 타점을 기다렸는데 안 오고 그냥 날아가면 억울하지 않나요?'라고 하겠지만 그런 감정을 없애야만 합니다. 인용한 차트는 ⓗ 이후의 흐름까지 캡처되어 있어 상승이 보장되어 있는 것처럼 보일 수 있으나, 슬쩍 종이로 ⓗ 이후의 차트를 가린 다음 보십시오. 뒤가 어떻게 될지는 알 수 없는 일입니다. 자신에게 주어지는 매 시점에서의 신호에만 충실하면 됩니다.

ⓖ에서 매수한 물량을 ⓗ에서 전량 수익실현하지 않고 지켜본 분들이라도 역시 120이평선이 깨질 것으로 보이는 ⓘ 같은 데에서는 매도를 해주는 것이 정답입니다. (7.8% 수익라인입니다.)

이 틱 차트의 흐름은 3분봉 차트에서 이렇게 나타납니다.

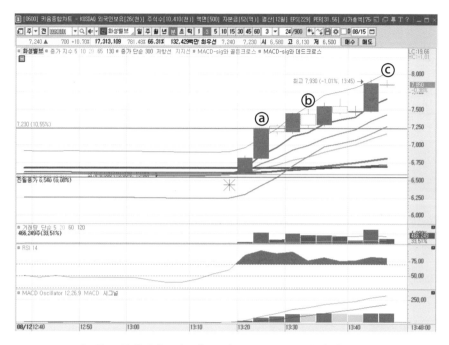

2022년 8월 12일 화성밸브의 오후 13시 48분~50분 59초의 캔들. 3분봉 차트

3분봉 차트에서 ⓑ를 자세히 살펴보면 음봉이지만 5이평선과 첫 번째 VI 가격대를 건드리고 살짝 반등한 아래꼬리가 보입니다. 여기가 60틱 차트에서의 ⑨지점입니다. 그리고는 이평선의 정배열이 유지된 채 5이평선을 깨지 않으면서 유유히 상승을 계속하고 있습니다. 60틱 차트만으로 매매를 하는 경우라도 고마운 수익을 거둘 수 있지만, 3분봉 차트까지 연계하여 주가의 흐름을 판단한다면 수익률을 높이는 데 도움이 될 것입니다. 60틱 차트에서 본 ⓘ지점이 3분봉 차트에서는 ⓒ입니다.

2022년 8월 12일 화성밸브의 오후 14시 00분 02초 상황. 60틱 차트

60틱 차트의 ⓘ지점에서 주가가 120이평선을 깰 것이라고 보고 익절한 분은 익절한 대로 수익이 실현되서 좋고, 그렇지 않고 버틴 분들은 추가 수익(최대 2.7% 정도)을 더 얻을 수 있었을 것입니다. 3분봉 차트상 5이평 선과 10이평선이 정배열을 유지하면서 상승을 계속하는지 아닌지는 경험 상 60틱 차트의 60이평선과 120이평선의 정배열이 유지되는 것으로 판단 할 수 있는데, ⓘ에서 60이평선을 아래쪽으로 끌어내릴 만큼의 하락이 나 오지는 않았고, 따라서 두 이평선은 계속 골든크로스 상태를 유지하면서 상승했습니다.

하지만 고점에서의 초단타 매매는 언제 어떤 물량이 쏟아질지 모르기 때문에 매수 후에는 긴장을 하면서 주가 흐름을 지켜봐야 하는데요. 공부에 도움이 되는 사례가 나왔습니다. 최고점이던 8,070원에서 ①까지 -2.97% 하락이 1분도 안 되는 시간에 쏟아집니다. 이런 하락은 차트를 잘 모르고 상승을 기대하며 매수했던 사람들에게는 불벼락이 되는 것이자, ①와 같은 지점에서 미리 익절하지 않았던 사람들에게는 수익을 갉아먹는 상황이 됩니다.

물론 익절을 해서 현금을 갖고 있던 사람에게는 저 ①는 RSI 과매도권으로 진입한바 새로운 매수 진입 타이밍이 될 것입니다.

차트를 잘 보십시오. 60틱 차트가 ①까지의 하락을 통해 급격히 역배열로 바뀌었습니다. ①에서 새롭게 매수 진입을 한다면 첫 번째 VI 이후의 상승과 같은 큰 상승을 기대하지 말고 우선은 60이평선까지의 반등, 혹은 기세가 조금 더 좋다면 120이평선까지의 반등으로 짧게 익절하는 것이 좋습니다.

①에서 매수한 물량은 다시 한 번 하락하면서 두 번째 RSI 과매도권 진입과 함께 120이평선 기준 -3% 엔벨로프 하단(7,700원 근처)까지 혹은 고점에서 ①까지의 하락처럼 짧은 시간에 -3% 정도의 하락을 동반하며 -5% 엔벨로프 하단(7,500원 근처)까지도 꽂힐 수 있습니다. 따라서 매수 이후에는 주가 상승을 기대하면서도 한편으로는 이런 경우를 대비한 추가매수 준비를 하고 있어야 합니다.

2022년 8월 12일 화성밸브의 오후 14시 02분 00초 상황. 60틱 차트

ⓙ에서 매수한 물량이 60이평선과 120이평선이 데드크로스를 만들기 시작하는 ⓚ까지는 올라옵니다. 약 2분 정도에 벌어지는 일입니다. 오버솔드식 초단타 매매기술을 이용하는 매매자는 이런 자리에서 바로 매도해야 하는 겁니다.

주가가 60이평선과 120이평선을 뚫고 더 상승할지의 여부는 알 수 없지만, 오버솔드식 초단타 매매에서 익절의 포인트로 놓고 있는 지점까지 반등한 상태에서 최소한 우리가 산 가격에서는 평가이익인 상황이기 때문에 익절함으로써 리스크를 털어버리는 것입니다. 만약 ⓚ에서 다시 추가 상승을 해서 60이평선 및 120이평선을 뚫고 상승을 만들어준다면 다시 조정을 줄 때 매수 타이밍을 찾아볼 수 있겠지만, 초단타 매매의 경우 반등 시 큰 수익을 기대하며 홀딩하는 버릇은 고쳐야 합니다.

2분 만에 1.6% 정도의 수익라인이 발생합니다.

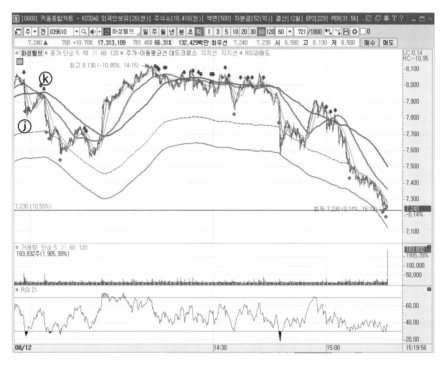

2022년 8월 12일 화성밸브의 오후 2시~15시 19분 56초 주가 흐름. 60틱 차트

ⓚ에서 익절한 이후 장 후반까지의 60틱 차트입니다. RSI 과매도권 진입

과 120이평선 -3% 엔벨로프 하단 및 -5% 엔벨로프 하단에 접하는 몇몇 매수 타이밍이 눈에 띄고, 또 반등이나 상승이 일어나는 것도 볼 수 있습니다. 집중력만 유지된다면 당일 VI가 발동한 종목에 대해서는 이렇게 몇 번이고 초단타 매매를 통해 수익을 모아갈 수 있습니다.

지금까지의 주가 흐름을 3분봉 차트에서 어떻게 해석하는지 알아봅시다.

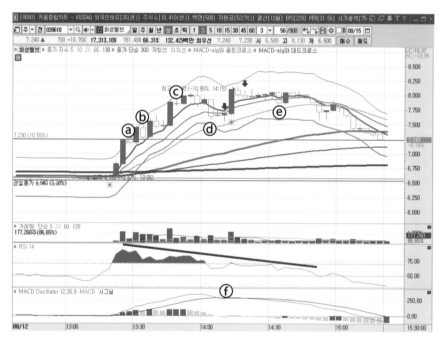

2022년 8월 12일 화성밸브의 첫 번째 VI 발동부터 장 마감까지의 주가 흐름. 3분봉 차트

3분봉 차트상 5이평선과 10이평선의 골든크로스 유지를 지켜보면서 수익을 극대화하려는 매매자라도 ⓓ나 ⓔ와 같이 이평선끼리의 데드크로스가 발생하지는 않았지만 5이평선이나 10이평선을 음봉 몸통으로 뚫어주게 된다면 그 타이밍에서는 익절을 통해 물량을 더는 것이 좋습니다. 어찌어찌 주가가 조금 더 상승할 수 있어도 이는 힘 빠진 상승입니다.

3분봉 차트상 ⓒ에서 ⓓ까지의 흐름은 60틱 차트를 이용해서 익절 후 다시 매수할 수 있는 자리이기도 합니다. 3분봉 차트상 20이평선에서의 반등이 있을 것이라고 생각할 수 있기 때문입니다. 이러한 사례도 추후 공부하게 됩니다.

하지만 전체적으로는 시간이 흐르면서 RSI의 고점이 계속해서 낮아지고 있으며, MACD와 시그널선의 데드크로스가 ⓕ지점에서 발생하는 것이 눈에 들어옵니다. 즉 상승의 힘이 빠지고 있는 상황으로 해석할 수 있는 요소들이 늘어나고 있기 때문에 이 종목에 대해서는 추가매수를 통한 접근보다는 보유하고 있는 물량의 익절을 통한 매매 종결을 목표로 삼아야 할 것입니다.

한편, 오후 3시경부터 급격하게 하락하는 가운데에도 첫 번째 VI 가격은 깨지 않은 것이 매우 인상적이네요.

책 전체에 걸쳐서 하루 전체의 틱 차트를 많이 실어놓았습니다. 책을 읽으면서 궁금해지는 부분이 있을 때 여러 하루 전체 틱 차트를 보면서 궁리해보세요.

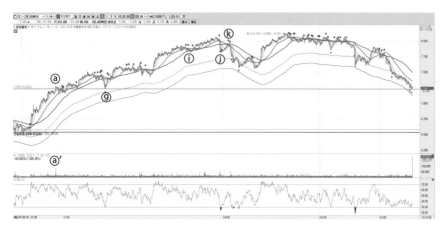

2022년 8월 12일 화성밸브 하루 전체 60틱 차트

피코그램 2022년 8월 12일

종목명	구분	발동가격	시가대비 등락률	기준가격 동적VI	기준가격 정적VI	괴리율 동적VI	괴리율 정적VI	거래량	발동시간	해지시간	발동회수
휴스틸	정적	4,945	+10.01		4,495		+10.01	1,171,938	15:19:15	15:20:00	1
코리아센터	정적	6,050	+10.00		5,500		+10.00	743,047	15:13:56	15:15:58	1
피코그램	정적	56,300	+10.18		51,100		+10.18	766,169	15:09:21	15:11:42	1
세아홀딩스	정적	126,500	+22.82		115,000		+10.00	6,913	15:06:09	15:08:26	2
세아홀딩스	정적	114,000	+10.68		103,000		+10.68	6,913	15:02:37	15:05:04	1
세아특수강	정적	18,150	+27.82		16,500		+10.00	1,860,559	15:02:18	15:04:44	2
세아베스틸지	정적	17,950	+10.12		16,300		+10.12	451,380	15:00:48	15:02:56	1
케이엔제이	정적	13,650	+21.33		12,400		+10.08	1,450,207	14:47:24	14:49:31	2
화승엔터프라	정적	13,400	+10.29		12,150		+10.29	923,278	14:44:34	14:46:35	1
삼화전기	정적	20,900	+10.00		19,000		+10.00	198,660	14:23:12	14:25:13	1
푸른기술	정적	9,390	+10.08		8,530		+10.08	1,612,660	14:15:44	14:17:51	1
수젠텍	정적	15,250	+10.11		13,850		+10.11	1,294,492	14:05:53	14:08:15	1
세아특수강	정적	15,650	+10.21		14,200		+10.21	1,860,559	14:03:29	14:05:45	1

2022년 8월 12일 오후 15시 9분 21초 피코그램 첫 번째 VI 발동

2022년 8월 12일 오후 15시 9분 21초에 피코그램(376180)에 첫 번째 VI가 발동했습니다. 발동 가격은 56,300원입니다. 장 마감을 앞두고 있지만 집중력을 갖고 있다면 충분히 대응할 수 있습니다.

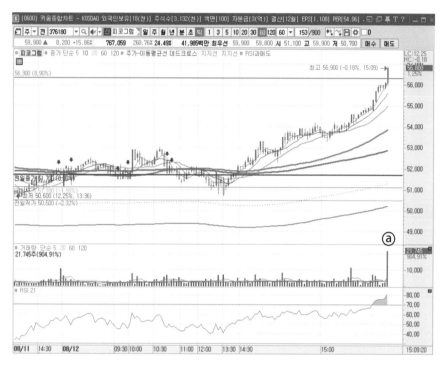

2022년 8월 12일 피코그램의 오후 15시 9분 20초 상황. 60틱 차트

첫 번째 VI가 발동할 때의 60틱 차트에서의 모습입니다. ⓐ에서 거래량을 살펴봅니다. 2만 1745주가 60번의 매매에서 거래되었습니다. 첫 번째 VI 발동 가격을 56,300원이라고 했을 때 약 12억 원이 들어오면서 주가를 끌어올렸습니다. 이유가 뭔지는 모르겠지만 장 후반에 돈이 갑자기 투입되

는 것으로 봐서는 집중력을 갖고 이후의 흐름을 지켜볼 필요가 있습니다. (물론, 오전에 수익을 충분히 냈다면 괜히 장 후반에 들어가서 손해 볼 수도 있는 상황에 처하는 것은 피하는 것이 좋습니다. 그런데 컨디션이 좋아서 집중력이 장 후반까지 유지되는 날들이 종종 있습니다. 이럴 때는 작은 물량으로라도 한번 해보는 것이죠. 감각을 닦아놓기 위해서요.)

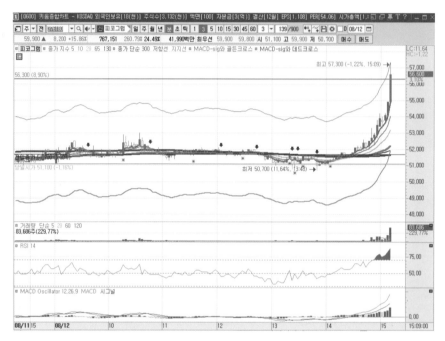

2022년 8월 12일 피코그램의 오후 15시 9분~11분 59초의 캔들. 3분봉 차트

첫 번째 VI 발동 이후 15시 11분 42초에 거래가 재개되었으므로, 3분봉 차트에서는 오후 15시 9분에서 11분 59초까지 만들어지는 캔들에 해당하며, VI 가격인 56,300원에서 고점 57,300원까지 상승을 포함한 캔들이 만들어졌습니다. 우리는 3분봉 차트에서 이평선이 깔끔한 정배열을 유지하며 움직이는 것을 보면서, 3분봉 차트상 5이평선 근처 또는 10이평선 근처까지의 조정이 있을 경우, 이 조정이 60틱 차트상 RSI 과매도권 진입 또는 60이평선이나 120이평선으로의 접근과 겹칠 때 매수할 수 있다는 생각을 가져야 합니다.

2022년 8월 12일 피코그램의 첫 번째 VI 발동부터 오후 15시 14분 4초까지의 주가 흐름. 60틱 차트

첫 번째 VI 발동 이후 주가는 하락합니다. 하지만 60틱 차트상 60이평선에 닿는 ⓑ나 60이평선과 120이평선 사이에서 주가가 횡보하는 ⓒ에서,

첫 번째 VI가 발동할 때의 거래량인 ⓐ에 상당하는 돈이 빠져나간 흔적이 없습니다. (하락 봉에 거래량이 실린 것이 안 보인다는 말입니다.) 60틱 차트에서의 이런 모습은 3분봉 차트상 5이평선이나 10이평선 근처에서 주가가 주저주저하는 모습으로 반영됩니다.

장 후반에 VI가 발동될 경우 거래 재개 시 하락은 다음의 두 가지 유형 중 하나입니다.

1 흐르면서 하락
2 급격한 하락

이번 사례가 흐르면서 하락하는 유형입니다. 즉 60틱 차트상 RSI가 과매도권으로 진입할 정도로 급하게 하락하지 않고 첫 번째 VI를 만든 기세ㆍ로 주가를 다시 상승시킬 가능성이 큽니다. 한편 급격한 하락일 경우에는 RSI 과매도권 진입을 보고 대응할 수 있고요.

어쨌든 ⓑ와 ⓒ라인에서 매수가 가능합니다. 이때 3분봉 차트에서의 모습을 보지요. 현재 15시 14분 04초입니다.

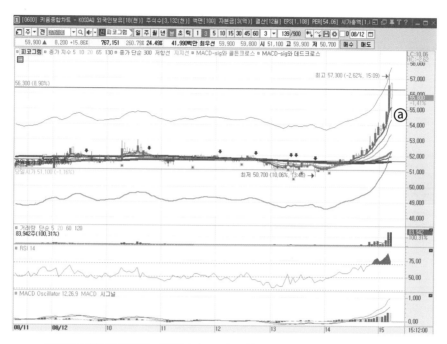

2022년 8월 12일 피코그램의 오후 15시 12분~14분 59초의 캔들. 3분봉 차트

15시 12분에서 14분 59초 동안 만들어진 3분봉 캔들이 있습니다. 첫 번째 VI가 발동한 캔들 다음의 음봉입니다. 60틱 차트로 본 지점이 15시 14분 04초니까 우리는 주가가 3분봉 차트상 5이평선과 10이평선 사이에서 지지를 받고 계속해서 정배열을 만들어가고 있다는 사실을 알 수 있습니다.

다음 페이지의 차트는 ⓑ나 ⓒ에서의 매수 이후 장 마감까지의 60틱 차트입니다. 우리는 ⓐ에서 들어온 돈이 빠져나오지 않았다는 것을 알고 있기 때문에 그만큼의 물량이 터지면서 하락하기 전까지 상승을 지켜보면 됩니다. 각자의 수익 기준에 따라 이익을 실현할 수 있는 라인이 만들어집니다.

2022년 8월 12일 피코그램의 오후 15시 19분 58초 상황. 60틱 차트

60이평선과 120이평선이 정배열을 계속 유지하는 모습을 기억하십시오.

60틱 차트상 60이평선을 깨는 지점에서 약한 익절을 할 수도 있고(+2% 정도의 수익라인), 매도 물량이 터지지 않기 때문에 그냥 들고 가보자 싶은 분들은 종가까지 +10% 가까운 수익을 거둘 수 있을 것입니다. 빠르게 익절하고 싶은 마음이 부풀어 오를 때 3분봉 차트를 연계해서 매매하면 조금더 지켜보면서 수익을 극대화할 수 있는 경우가 많습니다.

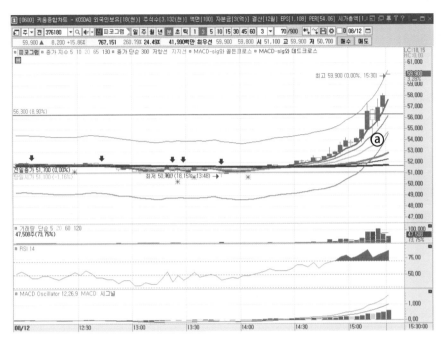

2022년 8월 12일 피코그램의 장 마감까지의 주가 흐름. 3분봉 차트

60틱 차트상에서 매수 개입한 지점이 3분봉 차트상의 ⓐ지점이었습니다. 그 이후로 3분봉 차트상 주가는 5이평선을 깨지도 않았고, RSI는 과매수권에서 놀아주고 있으며 MACD도 시그널선과의 간격을 벌리며 상승하고 있습니다. 매도할 이유를 딱히 찾아보기 어렵습니다.

초단타 매매자라면 다음 날 추가 상승이 있을 것이라고 생각되더라도 종가에 모두 수익실현하여 계정을 깨끗하게 만들어놓는 습관을 들이는 것이 좋습니다. 집중해서 번 돈 잘 챙겨놓아야 또 다음 날 새 돈을 벌 수 있으니까요.

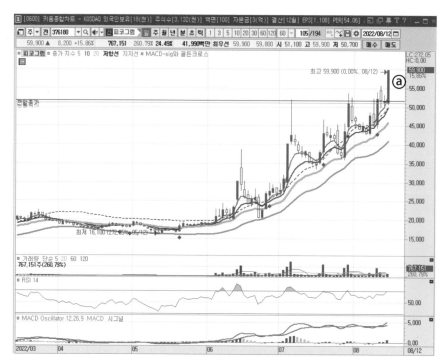

2022년 8월 12일 피코그램 일봉 차트

매매를 한 시점은 일봉으로 볼 때 이렇게 고점인 동네입니다. 중장기 매매나 스윙 매매를 할 적절한 지점이 아니라는 것을 직감적으로 느낄 수 있습니다. 그러나 초단타 매매는 이런 자리에서도 수익을 낼 수 있고, 오히려 상승 탄력이 강한 이런 자리에서 적절히 활용할 수 있는 매매 방식이라 말할 수 있겠습니다.

태웅로직스 2022년 8월 12일

종목명	구분	발동가격	시가대비 등락률	기준가격 동적VI	기준가격 정적VI	괴리율 동적VI	괴리율 정적VI	거래량	발동시간	해지시간	발동횟수
화성밸브	정적	7,240	+10.03		6,580		+10.03	17,313,109	13:26:54	13:29:07	1
동방	정적	3,345	+10.03		3,040		+10.03	8,784,048	13:05:36	13:07:53	1
태웅로직스	정적	6,370	+20.64		5,790		+10.02	34,110,847	12:58:55	13:01:14	2
제노포커스	정적	7,040	+10.00		6,400		+10.00	5,645,428	12:45:50	12:48:07	1
신진에스엠	정적	5,210	+25.39		4,730		+10.15	9,136,292	12:38:15	12:40:26	2
범한퓨얼셀	정적	36,600	+10.08		33,250		+10.08	5,004,566	11:43:35	11:46:00	1
신진에스엠	정적	4,575	+10.11		4,155		+10.11	9,136,292	11:19:14	11:21:38	1
태웅로직스	정적	5,810	+10.04		5,280		+10.04	34,110,847	10:21:43	10:23:49	1
바이오니아	정적	36,800	+10.01		33,450		+10.01	2,731,774	10:17:27	10:19:36	1
박셀바이오	정적	81,800	+10.09		74,300		+10.09	8,222,139	10:06:29	10:08:30	1
영창케미칼	정적	15,600	+10.25		14,150		+10.25	4,934,525	09:46:41	09:48:58	1
넥스트칩	정적	12,200	+10.41		11,050		+10.41	2,005,579	09:44:53	09:47:01	1
현대바이오랜	정적	16,700	+10.23		15,150		+10.23	4,799,469	09:36:03	09:38:14	1

2022년 8월 12일 오전 10시 21분 43초 태웅로직스 첫 번째 VI 발동

2022년 8월 12일 오전 10시 21분 43초에 태웅로직스(124560)에 첫 번째 VI가 발동했습니다. 발동 가격은 5,810원입니다.

2022년 8월 12일 태웅로직스의 오전 10시 21분 42초 상황. 60틱 차트

첫 번째 VI가 발동한 시점의 60틱 차트입니다. 첫 번째 VI가 발동하는 시점에 거래량이 터지면서 양봉으로 VI 가격을 꽉 채운 것이 아니라 음봉에 거래량이 붙어서 거래가 멈춘 상황이기 때문에 거래 재개 시 바로 첫 번째 VI 가격에서 매수하기보다는 조금 상태를 살피는 것이 좋을 것으로 보입니다. 첫 번째 VI 가격 아래로 하락 시 60이평선이나 120이평선이 쫓아오고 있는 ⓐ 부근은 3분봉 차트상 5이평선 근처가 되기 때문에 1차 매수로 대응할 수 있을 것입니다.

2022년 8월 12일 태웅로직스의 오전 10시 27분 54초 상황. 60틱 차트

첫 번째 VI가 발동한 이후 탄력 있게 위로 상승시키지 못한 상태에서 RSI
는 고점을 낮추고 있습니다. 주가가 제자리를 지키고 있는데 RSI가 고점
을 낮추며 하락한다는 것은 매수의 강도가 떨어지고 있다는 뜻입니다. 하
락이 있을 것으로 보이므로 적절한 매수 타점이 나올 때까지 기다립니다.
120이평선까지 내려온 ⓑ에서 1차 매수를 할 수 있습니다. 일반적으로 60
틱 차트의 60이평선과 120이평선이 정배열을 이루면서 VI까지 상승을 한
다면 120이평선이 3분봉 차트상으로는 5이평선 근처입니다. 그 지점에서
의 반등이 있을 것을 계산하는 것입니다.

한편, ⓑ의 1차 매수 자리에서 밀려봤자 RSI 과매도권으로 진입하는 시점이나 120이평선 - 3% 엔벨로프 하단에서 2차 매수를 할 수 있을 것입니다.

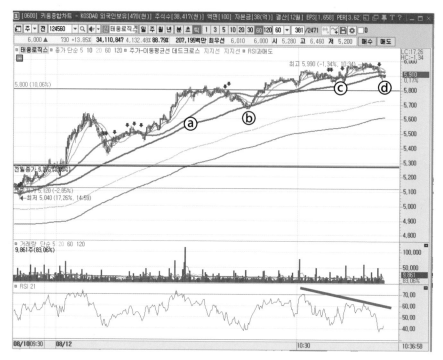

2022년 8월 12일 태웅로직스의 오전 10시 36분 58초 상황. 60틱 차트

ⓑ에서의 1차 매수 물량이 첫 번째 VI 가격대까지 상승해주고(2.3% 수익라인) 거기서부터 추가로 더 상승을 합니다. VI가 발동한 이후부터는 작은 수익률도 기뻐하며 민감하게 익절해야 하므로 주가의 흐름을 잘 지켜보도록 합니다. 상승하다가 60이평선을 깨는 ⓒ(3.6% 수익라인)나 120이평선을 깬 ⓓ(4.2% 수익라인) 등에서 익절을 합니다. 차트에서 주가는 고점이 올라

가고 있지만 RSI는 반대로 고점이 하락하고 있는 모습이 보입니다. 다이버전스! 익절한 판단은 적절하다고 보입니다. 지표를 해석한 것과 달리 추가 상승이 일어나면 그냥 보내주면 됩니다. 그러나 RSI가 계속 하락하여 과매도권으로 진입하면 다시 매수할 수 있다는 생각을 하는 거죠.

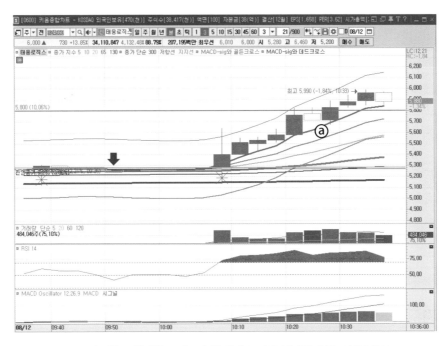

2022년 8월 12일 태웅로직스의 첫 번째 VI 이후 주가의 흐름. 3분봉 차트

우리가 60틱 차트에서 살펴본 첫 번째 VI 발동 이후의 움직임을 3분봉 차트에서 보면, 5-10-20-65이평선의 정배열이 만들어진 상태에서 VI가 발동했으며, 거기서 하락을 해봤자 어차피 상승할 종목이라면 강한 종목일 경우 5이평선 근처에서 반등하면서 다시 상승으로 돌아섭니다. 이보

다는 조금 덜 강한 종목이라도 10이평선 부분에서는 대부분 반등을 해줍니다. 따라서 오버솔드식 초단타 매매에서는 첫 번째 VI 발동 이후 3분봉 차트에서 음봉이 만들어질 때 5이평선 근처까지는 매수 가능한 영역이라고 생각하고 접근합니다.

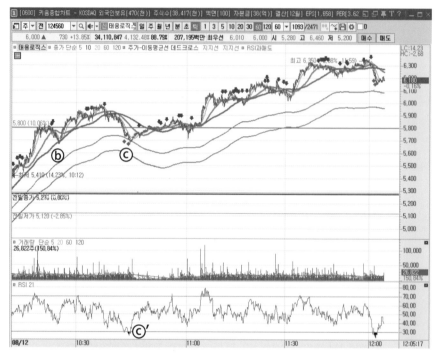

2022년 8월 12일 태웅로직스의 오후 12시 5분 17초 상황. 60틱 차트

ⓑ에서 매수한 물량을 적절하게 익절한 다음, RSI의 하락을 지켜보던 중 ⓒ'와 같이 과매도권으로 진입하는 순간을 만나게 됩니다. 묻지도 따지지도 말고 1차 매수입니다. 그리고 반등(60이평선 및 120이평선까지 상승)이나

상승으로의 추세적 전환(120이평선 돌파)을 살펴서 적절하게 익절하면서 주가를 따라가면 됩니다.

©에서 매수한 후 주가 반등 시 조정이 있더라도 다시 ©까지 내려오지 않는다면 버텨보는 것도 수익을 극대화할 수 있는 팁입니다. 즉 매수 후 조금이라도 수익을 내는 방식의 초단타 매매를 하겠다고 마음먹는 사람이 있을 수 있고, 본전에서 세금과 수수료만 물고 매도하는 것을 각오하고 수익을 더 챙기려고 하는 사람이 있을 수 있습니다.

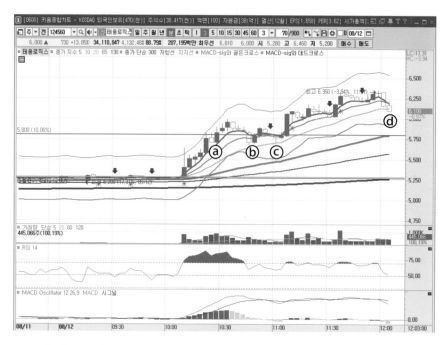

2022년 8월 12일 태웅로직스의 첫 번째 VI 이후 12시 5분 59초까지의 주가의 흐름. 3분봉 차트

앞의 60틱 차트를 3분봉 차트와 연계해서 살펴보도록 하겠습니다. 첫 번째 VI 발동 가격대를 기준으로 첫 반등이 있었던 ⓐ에서 ⓑ와 ⓒ처럼 하락 후에도 다시금 반등하는 모습을 잘 기억하시기 바랍니다. ⓑ가 60틱 차트상 RSI 과매도권으로 진입하던 ⓒ지점입니다! 5이평선에서 반등한 다음(ⓐ), 20이평선을 중심으로 다시 반등했다고 해석할 수 있습니다. 5이평선과 10이평선의 정배열을 쭉 지켜보면서 부분 익절을 해 나가다가 최소한 20이평선을 종가로 깨는 ⓓ 정도에서는 수익을 모두 실현하는 것이 좋습니다.

ⓑ에서 매수 후 고점까지는 11% 수익라인이고, ⓓ에서의 매도는 7%의 최종 수익을 가져다줍니다.

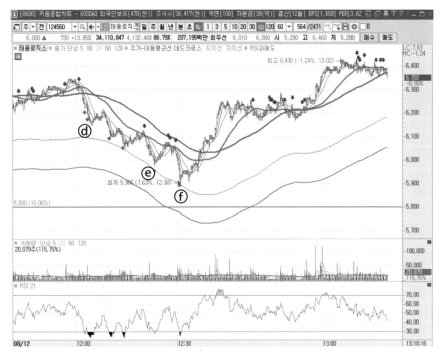

2022년 8월 12일 태웅로직스의 고점 수익실현 후 오후 13시 10분 16초까지의 주가 흐름.
60틱 차트

60틱 차트상 ⓒ에서 매수한 물량을 수익실현한 다음 새로운 매수 타이밍을 기다리는 중 RSI가 과매도권으로 진입한 ⓓ에서 매수하지 않고 ⓔ나 ⓕ에서 더 효율적으로 매수할 수 있는 판단은 어떻게 할까요? 오후 12시에서 12시 반까지, 경험이 바탕이 되어야 하는 쉽지 않은 구역이 만들어지고 있습니다. ⓓ에서 매수했다면 손절하지 않을 경우 계속해서 RSI 과매도권 진입 신호가 나오니 매수를 반복하게 될 것입니다. 결론적으로는 재상승하여 모두 수익실현할 수 있었겠지만 하락추세 안에서 초단타 매매를 하는 입장에서는 평가손실이 점점 커져가면 무척 고통스럽습니다.

우선, ⓓ의 위치를 객관적으로 바라봐야 합니다. RSI 과매도권으로의 진입이 있었지만, 신뢰도를 높여주는 120이평선 기준 -3% 엔벨로프 하단선이나 -5% 엔벨로프 하단선까지 하락하지는 않았습니다. 즉 하락이 얕다는 뜻입니다. 이후 하루 전체의 틱 차트를 보면 알겠지만 RSI가 과매수권으로 진입하지 못한 상태에서 하락이 시작되었습니다. 동시에 첫 번째 VI 가격과는 거리가 꽤 있습니다. 마지막으로 3분봉 차트를 체크하겠지만 3분봉 차트상 20이평선을 깼기 때문에 그다음 이평선인 65이평선까지의 빈 공간에서 무의미하게 매수하는 일은 하지 않는 것이 좋습니다.

이평선 해석에 대해서는 분명한 이해가 바탕이 되어야만 합니다. 전작인 《저가 매수의 기술》을 통해 그 이해를 확실히 해놓으시기를 바랍니다.

ⓓ에서 매수하지 않았다면 첫 번째 VI 발동 가격을 손절선으로 놓고 ⓔ나 ⓕ에서 매수할 수 있었을 것입니다. 이미 첫 번째 VI 발동 이후 VI 가격 아래로 하락했다가 탈환한 다음의 상승이기 때문에, 오늘의 상승을 만든 세력은 첫 번째 VI 가격을 지키고자 하는 성향을 보일 것이라고 예상하는 것입니다. ⓔ에서의 매수 물량을 60이평선까지의 반등에서 털지 못하고 다시 하락을 맞이하였더라도 ⓕ에서 추가로 매수할 수 있습니다. 주가는 저점을 갱신하는데 RSI의 과매도권 진입하는 저점은 ⓔ에서의 저점과 그다지 차이 나지 않습니다. 다이버전스가 나타나고 있으므로 충분히 반등

을 기대할 수 있습니다. (아! 너무 살펴봐야 하는 게 많나요? 이 케이스가 조금 복잡한 면이 있습니다. 하지만 오버솔드가 판단하는 방식을 자세히 적어놓으면 언젠가는 이 내용들이 다 이해 가실 것입니다.) 첫 번째 VI 가격대까지의 거리가 멀지 않으므로 계획대로 되지 않을 경우 짧은 손절을 하면 되니까요.

차트상으로는 성공적으로 반등하여 최종적으로는 약 8% 정도의 수익라인이 만들어진 것을 확인할 수 있습니다.

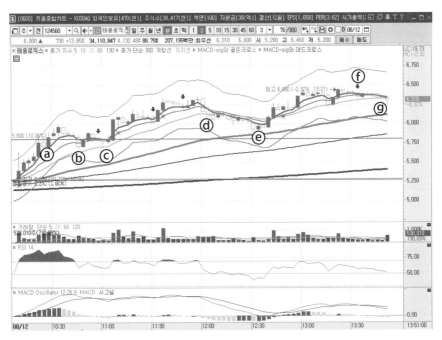

2022년 8월 12일 태웅로직스의 첫 번째 VI 이후 13시 53분 59초까지의 주가의 흐름.
3분봉 차트

3분봉 차트로 봤을 때 주가가 20이평선을 깬 ⓓ와 주가 하락이 이어지면서 65이평선 근처까지 온 ⓔ 사이의 공간을 보시기 바랍니다. 저 빈 공간에서는 애매하게 매수하는 것이 아닙니다. 단기적인 상승을 담보해주는 5이평선과 10이평선이 정배열 상태에서 데드크로스가 되어서 주가가 하락하며 흐르고 있기 때문에 분명한 지지선에서나 MACD와 시그널선의 골든크로스를 통한 추세 전환이 확인되지 않을 경우에는 진입하지 않습니다.

ⓔ는 분명히 65이평선의 지지를 받는 모습을 확인할 수 있습니다. 보통 초단타 매매자는 20이평선 정도까지의 반등에서 수익을 실현합니다. 다시 재반락할 수 있으니까요. 하지만 이 경우에는 상승추세를 이어가 줬습니다. 그래도 MACD와 시그널선의 데드크로스가 다시 발생하는 ⓕ지점에서는 일정 정도 수익을 실현해야 할 것이며, 20이평선을 확실히 깨고 마는 ⓖ에서는 전량 매도하고 뒤돌아보지 말아야 할 것입니다.

2022년 8월 12일 태웅로직스의 하루 전체 60틱 차트

VI를 기준으로 매매만 하더라도 가장 적절한 타점에서 매수 진입하여 각자의 그릇만큼 수익을 충분히 낼 수 있었음을 하루 60틱 차트 전체를 보고 확인할 수 있습니다.

60틱 차트와 3분봉 차트의 연계 매매:
3분봉 차트에서의 20이평선 반등

버킷스튜디오 2022년 8월 8일

종목명	구분	발동가격	시가대비등락률	기준가격 동적VI	기준가격 정적VI	괴리율 동적VI	괴리율 정적VI	거래량	발동시간	해지시간	발동횟수
태경산업	정적	7,020	+10.03		6,380		+10.03	4,867,113	10:27:13	10:29:35	1
버킷스튜디오	정적	3,190	+10.00		2,900		+10.00	104,790,796	10:21:51	10:23:59	1
이스타코	정적	1,585	+10.07		1,440		+10.07	8,604,863	10:10:09	10:12:13	1
엠게임	정적	8,860	+10.06		8,050		+10.06	1,423,345	10:05:18	10:07:43	1
에브리봇	정적	42,350	+21.00		38,500		+10.00	4,523,249	09:54:55	09:56:57	2
SNT중공업	정적	9,120	+10.01		8,290		+10.01	2,115,547	09:53:59	09:56:07	1
삼영이엔씨	정적	7,480	+10.00		6,800		+10.00	2,093,520	09:47:48	09:50:17	1
에코프로에이	정적	62,700	+10.00		57,000		+10.00	1,604,418	09:46:23	09:48:29	1
소니드	정적	4,120	+10.01		3,745		+10.01	3,054,975	09:42:48	09:44:53	1
정원엔시스	정적	2,365	+10.00		2,150		+10.00	17,803,615	09:40:54	09:43:18	1
제닉	정적	5,240	+10.08		4,760		+10.08	2,885,252	09:30:23	09:32:46	1
대동전자	정적	11,950	+10.14		10,850		+10.14	3,751,376	09:29:05	09:31:11	1
영보화학	정적	4,390	+10.03		3,990		+10.03	1,782,629	09:27:29	09:29:45	1

2022년 8월 8일 오전 10시 21분 51초 버킷스튜디오 첫 번째 VI 발동

2022년 8월 8일 오전 10시 21분 51초에 버킷스튜디오(066410)에 첫 번째 VI가 발동했습니다. 발동 가격은 3,190원입니다.

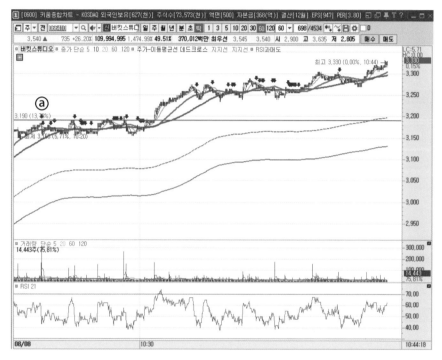

2022년 8월 8일 버킷스튜디오의 첫 번째 VI 발생에서부터 오전 10시 44분 18초까지의 주가 흐름. 60틱 차트

ⓐ에서 VI가 발동했을 때, 첫 번째 매수 가능 타점인 VI 가격에 매수 진입한 매매자는 9분 정도의 시간이 지나는데도 상승도, 그렇다고 확실한 조정도 아닌 주가의 흐름 모습에 답답할 수도 있었겠지만 120이평선과 60이평선이 계속 맞물려가면서 주가의 흐름이 진행되고 있습니다. 그러고

는 첫 번째 VI 가격을 뚫고 상승하여 고점 기준 +4%의 상승 라인 안에서
적절히 익절할 수 있었을 것입니다.

이번에는 '너무 고가라서 매매하기에 겁나는데?' 하는 지점에서도 오버솔
드식 초단타 매매의 기술로 매매할 수 있음을 공부하고자 합니다.

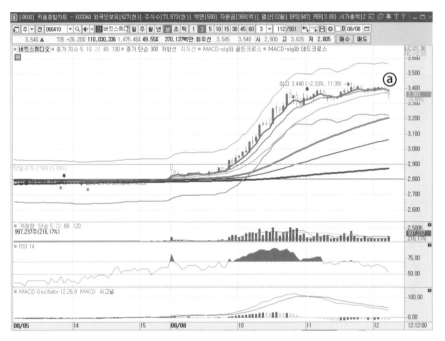

2022년 8월 8일 버킷스튜디오의 오후 12시 12분~14분 59초의 캔들. 3분봉 차트

3분봉 차트로 봤을 때 오후 12시 12분~14분 59초 동안의 캔들인 ⓐ지점
은 전일 대비 +21% 정도까지 상승했다가 횡보하면서 20이평선을 몸통으
로 깨는 지점입니다. 최고점인 3,440원 대비 -2.33% 하락한 지점입니다.

즉 상한가를 가려고 준비하는 쉼터를 만드는 조정이며, 이 시점에서 60틱 차트상 적절한 매수 타점이 나타나면 매수 가담을 할 수 있습니다. 이 하락은 RSI의 과매수권으로 진입한 다음, RSI의 고점을 이은 추세가 하락하는 것을 봐서 이미 예측할 수 있었을 것입니다(다이버전스!). 당일 여기까지 주가를 끌어올린 거래량이 수천만 주였기 때문에 특정 타점마다 지지 매수세가 하락을 막아서는 지지의 역할을 해줄 것이라 기대할 수 있습니다. 매수 타점을 60틱 차트에서 찾아보기로 합니다.

2022년 8월 8일 버킷스튜디오의 오후 12시 13분 14초 상황. 60틱 차트

오후 12시 13분 14초에 60틱 차트에서 RSI가 과매도권으로 진입하는 ⓑ 지점이 포착됩니다. 여기서 1차 매수를 합니다. 추가 하락이 발생한다면 120이평선 기준 -3% 엔벨로프 하단이나 -5% 엔벨로프 하단에서 다시금 RSI가 과매도권으로 진입하는 지점이 있으면 2차 매수를 한 다음 반등을 이용하여 익절하는 계획을 세울 수 있습니다. 또는 무서우면 손절합니다.

한편, 매수 후 반등하여 60이평선이나 120이평선까지 상승하면 일차적으로 일부 익절하거나 전량 매도합니다. 상승 시의 매수세를 보면서 판단하면 될 것입니다.

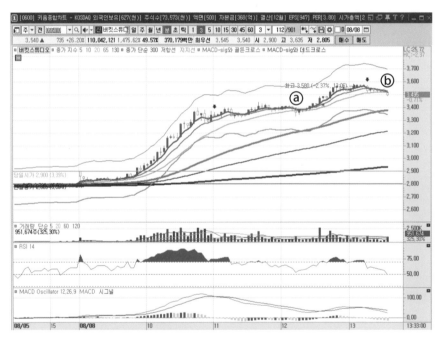

2022년 8월 8일 버킷스튜디오의 20이평선 매수 이후 상승을 마무리하는
오후 13시 33분~35분 59초의 캔들. 3분봉 차트

3분봉 차트의 ⓐ부분에서 60틱 차트의 RSI 과매도권 진입을 포착하여 용기 있게 매수했다면 이후의 상승을 통해 +5% 정도의 수익라인 안에서 적절히 익절할 수 있었을 것입니다. 3분봉 차트를 보고 매매하는 분이라면 20이평선을 깨는 ⓑ에서는 ⓐ에서 매수한 물량을 모두 매도하는 것이 그 다음 매매를 기다리는 초단타 매매의 정석입니다.

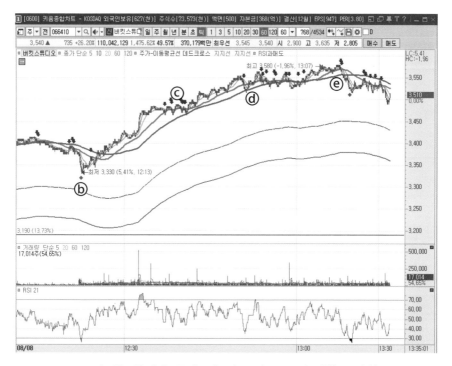

2022년 8월 8일 버킷스튜디오의 오후 13시 35분 1초 상황. 60틱 차트

3분봉 차트상 ⓐ에서 ⓑ까지의 주가 흐름을 60틱 차트에서 보았을 때의 주가 흐름입니다. 상승추세 안에서 ⓒ, ⓓ, ⓔ같이 60이평선을 깨는 장소

에서 적절히 익절하면 됩니다.

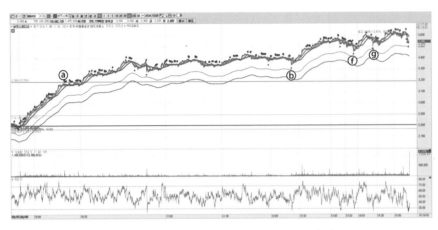

2022년 8월 8일 버킷스튜디오의 하루 전체 60틱 차트

버킷스튜디오의 하루 전체 60틱 차트입니다. ⓑ에서 매수해서 익절한 매매자라면 ⓕ와 ⓖ에서도 다시 매수해서 일련의 수익을 실현할 수 있음을 볼 수 있습니다.

주가가 너무 높은 지점에 있는 것처럼 생각될 때에도, 주가가 3분봉 차트상 20이평선에 접근할 때 60틱 차트에서 그간 공부해온 타점들이 포착되면 매수하여 익절할 수 있는 기회를 잡을 수 있습니다. 상한가까지의 상승을 기대하면서 따라붙는 매수세들이 있기 때문인 것이죠. 그 대전제는 바로 풍부한 거래량입니다.

초단타 매매에서 매수는 곧 리스크이기 때문에 매수하고 나면 탈출(익절 및 손절)을 항상 생각해야만 합니다. '60틱 차트상 첫 번째 VI 가격인 ⓐ에서 매수해서 장 마감까지 들고 있으면 그냥 저절로 수익이 아닌가요?'라고 물을 수 있지만 그것은 장이 끝난 이후 차트 전체를 봤을 때나 할 수 있는 말씀입니다. 실전 매매에서는 한 치 앞을 알기 어렵습니다. 어쨌든 매수 후에 익절해서 수익이 나면 마음이 편해집니다. 그것만으로 충분한 거 아닌가요?

60틱 차트와 3분봉 차트의 연계 매매:
3분봉 차트에서의 65이평선 반등

우리산업홀딩스 2022년 8월 3일

종목명	구분	발동가격	시가대비 등락률	기준가격 동적VI	기준가격 정적VI	괴리율 동적VI	괴리율 정적VI	거래량	발동시간	해지시간	발동횟수
우리산업	정적	17,250	+10.22		15,650		+10.22	1,200,712	13:16:47	13:19:11	1
우리산업홀딩	정적	6,230	+20.74		5,660		+10.07	13,788,397	13:16:38	13:18:58	2
유틸렉스	정적	5,080	+10.20		4,610		+10.20	3,240,557	13:16:25	13:18:45	1
현대이지월	정적	9,020	+20.43		8,200		+10.00	2,359,148	13:15:34	13:18:01	2
우리산업홀딩	정적	5,680	+10.08		5,160		+10.08	13,788,397	13:02:45	13:04:52	1
아이윈	정적	2,195	+10.03		1,995		+10.03	6,625,984	13:00:57	13:03:25	1
카카오게임즈	정적	58,000	+10.06		52,700		+10.06	6,216,510	12:57:30	12:59:58	1
케이피에프	정적	9,420	+21.55		8,560		+10.05	20,349,598	12:50:26	12:52:46	2
켐트로스	정적	10,100	+24.38		9,160		+10.26	15,974,660	12:44:16	12:46:37	2
SGA솔루션즈	정적	1,060	+10.19		962		+10.19	9,371,370	12:40:16	12:42:23	1
아이스크림에	정적	6,000	+10.09		5,450		+10.09	3,734,309	12:29:57	12:32:12	1
정원엔시스	정적	2,090	+10.00		1,900		+10.00	8,972,850	11:37:05	11:39:12	1
켐트로스	정적	8,940	+10.10		8,120		+10.10	15,974,660	11:27:15	11:29:18	1

2022년 8월 3일 오후 13시 2분 45초 우리산업홀딩스 첫 번째 VI 발동

2022년 8월 3일 오후 13시 2분 45초에 우리산업홀딩스(072470)에 첫 번째 VI가 발동했습니다. 발동 가격은 5,680원입니다.

2022년 8월 3일 우리산업홀딩스의 첫 번째 VI가 발동하는 오후 13시 2분 44초 상황.
60틱 차트

항상 그렇듯, VI가 발동하면 어느 타점에서 매수할 것인지를 판단해야 합니다. 첫 번째 VI 발동 가격에서 매수를 할 것인지 아니면 조정을 기다려서 매수할 것인지 마음의 준비를 해야 합니다. 동 종목은 첫 번째 VI가 발동하는 순간 시초가 이후 +10%의 상승을 만들어 오던 캔들의 거래량들보다 5.6~6배에 가까운 폭발적인 거래량이 동일한 60번의 거래에서 만들어진 것을 볼 수 있습니다. 쉽게 설명하자면 1주씩 60번이 거래되나 100주씩 60번이 거래되나 캔들은 하나씩 만들어지지만 거래량은 60주 대 6000주가 되니 100배의 거래량이 된다는 뜻입니다. 뭔가 특별한 이유가 있어서 막 따라잡고 있는 모습이라서, 첫 번째 매수 가능 타점인 VI 발동 가격에 쫓아가도 되겠다는 판단이 섭니다. 훈련이 잘되어 초단타 매매에 능숙한 매매자라면 아예 VI 이후 거래 재개 때의 시가에 따라잡아도 될 것 같습니다.

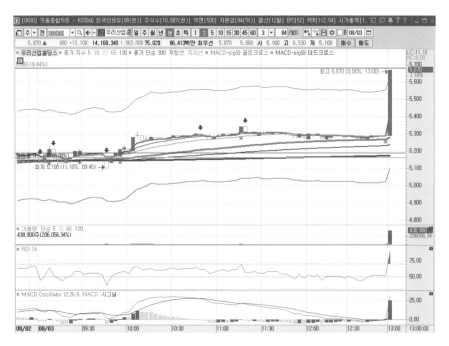

2022년 8월 3일 우리산업홀딩스의 첫 번째 VI가 발동하는 오후 1시~1시 2분 59초의 캔들. 3분봉 차트

3분봉 차트와 연계하여 살펴봅니다. 당일 시가에서 +3% 정도 상승한 가격대를 지키다가 딱 캔들 하나로 +7.18%를 밀어올리면서 첫 번째 VI를 발동시킵니다. 60틱 차트에서 볼 수 있었던 첫 번째 VI 근처에서의 거래량이 3분봉 차트에서는 3분 동안의 거래량으로 합쳐져 더 대단한 거래량으로 표현됩니다. 뭔가 급한 일이 생긴 것입니다. 캔들 하나에서 거래량이 폭발하는 것을 보십시오.

일단, 3분봉 차트상 이 장대 양봉 하나로 다음 캔들부터는 5-10-20이평선이 정배열을 만들면서 진행될 것임을 알 수 있고, 조정이 있다면 5이평선이나 10이평선 근처에서 60틱 차트상의 적절한 타점에 맞춰 매수 개입할 수 있을 것입니다.

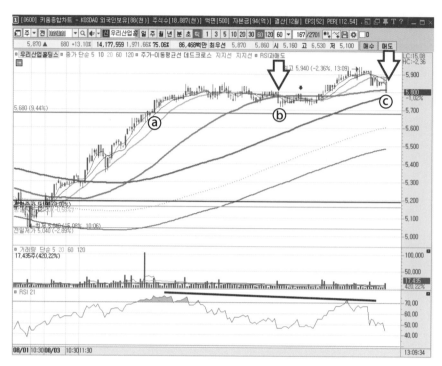

2022년 8월 3일 우리산업홀딩스의 첫 번째 VI 발동부터
오후 13시 9분 34초까지의 주가 흐름. 60틱 차트

ⓐ가 첫 번째 VI 발동 후 거래가 재개된 시점입니다. VI 발동 가격에 매
수했다면 체결창을 보면서 60틱 차트의 20이평선을 시야에 넣고 매수세
가 안정적으로 주가를 밀어올리는지 긴장하고 바라봅니다. 주가가 망설
임 없이 상승으로 방향을 잡아줬지만(그래서 첫 번째 VI를 발동시킬 때의 거래
량 분석이 의미가 있는 것입니다), 60이평선을 깨는 ⓑ나 늦어도 ⓒ에서는 매
수 물량의 상당량을 익절해놓고 그다음 매수 타이밍을 찾는 게 좋습니다.
주가는 고점을 높이는데 RSI의 고점이 낮아지는 모습은 마음을 불편하게
만듭니다. 다이버전스! 상승의 힘이 빠지고 있음을 뜻하기 때문입니다. ⓒ

에서 전량 매도했는데 주가가 60이평선과 120이평선의 지지를 받고 다시 위로 튀면 '고맙다. 다음에 보자. 안녕~' 하고 인사하면 됩니다. 매수 후 1.5%~4%의 수익권역 안에서 적당히 익절하면 충분합니다.

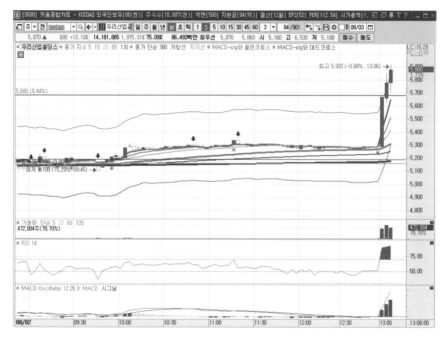

2022년 8월 3일 우리산업홀딩스의 오후 13시 6분~8분 59초의 캔들. 3분봉 차트

3분봉 차트에서는 첫 번째 VI가 발동한 장대 양봉 이후 5이평선과 10이평선, 20이평선, 65이평선의 정배열이 만들어졌으며 5이평선을 깨지 않고 지지받으며 상승하는 모습을 볼 수 있습니다. 60틱 차트만 눈 빠지게 보다 보면 착시가 일어날 수 있습니다. 틱의 거래가 빠르게 진행되면서 캔들이 막 찍히고 이평선이 주르륵 만들어져가지만 3분봉 차트로 보면

캔들 하나가 만들어지는 과정일 수 있으니까 3분봉의 저점이 매수가격을 깨지 않는 이상 홀딩하면서 수익을 만져나갈 수 있습니다. 하지만 60틱 차트에서 상승추세를 보여주는 중요 이평선인 60이평선이나 120이평선은 실제로 매매하는 사람들의 매수가격의 흐름이므로 매도의 기준으로 삼고 대응하는 것이 좋습니다.

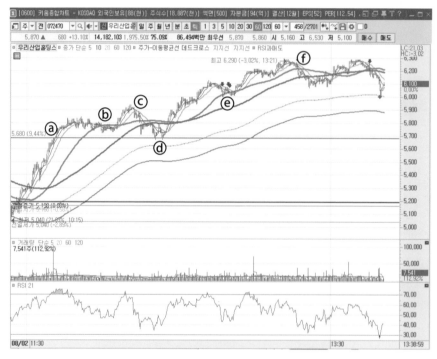

2022년 8월 3일 우리산업홀딩스의 첫 번째 VI 발동부터
오후 13시 38분 59초까지의 주가 흐름. 60틱 차트

60틱 차트를 기준으로 ⓑ와 ⓒ에서 이익을 실현한 사람도 있을 것이고, ⓐ에서 매수한 가격을 깨지 않는 이상 3분봉 차트의 5이평선과 10이평선

의 정배열이 유지되는 상태(이것이 60틱 차트상에서는 보통 60이평선과 120이평선의 골든크로스 상태입니다)를 계속 지켜보는 사람도 있을 것입니다. 지금 보는 60틱 차트에서는 전체적으로 ⓒ 이후 상승이지만, ⓒ에서 60이평선을 깨는 것을 보고 익절한 분이면 매도한 60이평선에서 첫 번째 VI 발동 가격까지 하락하는 것을 보며 '아, 수익실현 잘했네'라고 생각했을 것입니다. 익절하지 않았다면 ⓐ 즉 VI 거래 재개 시초가에서 매수해서 이익을 보던 게 다시 0%가 되는 순간이기 때문에 멘탈이 흔들릴 수밖에 없습니다.

그러나 ⓓ자리는 이미 익절을 한 사람에게도, 3분봉 차트를 보면서 버티는 사람에게도 의미 있는 자리입니다. 왜냐하면 첫 번째 VI를 발동시키는 ⓐ에서의 거래량을 보십시오. 사올린 물량을 압도할 만한 파는 물량이 나와야 하는데, 그런 거래량은 보이지 않습니다. 이미 익절한 사람이라면 ⓓ 지점에서 매수할 수 있으며, 120이평선 기준 −3% 엔벨로프 하단과 −5% 엔벨로프 하단에 주가가 접근할 때 추가매수를 할 수 있습니다. 상황상 추가 하락을 한다면 RSI 과매도권 진입까지도 같이 나타날 것입니다.

매수 후 상승했다면 하락하면서 60이평선을 건드리는 ⓔ나 ⓕ에서 다시금 수익을 실현합니다.

오버솔드식 초단타 매매에서는 무조건 수익 챙기기입니다. ⓔ까지가 +5%, ⓕ까지가 +9%의 수익을 담보해주는 라인입니다.

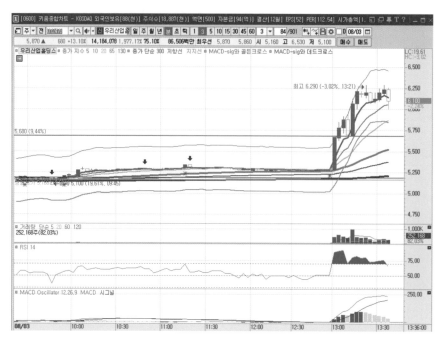

2022년 8월 3일 우리산업홀딩스의 오후 13시 36분~38분 59초의 캔들. 3분봉 차트

3분봉 차트를 보면 5이평선과 10이평선이 정배열인 상태에서 주가가 매끄럽게 상승하는 것을 볼 수 있습니다. 그렇지만 오후 13시 20~30분 정도에서 고점을 갱신하지 못하고 음봉으로 밀리는 것을 볼 수 있습니다. RSI의 고점이 점점 낮아지고 있으며 MACD도 슬슬 시그널선과의 데드크로스를 내포하고 있는 것 같습니다. 수익을 보고 있는 중이라면 물러날 타이밍이 멀지 않았다는 판단을 내릴 수 있습니다.

2022년 8월 3일 우리산업홀딩스의 익절 후 오후 13시 50분 53초까지의 주가 흐름. 60틱 차트

ⓕ에서 익절로 마무리했다면 위에 보이는 60틱 차트에서의 하락을 피할
수 있었습니다. 현재 시점인 13시 50분 53초의 주가는 ⓕ에서 무려 -10%
가까이 하락한 지점입니다. ⓖ는 옆의 3분봉 차트에서 봤을 때 10이평선
을 찍는 음봉이 나오는 포인트입니다. 익절할 수 있을 때 익절하면 다시
매수 타이밍이 옵니다.

ⓗ와 ⓘ까지 폭포수처럼 -7% 가까이 주가가 무너졌습니다. 단 4분 동안
에요. 4분 넋 놓고 있으면 고스란히 하락을 얻어맞는 것입니다. 그래서 초

단타 매매는 집중해야 하고 빠르게 판단해야 합니다. 그러나 적절한 타점에서 익절해서 다시 투입할 수 있는 현금을 손에 쥐고 있으면 상황은 달라집니다. 고점에서 들고 있던 사람들의 멘탈을 박살내는 하락이 만들어진 이 자리가 오버솔드식 초단타 매매를 공부한 사람에게는 다시금 수익을 얻을 수 있는 매수 자리인지 아닌지를 판단하면서 분할매수를 하는 지점일 수 있습니다.

이 자리가 무슨 자리냐. 어마어마한 매수 거래량으로 첫 번째 VI가 발동한 시점이자 120이평선 기준 -5% 엔벨로프 하단 밖에서 주가가 형성되는 지점입니다. 어마어마한 매수 거래량이 모두 수익실현하고 없어졌을까요?

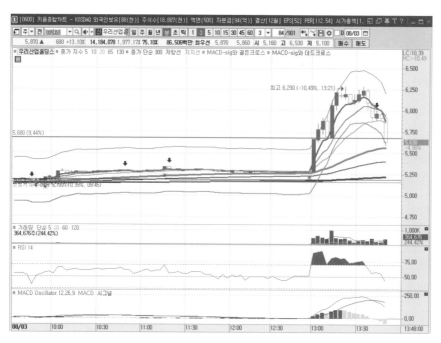

2022년 8월 3일 우리산업홀딩스의 오후 13시 48분~50분 59초의 캔들. 3분봉 차트

3분봉 차트에서 살펴보니 첫 번째 VI 발동 가격과 65이평선 근처까지 하락한 것을 볼 수 있습니다. 우리가 첫 번째 VI가 발동했을 때의 3분봉 차트에서 어마어마한 거래량으로 장대 양봉이 만들어졌기 때문에 쉽게 깨지지 않는 지지선이 될 것이라 말씀드린 것 기억나십니까? 첫 번째 VI 발동 후 상승하다 조정이 왔을 때에도 음봉이 나왔지만 다시 첫 번째 VI 발동 가격에서 더 많은 거래량으로 장대 양봉을 만들면서 반등한 것을 볼 수 있습니다. (첫 번째 VI를 발동시킨 장대 양봉에서 발생한 거래량)+(추가 상승 시 발생한 거래량)이 고점에서 -10% 하락하며 발생한 거래량보다 훨씬 큽니다. 아직 첫 번째 VI 가격에서 수익권인 자들이 있으며, 이는 카운터밸런스로 평균매수가를 잘 만들어놓은 세력일 가능성이 농후합니다.

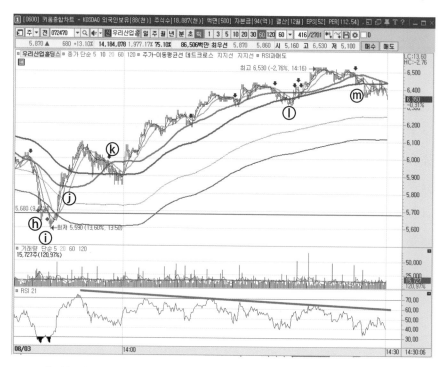

2022년 8월 3일 우리산업홀딩스의 폭락 후 오후 14시 30분 6초까지의 주가 흐름. 60틱 차트

이론과 해석으로 무장하고 대응할 준비가 된 사람이라면 ⓗ와 ⓘ에서 매수한 다음 하락 시 추가매수할 것인지 손절할 것인지 대응 계획을 세웁니다. 고점에서 -10% 가까이 하락했으니 기술적인 반등이라도 발생할 만합니다. 반등해준다면 우선은 60이평선인 ⓙ에서 일정 비중을 익절해줍니다. 얼마 안 되는 것처럼 보여도 +4% 익절 라인입니다. 그리고 60이평선을 뚫고 상승하는 과정에서도 자신의 그릇에 따라 익절할 수도 있습니다. 방금 익절한 60이평선 위로 추가 익절할 만한 타점인 120이평선이 보이고, 또 RSI가 과매수권으로 진입하는 지점도 매도 타점으로 눈에 띕니

다. ⓚ는 60이평선을 하방으로 깨는 지점이므로 매도 타점으로 대응할 수 있습니다. +6% 익절라인입니다.

ⓘ에서 ⓙ까지는 체결창이 어마어마하게 빨리 움직이기 때문에 무서울 겁니다. 하지만 익숙해지면 이 속도감이 아주 기분이 좋지요.

익절하지 않았거나 일부 익절 후 남은 물량이 있다면 60이평선과 120이평선이 정배열인 상태로 주가가 쭉 상승하는 것을 구경하다가 60이평선이나 120이평선을 깨는 ⓛ이나 ⓜ에서 최종 매도할 수 있습니다. 각각 +12%, +13% 익절라인입니다.

우리는 급락 후 약 40분간 이어지는 반등 및 상승의 과정을 통해 주가의 고점이 계속 높아지는데 상승의 강도를 알려주는 RSI의 고점은 계속해서 낮아지는 것을 보면서 주가가 언제든지 다시금 하방으로 꽂힐 수 있다는 긴장감을 가져야 할 것입니다. 다이버전스!

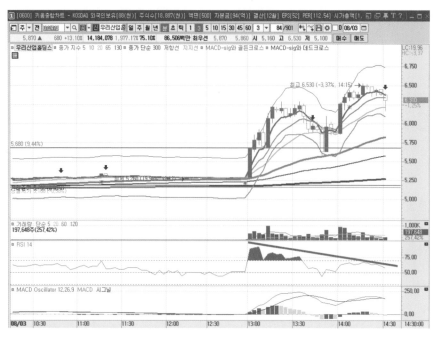

2022년 8월 3일 우리산업홀딩스의 오후 13시~14시 32분 59초까지의 주가의 흐름.
3분봉 차트

폭락 후 재폭등하는 3분봉 차트의 흐름을 살펴보십시오. 3분봉 차트에서
정배열을 통한 상승이 진행되는 가운데 65이평선은 상당히 강력한 지지
대입니다. 그리고 고점이 높아지는데 RSI의 고점은 낮아지는 것도 확인하
십시오. 심지어 MACD-시그널선도 데드크로스가 발생했습니다. 계속 상
승한다기보다는 하락을 전망하고 대비하는 것이 옳은 대응입니다.

2022년 8월 3일 우리산업홀딩스의 하루 전체 60틱 차트

8월 3일 틱 차트의 전체적인 흐름을 보십시오. 2시 30분 이후 주가는 전체적으로 하락합니다. 3분봉 차트에서나 60틱 차트에서나 하락을 암시하는 지표상의 흐름이 있었습니다. 이해하고 알아차리면 피할 수 있는 하락입니다. 한편 하락 중에도 과한 하락에 대해서는 +3~5%의 수익을 주는 반등도 있음을 확인할 수 있습니다.

5장

VI D+1데이 매매

D데이 매매를 공부하면서 어떤 생각이 드셨는지요? 혹시 이런 생각을 하시면서 뭔가 답을 찾고 싶지는 않으셨는지요? "왜 10% 오른 이후에 매매를 해야 하지? 처음부터 오를 종목을 찾아서 매매하면 안 될까?" 이런 생각이 시가부터 시작해서 반드시 10% 이상 수익을 내고 싶어서 그런 것은 아니라 생각합니다. 그렇다기보다는 장이 시작할 때 상승할 확률이 높은 종목을 미리 알 수 있다면 매수 개입해서 일찍 수익을 마무리 짓고자 하는 마음에서라 생각합니다. 아무래도 시초가에서 10% 이상 상승한 이후부터 하는 매매에서는 상승에 대한 기대보다는 하락에 대한 두려움이 더 크니까요. 그리고 아무리 기계적으로 매매를 한다고는 해도 시초가에서부터 +10% 상승해서 VI 창에 올라오는 종목을 바로바로 매매한다는 게 좀처럼 익숙해지지 않기도 합니다.

그렇다면 질문을 살짝 바꿔보지요. 당일 상승할 가능성이 높은 종목은 어떤 모습일까요?

저는 이 질문에 대한 답이 바로 D데이 매매에 있다고 생각합니다. 오버솔드는 장이 끝난 이후 또는 D+1데이 장 시작 전에, D데이에 VI가 발동한 종목을 다시 한 번 살펴보는 시간을 갖습니다. VI가 발동했다는 말은 각 종목마다 나름의 이유로 매수세가 몰렸다는 말이기 때문입니다. 또한 거래량을 살펴봤을 때 이전의 거래량보다 훨씬 많은 매수량이 붙었는지를 살펴봅니다.

일봉 차트에서 이동평균선의 배열도 반드시 체크합니다. 가능한 한 5-10-20이평선이 정배열을 이룬 상태에서 일봉이 위치하고 있는 것이 좋습니다. 이평선의 의미에 대해서는 제 전작인《저가 매수의 기술》을 통해 확실한 개념을 갖도록 재차 당부합니다.

마지막으로 캔들의 형태를 살펴보게 되는데 그중 관심을 많이 갖게 되는 캔들은 위꼬리를 단 양봉입니다. 이 경우, 몸통이 통통할수록 즉 위꼬리가 많이 길지 않고 몸통의 종가상 상승률이 좀 높은 것이 좋습니다.

이렇게 해석을 하기 때문입니다.

거래량을 터트리며 VI가 발동할 정도의 상승을 했는데 위꼬리를 달았다는 것은 고점에서 쏟아지는 매도세를 이겨낼 만큼 자금이 투입되지 않았다는 뜻입니다. 더 짚어서 이야기해보자면 세력이 당일 계획한 자금보다 매도가 더 있었다는 말입니다. 이럴 경우 상승 고점에서 돈을 더 써가면서 매수하기보다는 목적한 만큼의 물량을 확보한 이상 가격이 떨어지는 것을 기다리게 됩니다. 위로 올리는 집약된 자금이 집행되지 않으면 주가는 자연스럽게 흘러내리게 되어 있습니다. 어쨌든 이 매도세의 성격이 무엇인지를 잘 해석해야 합니다. 다음의 두 가지입니다.

> 1 최근 매수자들의 수익실현
> 2 그동안 물려 있던 악성 매물의 손절/본절/약익절 물량

이런 성격의 매도세가 나오게 되는데 그 물량을 어느 정도의 위꼬리로 받아주고 몸통이 양봉으로 끝났다는 말은, 역시 다음의 두 가지로 해석할 수 있습니다.

1 최근 매수자 중 수익실현하고 싶은 사람은 다 했다. (즉 저가에서 이 짧은 슈팅이 나오기까지 매수했던 개미들은 10~20% 사이의 수익에 만족하고 종목에서 빠져나오는 경우가 많다. 달리 말하면, 빠져나오지 않고 아직 양봉 몸통에 들어 있는 사람들은 추가 상승이 있을 것으로 기대하고 있거나 —추가 상승에 대한 재료를 알고 있는 세력— 추가 상승을 시키고자 준비하고 있거나 —돈 많은 세력—이다.)

2 악성 물량이 상당 부분 해소되었다. (이것을 흔히 물량소화, 물량체크 등으로 이야기한다.)

그래서 이 모든 내용을 간단하게 정리하자면, 위꼬리 있는 양봉 몸통의 종가를 시작으로 상승을 기다리고 있는 사람들이 상당수 있고, 더 이상의 주가 하락을 원하지 않는 누군가가 있다는 말입니다.

D+1데이 매매를 위한 위꼬리 양봉의 조건

D+1데이의 매매를 위한 종목 선정을 더 쉽게 할 수 있도록 위꼬리 양봉의 조건을 좀 더 압축하려 합니다. 우리는 첫 번째 VI가 발동한 종목을 대상으로 D데이 매매를 했습니다. 그러나 첫 번째 VI가 발동한 종목도 장마감까지 가게 되면 그 캔들은 다양한 모습을 갖게 됩니다. 극단적으로는 첫 번째 VI 발동 이후 계속해서 상승해서 상한가를 만드는 경우도 있고, 상승 폭을 그대로 다 뱉어내며 음봉을 만들기도 합니다.

오버솔드식 초단타 매매에서는 D데이에 위꼬리를 단 양봉 중에서도 종가가 첫 번째 VI 위에서 끝난 종목을 D+1데이 매매 대상으로 삼습니다.

옆의 일러스트의 전제에 대해 미리 설명을 해놓도록 하겠습니다. D데이에 첫 번째 VI를 돌파한 이후 상승이 지속되면 두 번째 VI를 발동시킬 수 있고, 최종적으로는 상한가까지도 갈 수 있습니다. 따라서 위꼬리의 당일 최고점은 상한가가 될 수 있어서 그려놓은 것입니다. 실제로는 두 번째 VI까지 발동시키는 것도 힘들 수도 있습니다. 위꼬리의 길이에 신경쓰지

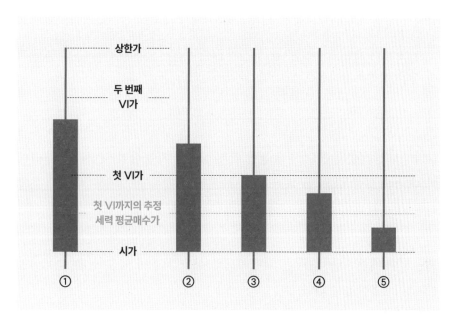

 내부의 레이블:
상한가
두 번째
VI가
첫 VI가
첫 VI까지의 추정
세력 평균매수가
시가
① ② ③ ④ ⑤

D데이 위꼬리 양봉의 타입 1: 첫 번째 VI 이후에도 10% 이상의 추가 상승이 있었던 양봉

마시고, 양봉의 몸통을 주의 깊게 살펴주십시오.

가장 좋은 것은 ①이나 ②와 같이 D데이의 종가가 첫 번째 VI 가격 위에 있는 것입니다. 첫 번째 VI의 발동은 주가를 올리겠다는 일종의 선언과 같은 것이라고 말씀드렸습니다. 그 가격을 지켜냈다는 사실 자체가 의미 있습니다.

③과 같이 D데이에 고점을 만든 다음에 주가가 조정을 받지만 첫 번째 VI 가격 근처(+1%~-1%)에서 종가가 형성되는 위꼬리 양봉도 있습니다. 심지어 딱 맞춰서 끝내는 경우도 있습니다. 세력이 돈을 써서 만들어놓은

가격 밑으로 떨어지는 것을 허락하지 않겠다는 의지의 표명으로 받아들이면 됩니다. 카운터밸런스를 잡아놓은 상태면 약간의 수익을 낸 상태에서 장을 정리하겠다는 뜻입니다.

①, ②, ③은 D+1데이 매매를 하기에 적절한 종목으로 뽑아놓을 수 있습니다. 그러나 ④ 및 ⑤의 경우라면 이후 상승할 가능성이 있더라도 D+1데이 매매를 통해 다음 날 바로 수익을 보는 매매를 하기에는 시간이 조금 걸릴 수 있으므로 대상 종목에서는 빼놓습니다.

초단타 매매는 매우 긴장된 매매이므로 상승 확률이 높은 상황 속에서만 매매하는 것이 좋습니다.

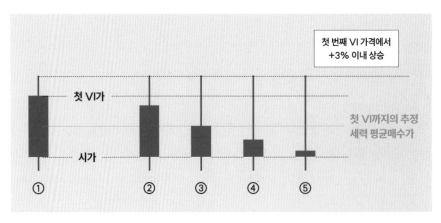

D데이 위꼬리 양봉의 타입 2: 첫 번째 VI 이후에도 +3% 이내의 작은 상승이 있었던 양봉

첫 번째 VI 발동까지가 당일 상승의 전부인 종목들도 꽤 많습니다. 첫 번째 VI가 만들어질 때까지 들어오던 상승세의 관성으로 인해 약간의 추가

상승 이후에 조정을 받습니다. 그래도 ①과 같이 첫 번째 VI 발동 가격을 지켜주는 종목은 D+1데이 매매를 위해 추려놓을 가치가 있습니다. 카운터밸런스를 만들어놓았기 때문에 ②와 같이 시가와 첫 번째 VI 가격의 평균가격 위에 있는 종목도 다양한 경험을 하며 초단타 매매에 자신이 붙으면 D+1데이에 공략하기에 부족함이 없습니다. 왜냐하면 당일 첫 번째 VI를 만든 세력이 아직까지 손해를 보고 있지 않은 상태이기 때문입니다. 그러나 ③, ④, ⑤는 D+1데이 매매 종목으로는 삼지 않습니다.

위꼬리 양봉의 타입 2에 속하는 종목들은 일반적으로 일봉 차트상 5이평선과 10이평선이 골든크로스를 만들려고 하는 과정에서 종종 출현하며, 이 경우 D+1데이 매매 시 일봉 차트상 5이평선이 대단히 강력한 지지선으로 작동합니다. 따라서 초단타 매매 시 60틱 차트나 3분봉 차트에서 저점을 확인할 수 있는 신호와 일봉 차트상 5이평선이 만나는 타점은 무조건 매수를 하고 봐야 하는 지점이기도 합니다.

D+1데이 시초가 매매 시나리오

앞서 살펴본 조건에 의해 D+1데이 매매를 하기 위한 종목을 선택해놓았다면 D데이의 위꼬리 양봉의 종가를 기준으로 D+1데이 시초가는 다음의 셋 중 하나이며, 각각에 대해 주가 상승을 염두에 둔 시나리오를 짤 수 있습니다.

1 갭 상승(D데이 종가 위)으로 시작했을 때
2 D데이 종가에서 시작했을 때
3 갭 하락(D데이 종가 아래)으로 시작했을 때

① 갭 상승(D데이 종가 위)으로 시작했을 때

갭 상승으로 시작했을 때의 경우, 시초가부터 이 종목의 상승을 기대하는 사람들이 어제의 종가보다 더 비싼 가격으로라도 사고자 한다는 뜻입니다. 장 마감 이후 좋은 뉴스나 재료가 나왔다거나, 밤새 나스닥의 상황이 좋았다거나 하는 상황인 것이죠. 아니면 매집을 끝냈다고 판단한 세력이 슈팅을 하는 상황일 수도 있습니다. 어쨌든 더 오를 것이기 때문에 조금 더 비싸게 사도 상관없다는 뜻이 됩니다.

하지만 주가가 상승하는 상황에서는 D데이에서와 마찬가지로 어제 매수한 사람을 포함해서 최근 매수한 사람들이 수익을 실현하고 싶은 물량이 출회할 수도 있습니다. 즉 갭 상승해서 출발시키는 시초가 매수세(매수 물량)가 상승한 시초가에 수익을 실현하고 싶어 하는 매도세(매도 물량)보다 많아야(강해야) 시초가부터 상승으로 밀어붙일 수 있고, 반대 경우에는 갭으로 시작한 다음에 바로 밀려서 하락할 수 있습니다.

자신의 성향이 공격적이고 발생할 수도 있는 손실을 바로 제어할 수 있는 매매자라면 시초가부터 바로 매수 개입할 수 있습니다. 매수 후 즉시 대응할 수 있도록 매우 집중하고 있어야 합니다. 또한 시초가부터 하락할 수도 있기 때문에 지나치게 큰 비중으로 진입하는 것은 삼가는 것이 좋습니다.

초단타 매매지만 조금이라도 더 리스크를 피하고 싶은 매매자라면 시초가 이후 60틱 차트를 통해 매수 타이밍을 잡아서 진입할 수 있습니다. 즉 갭 상승으로 시작한 시초가 근처에서 수익실현을 위해 출현하는 매도 물량이 적절하게 소화되면 다시 그 지점을 시작점으로 대기 매수세가 들어올 수 있기 때문입니다.

시초가 갭 상승 이후의 매수 타이밍은 다음과 같습니다.

1 시초가
2 3분봉 차트 5이평선 근처
3 3분봉 차트 10이평선 근처

4 3분봉 차트 20이평선 근처

5 60틱 차트 120이평선 기준 −3% 엔벨로프 하단 근처

6 60틱 차트 120이평선 기준 −5% 엔벨로프 하단 근처

7 60틱 차트 RSI 과매도 진입(또는 진입 후 탈출) 시

8 D데이 종가 근처

이 타이밍마다 매수하라는 뜻이 아니라, 거래의 흐름 속에서 이 중 가장 적절하다고 생각하는 타점에서 매수하라는 뜻입니다. 지금까지의 내용을 그림으로 정리해보자면 다음과 같습니다.

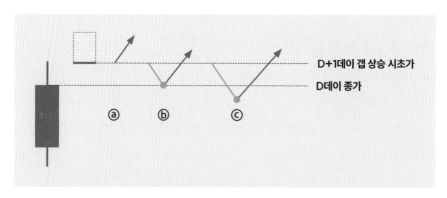

D데이 위꼬리 양봉 이후 D+1데이의 갭 상승 시초가 이후 주가 흐름의 형태

오버솔드식 초단타 매매를 통해 이론적으로 공부한 다음 실제로 D데이의 위꼬리 양봉 이후 D+1데이의 주가 흐름을 살펴보면 ⓐ와 같이 시초가 이후 바로 상승하는 경우가 의외로 많다는 사실에 깜짝 놀랄 것입니다. 또한 동시에 '나는 그동안 뭘 보고 매매한 것일까?'라는 생각도 들 것이고요. ⓐ와 같은 타입이 많기 때문에 오버솔드는 시초가부터 공격적으로 매

수하는 경우가 많은 것 같습니다.

하지만 시초가에서 익절 물량 등이 나타날 경우 약간의 하락이 나타날 수 있는데, 그 경우 ⓑ와 같이 D데이의 종가 근처까지 조정을 받고 반등하거나 ⓒ와 같이 D데이의 종가보다 조금 더 하락한 다음 반등하는 주가의 흐름이 나타날 수 있습니다.

ⓑ와 ⓒ같이 조정을 받을 경우에 앞서 말한 타점이 나타나면 추가매수를 함으로써 평균매수가를 낮추고 비중을 높여서 반등 시 수익을 도모할 수 있게 되는 것입니다. 아무 캔들이나 위꼬리가 있으면 된다는 뜻이 아니라는 점을 다시 한 번 강조합니다. D데이에 첫 번째 VI가 발동한 종목 중에서도 종가가 첫 번째 VI 가격 위에서 끝난 종목을 대상으로 매매하는 것입니다. 세력이 카운터밸런스를 통해 수익을 유지하고 있는 종목에서 세력과 함께 노는 것입니다.

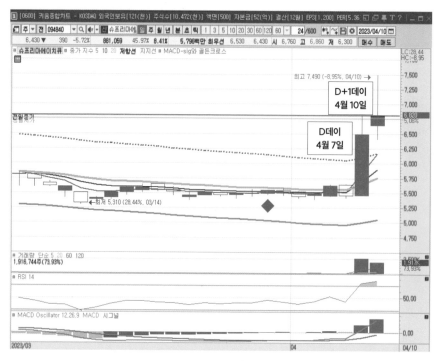

2023년 4월 7일(D데이) 슈프리마에이치큐 위꼬리 양봉 이후 4월 10일(D+1데이) 시초가 갭 상승

2023년 4월 7일 슈프리마에이치큐라는 종목은 고가 기준 24.54%까지 상승했으며 종가는 18.86%로 위꼬리를 단 양봉으로 마감했습니다. VI가 두번 발동했습니다. 여러 조건에 부합하므로 D+1데이 위꼬리 양봉 매매 종목으로 선정할 수 있습니다. D+1데이인 4월 10일, 시초가는 2.31% 갭 상승하여 시작하였습니다. 일봉 차트를 통해서 볼 수 있듯, 위꼬리와 아래꼬리가 모두 달렸습니다. 위꼬리로 미루어 보아 수익을 충분히 챙길 수 있었을 것 같고, 아래꼬리를 봐도 적절한 매수 타점을 알고 있다면 어떤 식

으로든 수익을 낼 수 있는 매매를 할 수 있었을 것 같습니다. 60틱 차트를
살펴보지요.

슈프리마에이치큐 D+1데이 시초가 매수 이후 9시 15분 7초까지의 주가 흐름. 60틱 차트

시초가에 매수했지만 바로 상승하지는 않았습니다. D+1데이의 시초가와
D데이의 종가 사이에서 주가가 움직이는 것을 볼 수 있습니다. D데이의
종가를 건드리는 타점, 60틱 차트상 60이평선을 터치하는 타점 등이 나타
납니다. 매수했다면 9시 14분 34초 최고 상승지점까지 +15% 정도의 수
익라인에서 얼마든지 익절할 수 있음을 알 수 있습니다.

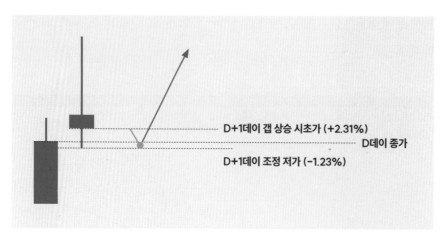

D+1데이 갭 상승 시초가 (+2.31%)

D데이 종가

D+1데이 조정 저가 (-1.23%)

슈프리마에이치큐 D+1데이의 일봉 차트상 캔들의 모습과 60틱 차트에서의 움직임

위는 슈프리마에이치큐의 D데이 및 D+1데이의 일봉 차트상 캔들의 모습입니다. 60틱 차트를 통해서 자세히 보았지만 시초가 갭 상승에서 1차 매수했다면 D데이의 종가보다 - 1.23% 더 하락하는 총 3.5%의 하락을 경험해야만 합니다. 무의미하게 손절하는 것이 아니라, 주가가 움직이는 성격을 파악하여 추가매수를 함으로써 평균매수가를 낮출 수 있고 상승 시 더 나은 수익을 도모할 수 있음을 알 수 있습니다. 본 사례는 매우 정형화된 것이며, 초단타 매매 경험을 쌓아가면서 다양한 D+1데이의 주가 흐름을 체험하게 될 것입니다. 그렇지만 큰 원리는 변하지 않으며 반복되기에 비중을 조절하면서 분할매수에 대한 개념을 갖고 접근한다면 꾸준히 수익을 거둘 수 있는 매매를 하게 될 것입니다.

② D데이 종가에서 시작했을 때

시가든 종가든 세력이 만드는 것이라고 생각할 때, D+1데이의 시가가 D

데이의 종가(라고는 말해도 딱 종가에 맞춘 가격 외에도 ±1% 정도까지)와 같은 가격에서 시작할 경우에는 시가에 어떻게 대응할지 고민될 수 있습니다.

갭 상승을 하지 않는다는 상황은 세력 입장에서는 시가부터 급하게 물량을 잡아먹으면서 주가를 상승시킬 필요가 없음을 뜻합니다. 즉 시초가 이후 매도 물량이 나오는 것을 보고 세력 자신이 계획한 대로 매집이 잘 이루어졌음이 확인되면 겁낼 것이 없으므로 매수에 나서서 상승시키게 됩니다. 세력이 계산한 것보다 더 많은 매물이 나오게 되면 세력은 더 낮은 가격에서 받으면 되니까 손해 볼 것이 없습니다.

(D데이의 종가)=(세력의 평균매수가)가 아니라는 사실만 기억하시면 됩니다. D+1데이의 시가가 D데이의 종가(근처)에 시작되어 어느 정도 하락하더라도 카운터밸런스에 의해 형성된 D데이의 세력 평균매수가가 대단히 중요한 지지 가격으로 작동하게 되며, 따라서 초단타 매매의 60틱 차트 및 3분봉 차트에서 수차례 언급하고 있는 매수 타점이 카운터밸런스 가격 근처에서 발생한다면 이는 분명히 매수해야 하는 타점이 됩니다.

즉 다음과 같이 정리할 수 있겠습니다.

1 D+1데이 시초가에 매수한다.
2 매수 이후 상승하면 적절하게 익절한다.
3 매수 이후 하락하면 D데이의 카운터밸런스 가격과 60틱 차트 및 3분봉 차트의 매수 타점에서 분할매수한다.
4 카운터밸런스 가격을 깨면 손절하고, 반등하면 적절하게 익절한다.

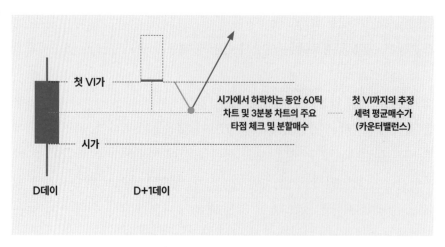

첫 VI가

시가에서 하락하는 동안 60틱
차트 및 3분봉 차트의 주요
타점 체크 및 분할매수

첫 VI까지의 추정
세력 평균매수가
(카운터밸런스)

시가

D데이

D+1데이

D+1데이의 시초가 이후 하락 시 대응 방법

사례를 통해 D+1데이의 시가가 D데이의 종가 근처에서 시작했는데 주가가 하락하면 어떻게 대응해야 하는지를 살펴보겠습니다.

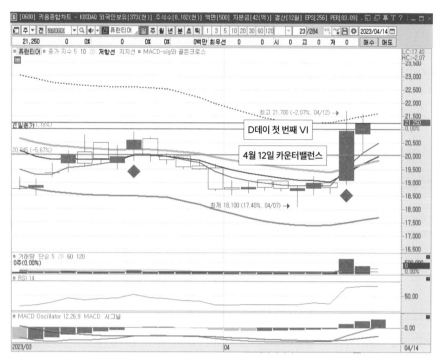

2023년 4월 13일 퓨런티어 일봉 차트

퓨런티어(370090)는 2023년 4월 12일 첫 번째 VI가 발동한 D데이 매매 종목이었습니다. 시가는 19,090원, 첫 번째 VI 발동 가격은 21,000원. 카운터밸런스로 추정되는 가격은 (19,090원+21,000원)÷2=20,045원입니다. 일봉 차트에 첫 번째 VI 가격과 카운터밸런스로 추정되는 가격에 선을 그어놓았습니다.

D+1데이인 4월 13일, 시가는 -0.48%에서 시작했습니다. D데이의 종가와 거의 같습니다. 1차 매수를 시작으로 주가의 흐름에 대응해나가야 할

것입니다. 60틱 차트를 보지요.

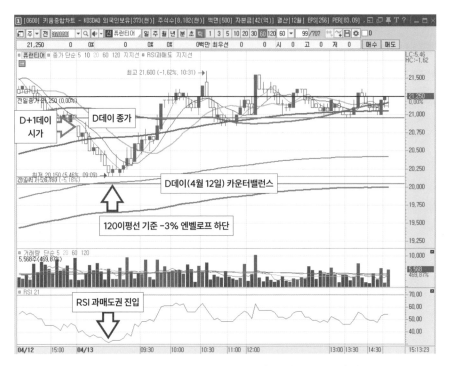

2023년 4월 13일 D+1데이의 시초가 이후 주가 흐름. 60틱 차트.

D+1데이의 시가는 -0.48% 하락한 20,850원입니다. 시가에 1차 매수를 했는데 주가는 하락합니다. 아쉽지만 대응해야 합니다. 9시 9분 최저가인 20,150원을 기록하고 반등하는 것을 볼 수 있습니다. 여기에 어떤 내용이 숨어 있을까요?

카운터밸런스 가격인 20,045원 선이 있고, 그 밑에 120이평선 기준 -3%

엔벨로프 하단선이 있으며, RSI는 과매도권으로 들어가기 직전입니다. 오버솔드식 초단타 매매를 통해 의미 있는 매수 타점이라고 매번 공부하는 지점입니다. 이런 타점들을 놓치지 않고 2차 매수를 합니다. 반등하여 익절할 수 있는 기회를 얻게 되는 것을 볼 수 있습니다.

한 걸음 더 나가자면, 장 시작과 동시에 하는 시가에서의 매수도 거르거나 비중을 작게 해서 1차 매수를 할 수도 있었을 것입니다. 시초가에 RSI는 아직 하락하는 추세 진행 중이었기 때문이죠. '더 하락하면 매수한다'라는 기술적 진화를 할 수 있는 것입니다. 그렇다면 3분봉 차트에서는 어떤 모습이었을까요?

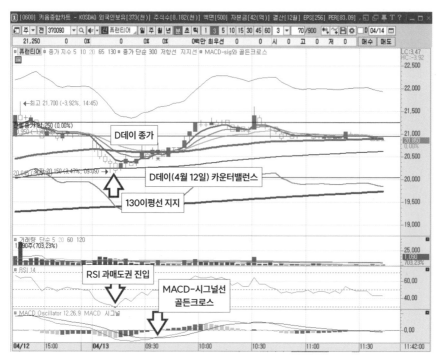

2023년 4월 13일 D+1데이의 시초가 이후 주가 흐름. 3분봉 차트.

3분봉 차트에서도 RSI 과매도권으로 진입하는 포인트가 130이평선과 겹쳐지는 모습을 볼 수 있습니다. 초단타 매매자라면 매수해야만 하는 타점입니다. 매수를 했다면 3분봉 차트상 RSI 과매수권으로 진입할 때까지 반등하는 모습을 볼 수 있습니다. (차트에서는 약간 못 미쳤지만 장 중에는 진입했습니다.)

이 단계에서 본질적인 질문을 하나 던져보고자 합니다.

'과연, D+1데이 시가가 D데이 종가에서 시작하는 종목을 D+1데이에 매매할 이유가 있을까?'

앞서 살짝 힌트를 드린 바와 같이, D+1데이의 시가가 D데이의 종가 근처에서 시작한다는 말은, D데이의 위꼬리 양봉이 발생하면서 만들어지고 있는 하락의 추세를 '아직까지는 돌려내지 못한 상태'에 있음을 뜻합니다. 이는 D+1데이의 시가가 갭 상승으로 시작하는 경우와 대조됩니다. D+1데이의 시가가 갭 상승으로 시작하는 경우는 60틱 차트나 3분봉 차트에서 볼 때 D데이 장 후반의 하락추세를 뒤집어서 이평선 위에서 시작하게 되는 것입니다.

따라서 정말! 매매할 만한 종목이 보이지 않는다 할 경우에는 손대볼 수도 있겠지만 가능한 한 D데이 위꼬리 양봉의 D+1데이 매매를 할 때는 갭 상승으로 시작한 종목으로 하는 것을 권합니다.

한편, 여기에도 말씀드리고 싶은 작은 팁이 하나 있습니다.

일반적으로 D데이의 위꼬리 양봉 중에서 D+1데이에 매매할 만한 종목 4~5개를 골라서 관심종목 창에 넣어놓고 시초가를 대비하게 되는데, 시가 갭 상승 종목으로 매매를 시작하면서 D데이의 종가 근처에서 D+1데이의 시가가 형성된 종목들은 등락률이 시가 대비 -3%~-5% 정도 될 때 쯤 60틱 차트나 3분봉 차트를 보면 매수 타점이 만들어지는 것을 볼 수 있습니다. 이렇게 하면 시초가부터 매수 개입해서 일부 손해 본 상태에서 추가매수하지 않고 당일 저가에 매수하여 익절할 수 있는 확률이 높아집니다.

③ 갭 하락 (D데이 종가 아래)으로 시작했을 때

D+1데이의 시가가 갭 하락으로 시작하는 경우는 다음 중 하나에 속합니다.

1. D데이의 상승이 세력의 계획에 의한 것이 아닌, 돌발적인 재료로 인한 개미들의 매수가 만들어낸 것이라 D+1데이의 시가에 매수세가 실종된 경우

2. 세력이 물량을 추가로 확보하기 위하여 갭 하락을 통해 D데이의 고점에 매수하여 물려 있는 개미들의 물량과 익절하지 못한 채로 불안해하는 개미들의 물량을 추가로 매집하기 위해 동시호가에 주가를 눌러놓은 경우

어느 쪽에 속하는 갭 하락인지는 60틱 차트 및 3분봉 차트에서 D데이에 위꼬리가 생기는 과정을 살펴봄으로써 어느 정도 구분할 수 있습니다. 위꼬리가 생긴다는 것은 고점에서 주가가 하락했다는 뜻입니다. 주가가 하락할 때 특정 가격대 아래로 하락하지 않고 버텨주는 모습을 확인할 수 있다면 이는 세력이 개입하고 있는 종목이며, 이럴 때는 3분봉 차트 RSI 과매도권 진입이나 3분봉 차트 MACD와 시그널선의 골든크로스 등을 보고 저가에 매수 진입할 수 있습니다. 일반적으로 세력이 개입하고 있는 종목은 첫 번째 VI 발동 이후 추가로 상승하는 경향이 많으며 주가가 조정을 받아 하락하더라도 첫 번째 VI 발동 가격을 D데이에 깨지 않습니다. 3분봉 차트에서는 65이평선에서 지지를 받으면서 주가를 받쳐주는 모습을 살펴볼 수 있습니다.

한편 60틱 차트나 3분봉 차트에서 살펴볼 때 첫 번째 VI 발동 이후 급격한 하락이 발생하면서 위꼬리가 달리는 경우는 세력이 아직 개입하지 않은 종목이라고 판단하는 것이 좋습니다.

어쨌든, 초단타 매매의 기술은 짧은 반등이든 추세적 상승이든 수익을 낼 수 있다면 언제든지 매수 개입을 할 수 있는 타점을 찾아 매매하는 것이므로, D데이에 세력이 개입한 위꼬리 양봉에서 D+1데이에 갭 하락이 발생하는 경우라면 3분봉 차트상 RSI 과매도권 진입을 보고 매수할 경우 종종 짭짤한 수익을 준다는 사실을 기억하면 좋겠습니다.

D데이 위꼬리 양봉 이후 D+1데이 매매

유니온머티리얼 2022년 8월 2일

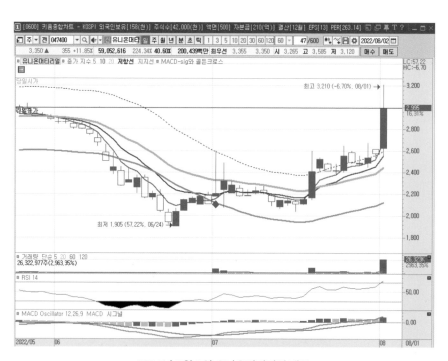

2022년 8월 1일 유니온머티리얼 캔들

2022년 8월 1일 유니온머티리얼(047400)의 일봉입니다. 위꼬리를 단 양봉으로, 24.66%까지 상승했다가 6.7% 하락해서 16.3%의 몸통을 갖고 있는 양봉으로 장을 마쳤습니다. 당연히 VI가 발동되었습니다. 이날은 펠로시 미 하원의장의 대만 방문에 대해 중국이 강하게 반발하면서 희토류 관련 주식에 매수세가 몰렸습니다. 뉴스나 배경정보를 해석하고 활용하는 능력이 있는 분이라면 상관없지만 그렇지 않은 경우라도 '왜 올랐지?'라며 오른 이유에 대해 매매 확신을 얻기 위해 정보를 수집하려 지나치게 애쓰지 마십시오. 그 정보에 발목이 붙들려 자기합리화와 희망 고문으로 주가가 하락해도 종목에서 탈출할 수 없게 되기 때문입니다.

어쨌든 몸통이 굉장히 단단하고, 이를 통해 D+1데이에도 미국과 중국의 갈등이 고조되면서 또 한 번의 상승을 기대하는 사람이 많음을 엿볼 수 있습니다.

시초가가 9.02% 갭 상승해서 시작했습니다. D데이의 최고가가 3,210원이었는데, D+1데이의 시초가가 3,265원입니다. 즉 D데이의 위꼬리에서 떨어져나온 물량까지를 받아서 챙긴 세력이 전날 고점보다 더 높은 가격에서 주가를 출발시킨 것입니다. 달리 말하자면, 팔기 위해 나올 물량도 없고, 보유자들도 팔기보다는 추가 상승을 기다리고 있다고 볼 수 있습니다. 종가 기준 D데이의 16.3%의 상승이 있었으니까 이 몸통에 붙어 있던 매수 보유자들이 D+1데이의 시초가 9.02% 갭 상승에 만족해서 다 매도한다면 그것을 다 받아낼 만큼 큰 매수세가 시초가를 만들지 않았을 경우하락으로 쭉 밀리게 됩니다. 그러나 이 미중 갈등 상황은 8월 2일 하원의장이 대만을 방문하면서 더 고조될 것으로 기대한 사람이 많은 것 같습니다. 시초가에서 시작해서 위로 밀어 올려주는 모습을 보입니다.

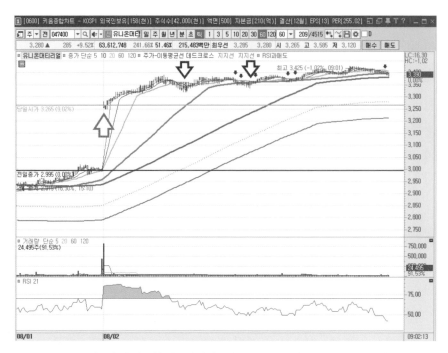

2022년 8월 2일 갭 상승한 시초가에서 9시 2분 12초까지의 주가 흐름. 60틱 차트

초단타 매매는 대단히 집중해서 매매해야 합니다. 1%나 2%의 수익도 감사히 실현하고 나올 수 있어야 하고, 그러기 위해서는 나름의 기준이 있어야 합니다. 지금 이 차트는 9시 2분 13초까지의 60틱 차트입니다. 즉 3분봉 차트상으로는 캔들 하나가 만들어지는 과정에 있는 것입니다. 그 짧은 시간을 쪼개서 매수매도하는 것입니다.

만약 시초가에서 매수를 했는데 하락이 보인다면 현재 펼쳐진 정배열 차트에서 매수 개입할 부분을 찾아서 이평선 근처에서 매도 물량을 받으면서 평균매수가를 조정하여 반등 및 반등 후 상승을 기대하거나(60이평선이 상당히 견조한 상황이므로) 아니면 하락 시작 시 바로 손절매를 해야 합니다.

반면 주가가 상승했을 때는 적절한 수익실현 타이밍을 찾아야 합니다. 예로 보여드린 차트에서는 20이평선과 60이평선을 깨는 모습이 보일 때 매도하는 것이 좋을 것입니다. 2% 전후의 수익률을 장 시작부터 거둘 수 있었습니다. RSI를 참고하십시오. 계속해서 고점이 낮아지고 있기 때문에 상승보다는 하락에 더 높은 확률을 갖고 있습니다.

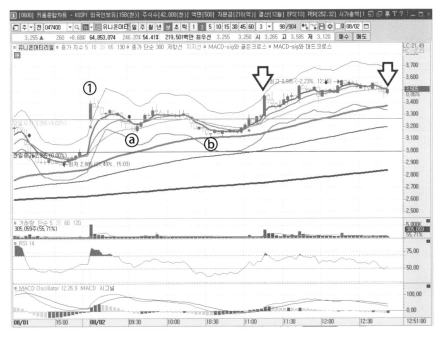

2022년 8월 2일 유니온머티리얼 장 시작에서 12시 53분 59초까지의 주가 흐름. 3분봉 차트

앞의 60틱 차트는 3분봉 차트에서 볼 때 ①의 첫 양봉이 만들어지는 과정이었습니다. 우리는 60틱 차트에서 RSI를 볼 때 고점이 자꾸 낮아지고 120이평선의 지지를 받고 탄력 있게 오르지 않는 모습에서 하락을 예견할 수 있었고, 따라서 시초가 매수 물량을 2% 정도의 수익을 본 다음 모두 처분했습니다. 이제부터는 그다음 매수 타이밍을 찾아야 합니다. 여기서는 3분봉 차트상 20이평선 부분인 ⓐ와 60이평선 부분인 ⓑ에서 매수할 수 있습니다. 60틱 차트를 참고하겠습니다.

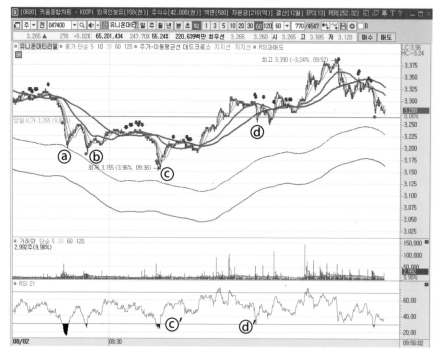

2022년 8월 2일 유니온머티리얼 조정 중 매수 타점. 60틱 차트

3분봉 차트의 20이평선 부분인 ⓐ(앞의 3분봉 차트에서의 ⓐ입니다)는 9시 24분부터 33분 정도까지입니다. 이 시간대의 60틱 차트를 보면 매수할 수 있는 타점들이 나타나는 것을 볼 수 있습니다. ⓐ의 경우 60틱 차트상 120이평선 기준 -3% 엔벨로프 하단 및 RSI 과매도권, ⓑ의 경우 RSI 과매도권 진입 및 -3% 엔벨로프 하단 근처 그리고 ⓒ는 RSI 과매도권 진입 시점입니다.

60틱 차트상의 저점인 ⓐ, ⓑ, ⓒ는 1.1% 정도의 범위 안에 있으며, 각 매수 타점마다 수익을 실현할 수 있는 포인트들이 있음을 차트에서 확인할 수 있습니다. 매수 후 반등 시 60이평선이나 120이평선 근처에서 매도해서 짧은 수익을 가져갈 수도 있습니다. (매수하자마자 +1~2% 수익이 바로바로 나오는 거 보면 얼마나 기분이 좋은데요!) 그런데 이 타이밍에서는 '3분봉 차트에서 20이평선의 지지를 받고 반등할 것인가?'가 가장 큰 관심사이기 때문에, '반등이 일어나는가?' '일어난다면 어디까지 갈 것인가?'를 생각하는 것이 좋은 자세입니다.

결과적으로 20이평선 지지 반등이 시작되어 7% 가까운 상승세를 보여줍니다. 매수자는 그 사이에 적당히 익절 또 익절하면서 다시 보유 비중을 줄일 수 있었을 것입니다.

RSI가 과매수권으로 진입하면 보유 물량 중 일정 정도는 매도하여 수익을 챙기는 것이 초단타 매매의 방식입니다. 그리고 다시 RSI가 과매도권으로 진입하면 재매수를 생각하는 것입니다. 이것을 기계적으로 반복합니다.

그런데 ⓓ'에서 RSI 과매도권 진입 시 주가의 ⓓ지점이 ⓒ보다 높은 지점
에서 형성되었기 때문에 주가는 조금 더 상승할 수 있을 것이라고 판단할
수 있습니다. 그래서 두 번째 RSI 과매수권인 고점까지도 끌고 갈 수 있습
니다. 이렇게 매매에 보조지표를 활용하는 방식은 많은 경험을 통해 체득
되는 것입니다. 이 책에서는 정말 자세히 이야기하고 있습니다. 지금 당장
어려워 보이더라도 차근차근 해보십시오.

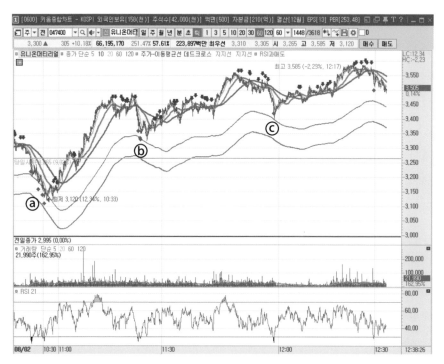

2022년 8월 2일 유니온머티리얼 10시 30분~12시 38분 26초까지의 주가 흐름. 60틱 차트

3분봉 차트 65이평선 근처의 매매 타이밍인 ⓑ에서 60틱 차트의 상황을

연계해서 해석합니다. 옆의 60틱 차트상 ⓐ영역에서 RSI 과매도권 진입과 120이평선 기준 -3% 엔벨로프 하단을 닿는 타점이 반복되어 나옵니다. 60틱 차트로 보니까 RSI 과매도권 진입 마크가 찍히면서 하락이 급한 것 같지만 2% 정도의 하락 폭입니다. 여기서 매수할 수 있었다면 +9% 가까운 상승 과정을 경험할 수 있습니다. 그리고 다시 ⓑ와 ⓒ에서 엔벨로프 하단 터치와 RSI 과매도권 진입을 보고 다시 매수할 수 있었다면 각각 6%, 5%의 수익라인을 탈 수 있습니다.

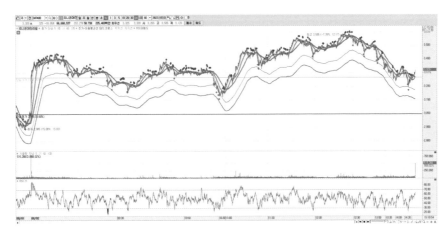

2022년 8월 2일 유니온머티리얼 하루 전체 60틱 차트

2022년 8월 2일의 유니온머티리얼의 하루 전체 60틱 차트입니다. 아무 데서나 매수하지 않고 신호가 명확한 지점에서 매수를 하게 된다면 계속해서 수익을 실현할 수 있는 타이밍을 준다는 사실을 알 수 있습니다.

시가에 매수해서(사실 겁이 나서 용기 있게 하기도 어렵지만) 그대로 놔두었다

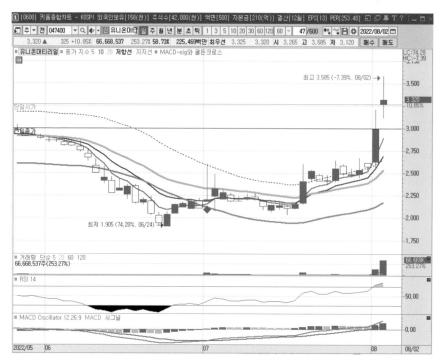

2022년 8월 2일 유니온머티리얼 캔들

면 1% 남짓한 수익으로 끝났을 종목이지만 60틱 차트와 3분봉 차트를
연계하여 초단타 매매를 실행했다면 지속적으로 그 이상의 수익을 낼
수 있는 하루였습니다. D+1데이 매매는 익숙해지면 정말 재밌어집니다.

피엔케이피부임상연구센타 2022년 8월 5일

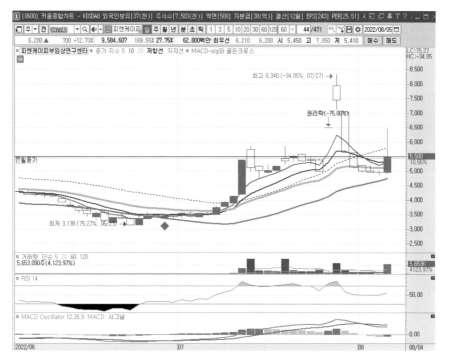

2022년 8월 4일 피엔케이피부임상연구센타 캔들

2022년 8월 4일, 피엔케이피부임상연구센타(347740)는 거의 상한가까지 상승했다가 밀리는 위꼬리 단 양봉이 만들어졌습니다. 일봉의 5이평선과 10이평선을 몸통으로 뚫으면서 종가도 두 이평선 위에 형성이 되었고, 거래량도 전일의 40배나 나왔습니다. 따라서 D+1데이인 8월 5일 장 시작 부분에 매수 개입을 해볼 만한 종목으로 추릴 수 있겠습니다.

이런 종목을 장 시작 근처의 오전장에 매매하게 된다면 D데이의 종가를 기준으로

1 갭 상승으로 시작 시 1차적으로 매수하고 상승하면 추세에 따라 익절. 하락하면 바로 밑 보통 5이평선에서 추가매수 또는 손절. → 갭 상승 시작은 전일 위꼬리로 매도 물량을 소화하고 다시 상승시키기로 했다는 뜻. D데이 장 마감 근처에 60틱 차트나 3분봉 차트에서 추세 확인 시 하락으로 끝나지 않고 들어 올려주는 상황에서 D+1데이 시초가가 갭 상승으로 시작한다면 3분봉 차트에서 5-10-20이평선의 정배열 여부를 확인.

2 D데이 종가 근처에서 시작 시 시초가 매수. 상승하면 추세에 따라 익절. 하락하면 60틱 차트 또는 3분봉 차트상 RSI 과매도권 진입까지 기다렸다가 추가매수. 또는 자신의 기준에 따라 손절.

3 갭 하락으로 시작 시 60틱 차트 또는 3분봉 차트상 RSI 과매도권 진입까지 기다렸다가 매수 후 반등 시 적절한 타이밍에 익절. → D데이의 매도 물량이 아직 소화되지 않은 것이며 추가 매도세까지 받아낸 다음 일정 정도의 반등을 기대할 수 있음.

과 같은 정도의 계획이 있어야 하겠습니다.

무엇보다도 D데이에 거래량이 특별했는데, 매수하면서 주가를 올린 거래량이 매도 총량보다 더 많았습니다. 한번 확인해볼까요.

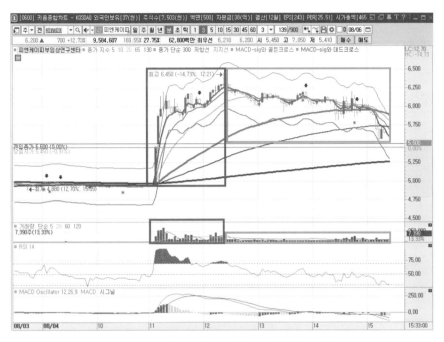

2022년 8월 4일 피엔케이피부임상연구센타 하루 전체 3분봉

빨간색 박스가 상승 고점까지 만들어진 거래량이고, 파란색 박스가 고점 이후 종가까지 하락하면서 만들어진 거래량입니다. 매수하면서 주가를 상승시킨 거래량이 빠져나가지 않았음을 볼 수 있습니다. 개미들은 알 수 없는 무언가의 목적으로 주가를 상승시키면서 거래량을 발생시켰다면, 저 거래량 속에서 물량을 확보한 누군가가 수익을 내기 위해 재차 모종의 상승이 필요함을 짐작할 수 있습니다.

다만, 장 후반에 하락추세를 꺾어 올리지 못하고 주가가 그냥 흘러내리고 말았다는 점이 D+1데이에 추가 하락으로 시작할 수도 있겠다는 생각을 갖게 하지만, 그럴 경우 300이평선 정도에서 매수할 수도 있겠거니 하고 생각하면 됩니다. 이미 RSI는 과매도권으로 들어가고 있기 때문에 D+1데이의 시초가가 하락해서 시작한다면 오히려 반등 그리고 더 나아가서는 상승으로 갈 수 있는 좋은 매수 타점이 될 것입니다.

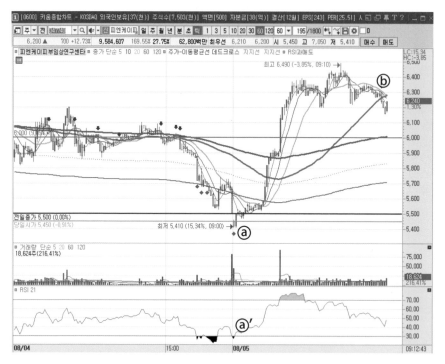

2022년 8월 5일 시초가에서 9시 12분 43초까지의 주가 흐름. 60틱 차트

D데이의 장 마감 근처의 하락세가 D+1데이로 이어져 갭 하락으로 시작하였습니다. 갭 하락이라고 무서워할 것이 아니라 60틱 차트상 RSI 과매도권 진입 시점에서 매수를 해서 오히려 수익을 볼 수 있습니다. 장 초반

의 상승은 당일의 기세를 말해주는 것이기 때문에 평소보다 조금 더 꽉 쥐고 있어도 괜찮습니다. 시초가에서 10시 정도까지의 아침 장 이후에 발생하는 60이평선 아래에서 주가가 반등하는 경우라면 우선 60이평선 근처에서 일정 분량을 익절하지만, 지금과 같은 아침 장에서는 굳이 미리 털 필요는 없을 것입니다.

상승을 즐기다가 60이평선을 깨는 ⓑ지점 정도에서 털 수 있습니다. 그 다음에는 120이평선까지의 하락, 120이평선 기준 −3% 엔벨로프 하단, −5% 엔벨로프 하단, RSI 과매도권 진입 등의 매수 타점을 기다리면서 매수 준비를 하면 될 것입니다.

이 아침 장의 12분간의 상승이 15~17%의 이익을 줍니다.

종목명	구분	발동가격	시가대비등락률	기준가격 동적VI	기준가격 정적VI	괴리율 동적VI	괴리율 정적VI	거래량	발동시간	해지시간	발동횟수
파미셀	정적	13,950	+10.28		12,650		+10.28	9,093,454	09:31:29	09:33:47	1
현대에너지솔	정적	55,600	+10.10		50,500		+10.10	1,025,177	09:30:38	09:33:00	1
캠시스	정적	2,640	+10.00		2,400		+10.00	184,519,206	09:25:53	09:27:59	1
유니온머티리	정적	3,490	+10.09		3,170		+10.09	25,789,222	09:21:44	09:24:08	1
지투파워	정적	52,700	+10.02		47,900		+10.02	1,744,271	09:17:08	09:19:14	1
와토스코리아	정적	7,090	+10.09		6,440		+10.09	1,562,430	09:08:09	09:10:36	1
피엔케이피부	정적	6,000	+10.09		5,450		+10.09	9,584,607	09:07:53	09:10:03	1
에이프로	정적	15,200	+21.12		13,800		+10.14	1,823,199	09:06:53	09:09:05	2
에이프로	정적	13,850	+10.36		12,550		+10.36	1,823,199	09:02:51	09:04:58	1
대동전자	정적	11,850	+10.23		10,750		+10.23	5,066,284	09:01:58	09:04:24	1
아이오케이	정적	840	-0.24		745		+12.75	7,247,522	09:00:26	09:02:39	1
토탈소프트	정적	7,480	+10.00		6,800		+10.00	2,013,494	09:00:24	09:02:47	1
범양건영	정적	5,580	+2.01		5,070		+10.06	12,534,791	09:00:13	09:02:19	1

2022년 8월 5일 피엔케이피부임상연구센터 첫 번째 VI 발동. 오전 9시 7분 53초

심지어 오전 9시 7분 53초에 6,000원으로 첫 번째 VI가 발동합니다. 60틱 차트에서 첫 번째 VI가 발동하면서 만들어진 거래량을 체크하십시오. 이 종목은 그냥 하루 종일 초단타 매매하기에 적합한 종목으로 삼아도 괜찮을 것 같습니다.

60틱 차트를 보면서는 장 초반 매수한 물량을 이익실현했지만, 3분봉 차트는 어떤 상황일까요.

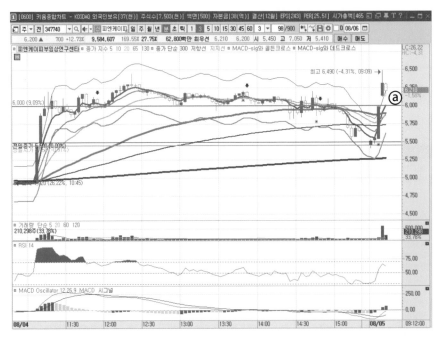

**2022년 8월 5일 피엔케이피부임상연구센타 시초가에서 9시 14분 59초까지의 주가 흐름.
3분봉 차트**

60틱 차트에서는 일단 이익실현을 한 상태에서 오버솔드식 초단타 매매의 규칙에 따라 새로운 매수 타점을 기다리는 중이겠지만, 3분봉 차트에서는 5-10-20이평선의 정배열이 첫 번째 VI를 발동시킨 강력한 장대 양봉으로 만들어진 상태에서 그 간격을 벌리고 있는 중입니다.

이런 급격한 정배열 상승 중의 첫 음봉은 쉽게 말해서 아침 시초가부터의 매수 물량이 수익을 일부 실현하고, 또 어제 상승 후 하락 시 못 빠져나온 사람들이 쫄아든 간으로 작게 털어낸 본절 또는 약간의 익절을 해낸 물량입니다. 살짝궁 조정인 것이죠. 하지만 D데이 상승 시의 거래량 보시고, D+1데이인 오늘 또 상승시키는 거래량 보십시오. 저 가격대에서 만족할 매수세는 아니라고 판단됩니다.

살짝궁 조정으로 인해 음봉이 하나 나올 수 있고 또 하나가 더 나올 수도 있습니다만, 이런 자리가 정확한 해석과 나름의 신념 그리고 경험이 한데 묶여서 새롭게 매수 진입을 준비할 수 있는 자리인 것입니다. 3분봉 차트에서 봤을 때, @지점은 거래량을 폭발시키면서 첫 번째 VI를 발동시킨 가격대와 상승을 주도하는 5이평선이 있기 때문에 매수 진입 포인트로 삼을 수 있습니다.

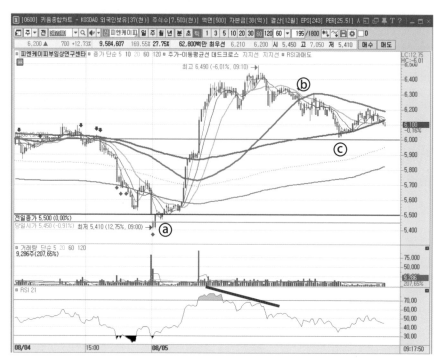

2022년 8월 5일 피엔케이피부임상연구센타 시초가에서 오전 9시 17분 50초까지의
주가 흐름. 60틱 차트

60틱 차트의 60이평선을 깨는 ⓑ지점에서 매도한 것은, 첫 번째 VI 발동
이후 상승을 계속하다 20이평선 근처까지 조정을 받고 재상승하면서 고
점을 갱신했으나 상승의 강도를 보여주는 RSI는 고점이 낮아지는 추세를
보였기 때문이기도 합니다. 다이버전스! 따라서 우리는 일정 폭의 조정이
있을 것이라고 보고 다시 매수하기에 적절한 타점까지 기다립니다. 조정
없이 올라가면 내 것이 아니겠거니~ 하며 그냥 보내주면 됩니다.

ⓒ에서 타점이 나왔습니다. 첫 번째 VI가 발동한 가격대이자 120이평선.

RSI도 120이평선까지의 하락이 진행되는 도중에 과매도권에 진입했다가 바로 튕겨져 나왔습니다. 매수를 준비하던 사람이라면 저 타점에서 매수할 수 있습니다. 첫 번째 VI가 발동한 시점에서의 거래량이 빠져나온 흔적이 없습니다.

60틱 차트에서의 이 모습은 3분봉 차트에서 상승 후 첫 음봉 이후 다음 음봉이 나오는 상황과 같습니다.

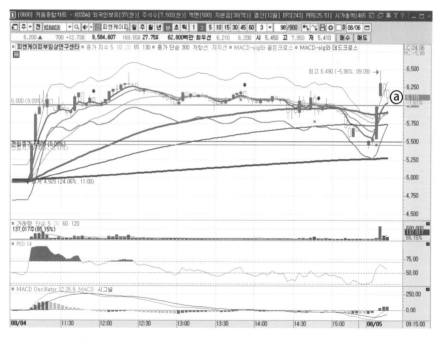

2022년 8월 5일 피엔케이피부임상연구센타 시초가에서 오전 9시 17분 59초까지의
주가 흐름. 3분봉 차트

3분봉 차트상 오전 9시 15분부터 17분 59초에 두 번째 음봉이 만들어지는 것을 확인할 수 있습니다. 매수할까 말까 싶은 마음이 드는 것이 정상입니다. 더 하락할까 봐 겁나기 때문입니다. 그래서 경험을 통해 계속 차트를 보고 움직임을 살펴야 하는 것입니다.

왼쪽 끝을 보시면 어제 상승이 일어나는 상황을 볼 수 있습니다. 상승이 진행되는 가운데 약간의 조정이 나오는 것을 볼 수 있습니다. 3분봉 차트를 보며 매매할 때도 5이평선과 10이평선은 잘 지켜보는 것이 좋습니다. ⓐ지점에서의 매수에는 상승 5이평선과 첫 VI 발동 가격이 있는 지점이라는 판단의 근거가 있습니다. 이 지점에서 1차 매수하고, 추가 하락한다면 10이평선 정도에서 다시 한 번 추가매수할 수 있을 것입니다. 물론 손절을 통해 스스로 위험을 관리하는 것도 틀리지 않은 판단입니다.

2022년 8월 5일 피엔케이피부임상연구센타 시초가에서 오전 9시 29분 55초까지의
주가 흐름. 60틱 차트

ⓒ에서 매수했더니 다시 상승이 펼쳐집니다. 아주 짧게는 반등하면서 만
나는 60이평선 근처에서 매도할 수도 있고(+3% 수익라인), 그렇지 않으면
ⓓ와 같이 60이평선을 깨는 지점에서 수익실현해도 됩니다(+8% 수익라인).

이 과정 속에서도 첫 번째 VI가 발동한 시점의 거래량(갈색 화살표)은 빠져
나오지 않은 것을 볼 수 있습니다. 다만 주가의 고점이 높아지고 있는 반
면 RSI로는 고점이 하락하고 있기 때문에 다이버전스를 체크하며 조심할
뿐입니다.

VI를 발동시킨 매수 거래량이 빠져나오지 않았기 때문에 다시 좀 기다리면서 매수 타점이 허락될 건지 살펴봅니다. RSI 과매도권으로 진입할 것 같은 분위기가 있습니다.

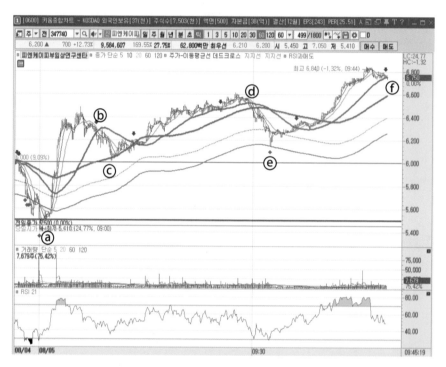

2022년 8월 5일 피엔케이피부임상연구센타 시초가에서 오전 9시 45분 19초까지의 주가 흐름. 60틱 차트

ⓓ에서 매도했는데 ⓔ에서 RSI 과매도권에 진입합니다. 동시에 120이평 선 기준 −5% 엔벨로프 하단도 터치합니다. 그럼 또 매수합니다. 하락한다고 해도 그 아래에는 강력한 거래량으로 지지해주고 있는 첫 VI 발동 가격대가 있습니다. 매수한 다음 반등하기 시작하면 다시 적당한 타이밍

에 자신이 원하는 만큼 수익을 실현하면 되고, 마지막 ⓕ에서는 60이평선을 깨니까 모두 익절하면 되겠습니다.

하락 후 반등은 60이평선 정도에서 익절해도 되고(이 경우에는 +3% 수익라인) ⓕ였다면 +8% 수익라인으로 익절할 수 있었습니다.

여기까지가 9시 45분입니다. 수익 많이 낼 수 있었습니다. 믿기 어려울 수도 있는데, 집중력을 갖고 원칙에 근거해서 매매하면 종목에 따라서는 계속 수익을 줍니다. 이런 틱 차트의 흐름을 3분봉 차트와 연계해서 체크해봅시다.

2022년 8월 5일 시초가에서 9시 44분 59초까지의 주가 흐름. 3분봉 차트

60틱 차트상 ⓓ에서 ⓔ의 하락이 3분봉 차트에서는 ⓑ까지의 하락이었고 다시 반등하는 것을 볼 수 있습니다. 5-10-20이평선의 정배열이 계속해서 유지되고 있습니다. 더 단기적으로도 5이평선과 10이평선의 골든크로스가 계속 유지되고 있습니다.

3분봉 차트에서의 상승 정배열 시 잠시 조정받다가 되돌리면서 상승하는 타이밍을 60틱 차트와 잘 연계해서 보십시오. 의미 있는 매수 타점들을 찾을 수 있습니다.

2022년 8월 5일 피엔케이피부임상연구센타 하루 전체 60틱 차트

10시 전에 매매를 마쳐도 충분한 수익을 거둘 수 있었습니다. D+1데이의 시초가 갭 하락에 겁먹고 종목을 쳐다보지도 않은 매매자와 이론과 원칙으로 무장해서 과감하게 매수 접근한 매매자 사이에는 큰 차이가 있음을 알 수 있는 사례입니다. 장 후반에도 큰 상승이 있었지만 적절하게 매수

매도를 반복하면서 익절하지 않으면 장 후반에 와장창 하락을 맞는다는 것도 볼 수 있습니다.

특히 장 막판의 매도 거래량은 오늘 이 종목을 매매할 때 마음의 큰 버팀목이 되어주었던 첫 VI 발동 시 매수 거래량의 2배 이상이 나왔습니다. 앞으로의 매도세가 어떻게 될지 우리는 알 수 없지만 오버솔드식 초단타 매매를 성실히 구사하는 입장에서는 이미 보유 물량을 모두 익절하고 마음 편한 상태에서 장 막판의 하락을 보고 있어야만 합니다.

범한퓨얼셀 2022년 8월 12일

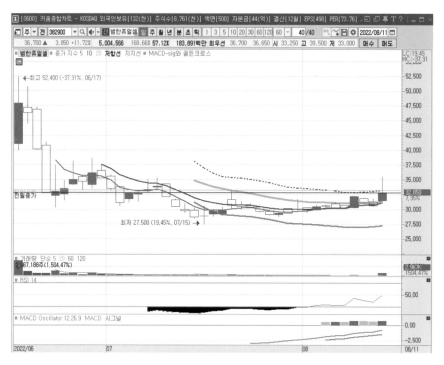

2022년 8월 11일 범한퓨얼셀 캔들

범한퓨얼셀(382900)은 2022년 8월 11일, 고가는 16.1%였으며 종가는 7.35%(32,850원)로 끝났습니다. 일봉 차트상 거래량이 전일 거래량의 15배로 약 300만 주. 종가 기준으로만 계산한다 해도 1000억 원 가까운 거래대금이 몰렸습니다.

8월 11일 D데이의 거래를 3분봉 차트로 자세히 살펴봅니다. 빨간색 박스

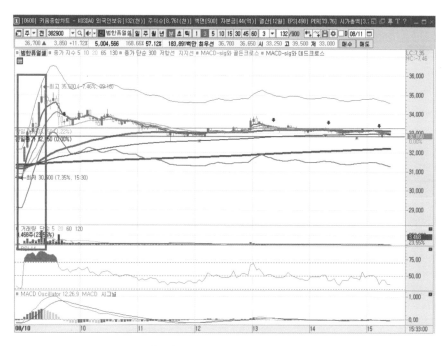

2022년 8월 11일 범한퓨얼셀 하루 전체 3분봉

로 보여지는 상승구간에서의 거래량과 평평하게 하락이 유지되는 구간에서의 매도 거래량을 비교해서 보십시오. 상승구간에서 들어온 돈이 빠져나가지 않았습니다. (세력이 들어온 것이라고 보면 안 나간 것이고, 무언가 특별한 재료로 인해서 개인들이 미친 듯이 들어온 것이라면 못 나간 것이 되겠죠.) 차트 모습이 카운터밸런스의 느낌을 찐하게 풍깁니다.

상승 폭을 다 반납한 것이 아니고, 65이평선 부근에서 가격대가 일정하게 유지되는 것을 보면 개인들이 어쩌고저쩌고하는 상황은 아니라고 판단할 수 있습니다. 따라서 D+1데이인 8월 12일 장 시작부터 매수를 계획해볼

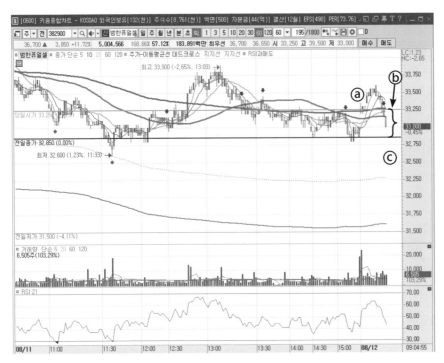

2022년 8월 12일 장 시작에서 9시 4분 55초까지 주가 흐름. 60틱 차트

수 있습니다.

D데이의 VI를 발동시킨 상승 이후 11시부터 장이 끝날 때까지의 가격 흐름을 60틱 차트로 보게 되면 특정 자리를 깨지 않고 버텨줬다는 것을 알수 있습니다. 더 정확하게 말하자면 D데이의 11시 33분 RSI 과매도권 진입 신호에서 반등을 한 다음에는 저가였던 32,600원을 깨지 않고 있습니다. 32,600원~32,850원 사이에 카운터밸런스에 의한 세력의 평균매수가가 자리하고 있나 봅니다.

D+1데이의 장 시작은 ⓐ와 같이 1.22% 갭 상승으로 시작했습니다. 이 종목에 대해서 무언가 상승을 내포한 재료나 기대감이 있기 때문에 어제 장 마감까지의 하락추세가 추가로 이어지지 않은 것입니다. 시초가에서 전일 종가까지의 간격 즉 ⓑ영역은 매수 개입할 수 있는 지점입니다. 여기서 추가 하락이 발생한다면 ⓒ영역 즉 120이평선 기준 -3% 엔벨로프 하단 영역까지는 RSI가 과매도권으로 진입하는 신호와 함께 추가해서 매수해야 하는 지점입니다.

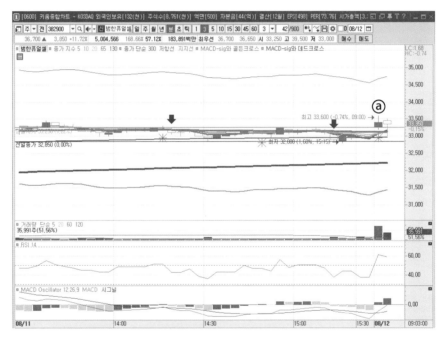

2022년 8월 11일 장 시작에서 9시 5분 59초까지의 주가 흐름. 3분봉 차트.

3분봉 차트에서 봤을 때 D+1데이의 갭 상승은 크지는 않았지만 65이평선 위에서 형성되면서 첫 번째 캔들을 양봉으로 완성시켜줬습니다. 저는 이런 신호를 중요하게 생각합니다. D데이의 3시 이후부터 종가까지의 캔들이 65이평선을 살짝 깨면서 MACD도 시그널선과 데드크로스가 발생했기에 D+1데이의 시가가 하락해서 시작할 가능성이 좀 더 컸다고 생각되었지만(그래서 갭 하락 시 3분봉 RSI 과매도권 진입 매수를 생각했지만) D+1데이의 첫 번째 캔들이 65이평선 위에서 만들어지면서 MACD와 시그널선이 골든크로스를 만들었습니다. 그다음 캔들이 음봉이었지만 60틱 차트로 봤을 때 매수 가능 영역이고, 3분봉 차트에서도 5이평선과 10이평선이 정배열로 만들어지는 것을 볼 수 있습니다.

D데이 매매에서와 같이 VI를 발동시키는 매수세의 돈이 만들어내는 탄력을 이용하는 것이 아니라, 장 초반부터 매수 개입을 하는 D+1데이 매매의 경우에는 시초가부터 급한 상승이 만들어져 매수자를 신나게 만들수도 있지만 한편으로는 시간을 갖고 꾸준히 상승할 수도 있기 때문에 손절선만 잡아놓고 차분하게 지켜보는 것이 좋습니다. 이 경우는 이미 상승이 예비되어 있으므로(5이평선과 10이평선의 골든크로스, MACD와 시그널선의 골든크로스) 손절가를 장 초반에는 D데이의 장 후반 저가 32,000원으로 잡아놓고 그것을 깨지 않는 이상 홀딩을 한다고 마음먹을 수 있습니다.

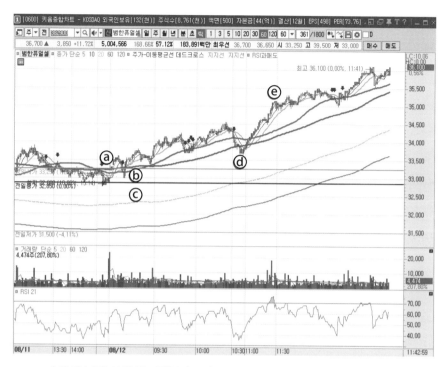

2022년 8월 12일 장 시작부터 11시 42분 59초까지의 주가 흐름. 60틱 차트

용기를 내서 매수했다면 11시 42분 59초 현재까지 지속적인 상승을 통해 빨간 계좌 수익률을 즐길 수 있었을 것입니다. 하지만 이는 결과론적인 이야기이며 각자의 그릇과 실력에 따라 거두는 수익률은 달라지겠죠. 60틱 차트를 매매의 기준으로 삼는다면 60이평선과 120이평선을 깨는 ⓓ 같은 지점에서 일부라도 익절하는 의사결정을 했어야만 합니다. 매수 후 3.6% 정도까지 수익이 나다가 하락하며 1.3% 정도까지 수익률이 좁아들면 당연히 '어, 그냥 본전으로 떨어지는 거 아냐? 오늘 상승은 이게 다인가?' 하는 생각이 들 것입니다. 60틱 차트를 이용한 초단타 매매는 매매자

들의 거래에 즉시 대응하는 기술입니다. ⓓ에서 익절했는데 다시 쭉 상승하는 것을 보고 '아, 미치겠다'라는 생각을 가지면 안 된다는 뜻입니다.

자기의 매도 기준이 RSI의 과매수권 진입이라면 ⓔ에서 익절을 한 번 할수 있을 것입니다. 여기가 매수 후 5% 정도의 수익라인입니다.

60틱 차트의 60이평선과 120이평선 정배열 유지를 매매의 기준으로 살피시는 분이라면 아직 매도 포인트가 안 나온 상태입니다. 이처럼, 시장에 대응하는 기준은 매매자마다 다를 수 있습니다.

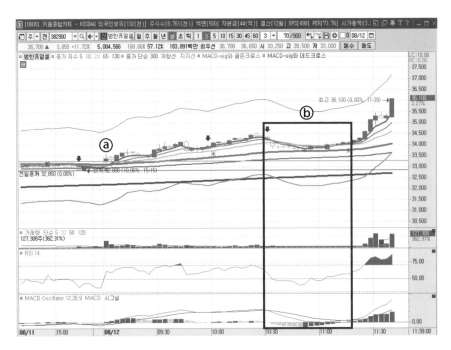

2022년 8월 12일 장 시작에서 11시 41분 59초까지의 주가 흐름. 3분봉 차트

3분봉 차트로 매수 후 대응을 한다고 하면, ⓑ영역 같은 경우의 해석을 연습해서 실전에서 비슷한 모습이 나올 때 대응할 수 있는 힘을 키웁시다. ⓑ영역은 시간상으로는 45분 정도입니다. D데이 매매를 하면서 VI가 발동한 다음의 역동적인 주가 흐름에 익숙해진 초단타 매매자의 입장에서는 정말 길게 느껴지는 시간일 수 있습니다.

3분봉 차트에서 단기 이평선(5이평선, 10이평선, 20이평선)의 정배열이 유지되다가 MACD와 시그널선의 데드크로스 이후의 시간에서, 우리는 65이평선을 깨지 않고 양봉으로 하락에 저항하는 캔들의 모습을 기억해야 합니다. MACD와 시그널선의 데드크로스에서 일부 익절할 수 있을 것입니다. 익절 후 이 종목을 다시 매매한다면, D데이에 주가 상승을 만들었던 거래량이 아직 수익을 실현하기 위해 나오지 않은 상태이므로 그들이 기다리는 추가 상승이 있을 것이라는 생각을 갖고 다시 매수 타점을 찾는 것이 중요할 것입니다.

65이평선을 지지하면서 마침내 MACD는 다시 시그널선과 골든크로스를 만듭니다. 약간의 조정이 끝나고 새로운 흐름으로 들어선 것입니다. 약 45분 정도의 조정을 받으면서 팔 사람은 다 팔았다고 보고 다시 시작하는 것입니다. MACD와 시그널선의 골든크로스가 발생한 가격에서 매수를 한다면 아래에 깔린 65이평선을 손절라인으로 보고 지켜보면 됩니다. 저기서 이미 5-10-20-65이평선의 정배열이 완성됩니다. 그리고 거래량이 붙는 것이 보일 겁니다. 이런 데에서는 쉽게 털리면 안 됩니다. 버텨야 하고 수익을 끝까지 몰고 가야 합니다.

(한편 60틱 차트와 3분봉 차트를 수고스럽게 계속 캡처해서 보여드리는 이유에 주목하시는 분들이 계실 것입니다. 3분봉 차트의 ⓑ영역에서 마음이 흔들리더라도 60틱 차트에서는 60이평선과 120이평선이 정배열을 계속 유지하고 있다는 것을 보면서 홀딩할 수 있는 힘을 가질 수 있음을 알려드리고자 함입니다.)

				기준가격		괴리율					
종목명	구분	발동가격	시가대비등락률	동적VI	정적VI	동적VI	정적VI	거래량	발동시간	해지시간	발동횟수
화성밸브	정적	7,240	+10.03		6,580		+10.03	17,313,109	13:26:54	13:29:07	1
동방	정적	3,345	+10.03		3,040		+10.03	8,784,048	13:05:36	13:07:53	1
태웅로직스	정적	6,370	+20.64		5,790		+10.02	34,110,847	12:58:55	13:01:14	2
제노포커스	정적	7,040	+10.00		6,400		+10.00	5,645,428	12:45:50	12:48:07	1
신진에스엠	정적	5,210	+25.39		4,730		+10.15	9,136,292	12:38:15	12:40:26	2
범한퓨얼셀	정적	36,600	+10.08		33,250		+10.08	5,004,566	11:43:35	11:46:00	1
신진에스엠	정적	4,575	+10.11		4,155		+10.11	9,136,292	11:19:14	11:21:38	1
태웅로직스	정적	5,810	+10.04		5,280		+10.04	34,110,847	10:21:43	10:23:49	1
바이오니아	정적	36,800	+10.01		33,450		+10.01	2,731,774	10:17:27	10:19:36	1
박셀바이오	정적	81,800	+10.09		74,300		+10.09	8,222,139	10:06:29	10:08:30	1
영창케미칼	정적	15,600	+10.25		14,150		+10.25	4,934,525	09:46:41	09:48:58	1
넥스트칩	정적	12,200	+10.41		11,050		+10.41	2,005,579	09:44:53	09:47:01	1
현대바이오랜	정적	16,700	+10.23		15,150		+10.23	4,799,469	09:36:03	09:38:14	1

2022년 8월 12일 범한퓨얼셀 첫 번째 VI 발동. 오전 11시 43분 35초.

오전 11시 43분 35초, 첫 번째 VI가 발동합니다. 이제부터는 게임이 달라집니다. VI가 발동했기 때문에 다시 D데이 매매처럼 지금까지와는 달리 더 민감하게 매매해야 합니다.

첫 번째 VI가 발동하는 시점의 60틱 차트의 모습입니다.

2022년 8월 12일 범한퓨얼셀 첫 번째 VI 발동. 11시 43분 34초. 60틱 차트

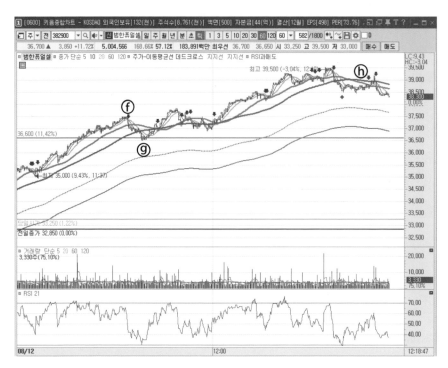

2022년 8월 12일 첫 번째 VI부터 오후 12시 18분 47초까지의 주가 흐름. 60틱 차트.

VI가 발동한 이후의 주가 흐름을 60틱 차트로 살펴봅니다. 60이평선을 깨는 ⓕ에서는 수익을 실현해야 합니다. 12% 정도의 수익라인입니다. 즉 시초가 부근에서 매수 진입을 했다면 시초가에서 VI가 발동한 11%까지의 상승 중에 익절을 계속해서 실행했어야만 합니다. VI가 발동했다는 말은 시장 매수세가 몰렸다는 뜻이고, 그 몰려드는 매수세에 세력이나 이전 매수자들이 보유 물량을 털어버릴 수 있습니다. 따라서 일차적으로는 수익을 실현하고, 기존의 보유자들과 VI 발동 이후 매수자들의 동향을 보고 재매수를 할 타점을 찾는 것이 현명합니다. D데이 매매에서 많이 공부한 것 아닙니까?

ⓖ까지 하락을 하지요. 여기서 우리는 첫 번째 VI 가격대의 지지와 RSI 과매도권 진입을 보게 됩니다. 매수할 수 있는 포인트고요, 그다음에는 공부해온 테크닉으로 매매하는 것입니다. ⓖ에서 매수한 물량을 ⓕ의 고점을 전고점으로 보고 RSI 과매수권으로 진입하는 것까지 판단을 더해 이익을 실현할 수도 있고, 첫 번째 VI 가격대를 손절선으로 삼고 버틸 수도 있습니다.

하지만 ⓗ지점 즉 RSI 과매도권 진입 이후 60이평선과 120이평선까지 반등하는 영역에서는 보유 물량을 남기지 않는 것이 좋습니다. 전체적인 상승 흐름을 만들어주던 60틱 차트의 60이평선과 120이평선의 데드크로스가 눈에 명확히 들어올 정도로 만들어졌기 때문입니다. 그리고 RSI의 고점이 계속 낮아지고 있죠.

여기까지 첫 번째 VI에서부터 약 7%의 수익라인이 만들어집니다.

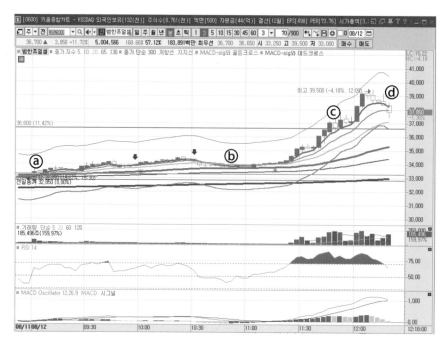

2022년 8월 12일 첫 번째 VI부터 12시 20분 59초까지의 주가 흐름. 3분봉 차트

60틱 차트는 그 횟수와 흐름에 의해 바라보고 있는 사람을 조급하게 만듭니다. 따라서 시간축이 기준인 3분봉 차트와 연계하여 매매하는 방법을 계속해서 설명해드리고 있습니다. 3분봉 차트상 첫 번째 VI가 발동한 이후 ⓒ에서 5이평선과 첫 VI 가격이 깨지지 않고 지지되면서 5이평선을 계속 유지해가는 것을 볼 수 있습니다. 그리고 고점을 만든 이후 ⓓ까지 하락을 하지요? 5이평선의 지지에 기대어 온 것이기 때문에 ⓓ의 직전 캔들에서 5이평선이 깨진 것을 보고 바로 익절할 수 있지만 미처 못했다면 5이평선과 10이평선을 동시에 몸통으로 깨는 ⓓ에서는 다 매도해야 합니다.

그리고 우리는 이제 VI 발동 이후 만들어지는 음봉에서 거래량이 제법 굵직굵직하게 붙는 것을 확인할 수 있습니다. 누군가는 수익을 야무지게 실현하고 있는 중이라는 말입니다. MACD와 시그널선의 데드크로스가 눈앞에 와 있습니다.

일단 이 종목에 대해서는 여기서 매매를 마쳤습니다.

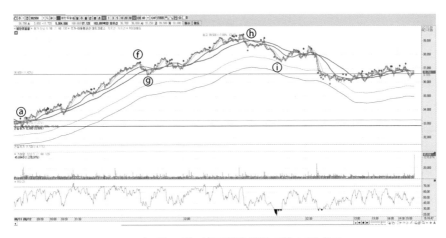

2022년 8월 12일 범한퓨얼셀 하루 전체 60틱 차트

범한퓨얼셀의 하루 전체 60틱 차트입니다. ⓗ에서 거래를 마쳤다고는 해도 ⓘ와 같이 RSI 과매도권으로 진입한 시점에서 초단타 매매로 한 번 더 수익을 볼 수 있는 기회도 있었네요. 60틱 차트를 보시면 상승이 쭉 이어지다가 60이평선과 120이평선의 데드크로스가 발생한 이후에는 이평선이 하향으로 계속 이어지는 것을 볼 수 있습니다.

우리바이오 2022년 8월 12일

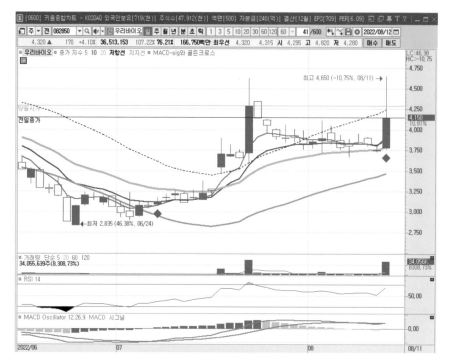

2022년 8월 11일 우리바이오 캔들

2022년 8월 11일, 우리바이오(082850)는 고가 24.17%, 종가 10.81%의 위꼬리 양봉을 일봉 차트상 5이평선 위에 만들어놓았습니다. 거래량은 전일 대비 83배나 발생했습니다. 일봉 차트에서 큰 거래량이 발생한 두 장대양봉을 보십시오. D+1데이 매매에 적절한 종목인지는 위꼬리를 만든 매도 물량의 성격을 살펴본 다음 결정합니다. 세력이 보유하던 물량을 개미한테 떠넘긴 것이면 곤란하니까요. 3분봉 차트를 확인합니다.

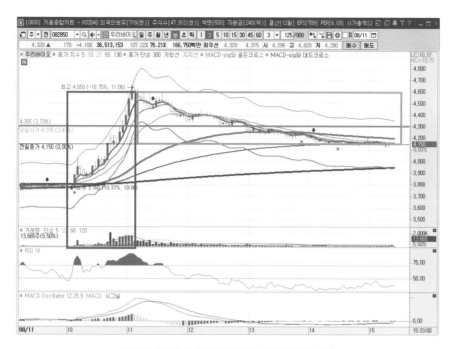

2022년 8월 11일 우리바이오 하루 전체 3분봉

3분봉 차트상 빨간색 박스에서 볼 수 있는 상승 시 매수 거래량이 파란색 박스에서 볼 수 있는 하락하면서 만들어진 거래량보다 훨씬 많습니다. 8월 11일의 급격한 상승을 만든 거래량의 주인이 집단적인 움직임을 보인 개미들인지 아니면 특정 의도를 갖고 있는 세력인지는 알 수 없지만 최소한 이익을 실현하고 이 종목을 떠나지는 않았으며, 이 종목에 아직 남아 있는 상태라고 볼 수 있습니다.

주가 하락의 흐름이 3분봉 차트상 65이평선 근처에서 유지되었으면 더 좋았겠지만 일단 65이평선은 깨고 130이평선 근처에서 멈췄습니다.

간단히 말해, D+1데이에 시초가가 저 65이평선을 넘어선 갭 상승으로 시작한다면 이동평균선들을 위로 꺾어 올리면서 정배열을 만들게 되니 시초가부터 공략해볼 만한 좋은 종목이 됩니다.

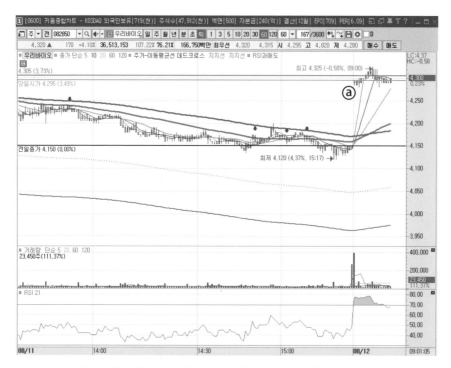

2022년 8월 12일 우리바이오 시초가에서 9시 1분 5초까지의 주가 흐름. 60틱 차트

D+1데이인 8월 12일 시초가는 전일 종가 대비 +3.49% 갭 상승하여 시작했습니다(ⓐ). 시초가부터 1차 매수해도 큰 문제가 없을 것 같습니다. 1차 매수한 후 하락한다고 해도 120이평선 정도에서 추가매수한다고 생각하면 됩니다. 이 시초가가 60틱 차트의 120이평선을 3.5%나 위에서 시작했

다는 말은 120개의 캔들이 만들어지는 동안 7,200번의 거래에 참여했던 거래자들의 평균가격보다 3.5%나 더 가격을 쳐주고라도 사고 싶은 사람들이 있다는 말입니다. 분명 이들은 오늘의 장을 지켜줄 군대가 될 것입니다.

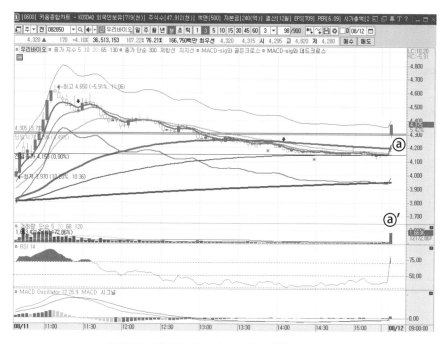

2022년 8월 12일 우리바이오 첫 3분봉. 3분봉 차트

D+1데이의 첫 캔들은 시초가를 지켜낸 양봉이며, ⓐ에서 볼 수 있는 것처럼 3분봉 차트상 65이평선 위에서 주가가 형성되면서 다시금 5-10-20 이평선을 위로 끌어당기며 정배열을 만들어줍니다. ⓐ'에서 볼 수 있는 것처럼 거래량 자체가 D데이의 장 초반 상승 때 3분봉 하나에 붙여주던 정도의 거래량이 붙었습니다.

3분봉 차트가 정배열을 만들고, 거래량이 붙어서 첫 양봉을 유지해주고, MACD-시그널선은 전일의 미약했던 골든크로스의 간격을 넓히고자 하고 있습니다. 시초가에 자신이 어느 정도의 비중을 갖고 들어오는지는 상관없습니다만 일단은 이평선을 붙들고 어제와 같은 상승을 기대해봐도 좋을 것 같습니다.

종목명	구분	발동가격	시가대비등락률	기준가격 동적VI	기준가격 정적VI	괴리율 동적VI	괴리율 정적VI	거래량	발동시간	해지시간	발동횟수
제노포커스	정적	7,040	+10.00		6,400		+10.00	5,645,428	12:45:50	12:48:07	1
신진에스엠	정적	5,210	+25.39		4,730		+10.15	9,136,292	12:38:15	12:40:26	2
범한퓨얼셀	정적	36,600	+10.08		33,250		+10.08	5,004,566	11:43:35	11:46:00	1
신진에스엠	정적	4,575	+10.11		4,155		+10.11	9,136,292	11:19:14	11:21:38	1
태웅로직스	정적	5,810	+10.04		5,280		+10.04	34,110,847	10:21:43	10:23:49	1
바이오니아	정적	36,800	+10.01		33,450		+10.01	2,731,774	10:17:27	10:19:36	1
박셀바이오	정적	81,800	+10.09		74,300		+10.09	8,222,139	10:06:29	10:08:30	1
영창케미칼	정적	15,600	+10.25		14,150		+10.25	4,934,525	09:46:41	09:48:58	1
넥스트칩	정적	12,200	+10.41		11,050		+10.41	2,005,579	09:44:53	09:47:01	1
현대바이오랜	정적	16,700	+10.23		15,150		+10.23	4,799,469	09:36:03	09:38:14	1
우리바이오	정적	4,725	+10.01		4,295		+10.01	36,513,153	09:30:01	09:32:21	1
에이치와이티	정적	20,150	+22.87		18,300		+10.11	14,498,031	09:28:28	09:30:46	2
정원엔시스	정적	2,475	+10.00		2,250		+10.00	6,326,001	09:16:52	09:19:02	1

2022년 8월 12일 우리바이오 첫 번째 VI 발동. 오전 9시 30분 1초

시초가 1차 매수 이후 60틱 차트상 몇 차례의 추가매수 타점을 만들면서 상승을 계속하여 오전 09시 30분 01초, 첫 번째 VI가 발동합니다. 여기서부터는 D+1데이 시초가 매매가 아니라 D데이 매매로 성격이 바뀌게 되며, 따라서 더 민감하게 대응해야만 할 것입니다.

2022년 8월 12일 우리바이오 첫 번째 VI 발동. 오전 9시 30분 00초. 60틱 차트

시초가에서 시작하여 첫 번째 VI가 발동할 때까지의 60틱 차트입니다. 30분 만에 10%의 수익을 확보하는 상승라인을 타고 온 것입니다. D+1데이 매매는 매수는 60틱 차트를 기준으로 하되 매도는 전체적인 흐름을 보고 하는 것이 좋습니다. D+1데이 매매는 D데이에 첫 번째 VI를 만들어낸 주체가 만족할 만한 수익을 거둘 때까지 주가를 상승시킬 것이라는 전제에서 출발한 매매기술이기 때문입니다. 따라서 D+1데이 시초가 매매를 할 경우에는 3분봉 차트를 잘 체크하는 것이 좋습니다.

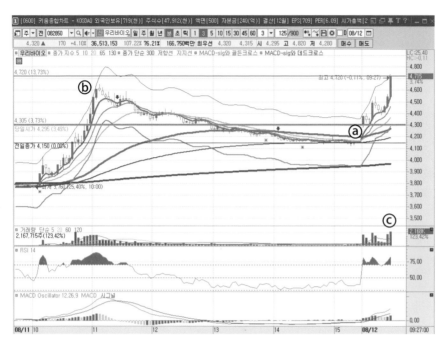

2022년 8월 12일 우리바이오 첫 번째 VI 발동 캔들. 오전 9시 29분 59초. 3분봉 차트

3분봉 차트상 65이평선을 갭으로 뛰어넘으며 이평선 정배열을 만든 ⓐ에서 시작한 주가는 5이평선과 10이평선의 정배열을 유지하는 강한 상승 흐름을 만들어가고 있습니다. 매도하고 싶어서 손이 근질근질하겠지만 D+1데이 매매에서는 매수 이후 시간을 좀 더 두면서 수익률을 높이는 훈련을 할 필요가 있습니다.

특히 첫 VI가 발동하는 시점에서는 전일 전고점인 ⓑ를 ⓒ와 같이 거래량을 실으며 돌파하는 모습을 보이고 있습니다. 3분봉 차트상 5이평선을 깨는 음봉이 나오기 전까지는 휘파람을 불면서 지켜봐도 될 것입니다.

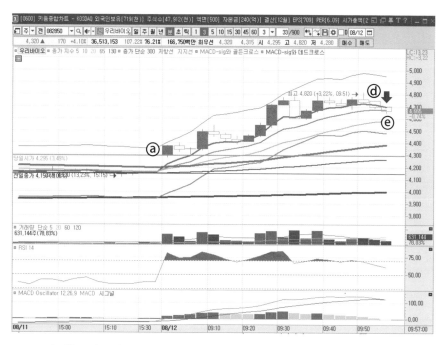

2022년 8월 12일 우리바이오 첫 번째 VI부터 9시 59분 59초까지의 주가 흐름. 3분봉 차트

3분봉 차트상 5이평선을 붙잡고 가던 상승이 ⓓ에서 5이평선을 깨는 음봉이 나오면서 덜컥거립니다. 시초가부터 익절을 반복하면서 남은 물량이 있다면 여기서 뒤돌아보지 않고 모두 매도합니다. 이미 RSI 과매수권에서 상승이 유지되던 흐름은 충분히 누렸으며, RSI 과매수권에서 이탈한 상태로 추가 상승보다는 하락이 시작될 것이라고 보는 것이 좋습니다. 최종 수익실현을 위한 매도 타점에 대한 판단이 늦었더라도 MACD-시그널선의 데드크로스가 발생한 지점인 ⓔ에서는 매도하여 보유하고 있던 모든 물량을 수익실현합니다. 시초가부터 시작해서 8~11%의 수익라인 위에서 편안한 매매를 할 수 있었습니다.

박셀바이오 2022년 8월 16일

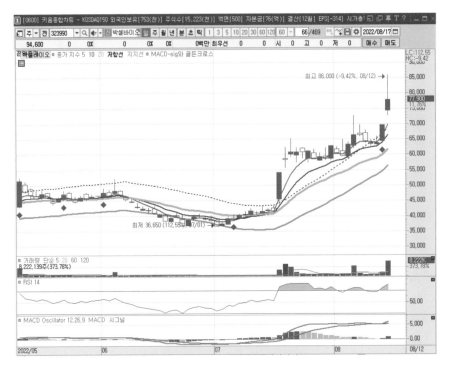

2022년 8월 12일 박셀바이오 캔들

2022년 8월 12일 박셀바이오(323990)의 일봉입니다. 일봉 차트상 5이평선 위에서 강한 상승을 거래량과 함께 만들어낸 후 조정을 받아 위꼬리를 만들었습니다. 시가가 5이평선 근처에서 시작해서 만들어진 위꼬리 양봉은 D+1데이 매매를 할 때 주가가 하락해도 5이평선의 지지가 있을 것이라고 생각되어 부담이 좀 적습니다만, 이렇게 위꼬리를 만든 양봉의 종가와 5이평선의 이격이 많이 떨어지면 D+1데이 매매를 할 때 다소 부담스럽게 느껴질 수 있습니다.

D+1데이에 시초가부터 매수하여 매매하고자 한다면 조금 더 주의를 기울여야 할 것입니다. 오히려 갭 하락으로 시작해서 일봉상 5이평선의 지지를 받는 매매를 하면 손쉬울 텐데 갭 상승이나 D데이의 종가 근처에서 시작하면 익절을 위해 쏟아지는 물량이나, 상승 여력이 소멸된 것으로 간주하고 나오는 실망 매물에 대해 좀 조심해야 합니다.

추가 상승의 재료를 알고 있는 세력이라면 물량에 욕심이 날 수밖에 없고, 이를 위해서는 기존 보유 물량을 이용해서 시초가에 갭 하락이 나오도록 누르기를 합니다. 시초가가 갭 하락하여 시작한다고 생각하는 기존 보유자들이 조금이라도 수익을 건지고자 시초가에 던지는 매물을 받아 챙기고 주가를 올리는 것입니다. 그래서 이런 그림에서는 갭 하락으로 시작할 때가 매수 기회가 될 수 있습니다.

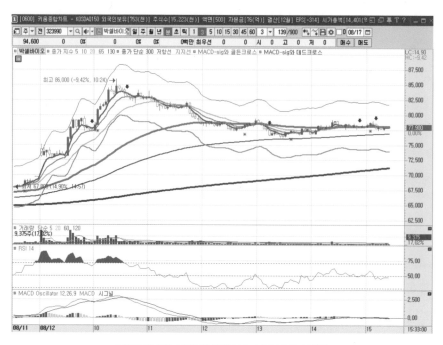

2022년 8월 12일 박셀바이오 하루 전체 3분봉

8월 12일의 3분봉 차트를 통해서 거래량을 살펴보면, 상승시키면서 매수한 물량이 위꼬리를 만드는 하락 과정에서 빠져나간 것으로 보이지 않습니다. 3분봉 차트상 65이평선과 130이평선을 잘 지켜주고 있습니다. D+1데이에 갭 상승으로 시작할 경우, 하락을 하더라도 이 두 이평선은 중요한 지지라인이 될 것으로 생각됩니다.

오히려 차트 모양상으로는 갭 상승으로 시작하면 5-10-20이평선이 정배열을 만들며 위로 꺾이면서 재차 상승할 가능성이 높아 보입니다.

2022년 8월 16일 시초가에서 9시 4분 56초까지 주가 흐름. 60틱 차트

+0.9% 상승으로 장이 시작되었습니다(ⓐ). '갭이라고 하기엔 좀 그렇지 않아?'라고 할 수도 있지만, 60틱 차트상 D데이의 종가 무렵에 60이평선과 120이평선을 모두 하회하는 하락추세가 D+1데이에도 이어질 수도 있는데, 시가에서 D데이의 하락의 기세를 작게나마 반대방향으로 꺾어 올릴 정도로 대기 매수세가 존재한다는 뜻이므로 오전장에 매수 타이밍을 보며 매수를 진행해나갈 필요가 있습니다.

시초가에 일정 비중을 바로 매수할 수도 있지만 전일 종가와 시초가를 의

미 있는 구간으로 보고 여기를 크게 이탈하지 않는 이상 조금씩 분할매수
해 나가면 되겠습니다.

2022년 8월 16일 시초가에서 9시 29분 23초까지의 주가 흐름. 60틱 차트

ⓐ의 시초가부터 시작해서 D데이의 종가 사이에 만들어진 잠시의 눌림목
에서 매수한 물량이 본격적으로 상승을 시작합니다. 60틱 차트의 60이평
선과 120이평선이 골든크로스를 만들면서 상승추세를 유지합니다. 주가
가 60이평선을 깰 때나 120이평선을 깰 때는 적당량을 익절해가는 습관
을 들이는 것이 좋습니다. ⓐ에서 120이평선을 깨는 ⓑ까지가 3.4% 정도

의 수익라인입니다. ⓑ에서 모두 매도하지 않았다 해도 다시 120이평선을 깨는 ⓒ에서는 매도해줘야 합니다. ⓒ지점 이후 결과론적으로는 상승을 했지만 ⓒ에서 아침 장의 상승을 끝내고 하락할 수도 있다고 생각하시는 게 맞습니다. 오히려 ⓒ에서 매도하여 몸을 가볍게 만든 다음 다시 적절한 매수 타점을 기다리는 것이 바람직합니다.

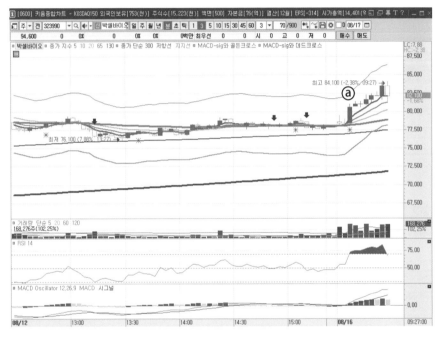

2022년 8월 16일 시초가에서 9시 29분 59초까지의 주가 흐름. 3분봉 차트

3분봉 차트에서 봤을 때 시초가부터 첫 6분간 작은 음봉 2개가 만들어지지만 65이평선을 깨지 않고 버티는 것을 볼 수 있습니다. 그리고 ⓐ와 같이 양봉이 나오는데 이 양봉이 비교적 길게 나오면서 기다리던 5-10-20

이평선의 정배열을 만들어줍니다. 정배열이 만들어지면 최소한 5이평선과 10이평선의 골든크로스는 깨질 때까지 지켜봐도 되는 라인입니다. 60틱 차트로는 매도할 수 있어도 3분봉 차트로는 기다릴 수 있다… 이런 말입니다.

또한 MACD도 ⓐ에서 시그널선과 골든크로스가 나왔죠. 새 추세가 만들어진 것입니다.

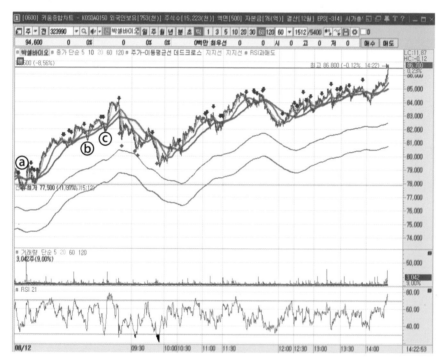

2022년 8월 16일 시초가에서 14시 22분 53초까지의 주가 흐름. 60틱 차트

60틱 차트로 볼 때 ⓒ에서 매도한 이후에도 잘 지켜보면 여러 차례 매수 후 익절 기회를 주는 것을 볼 수 있습니다. D+1데이 매매이지만 14시 20분 49초에 첫 번째 VI가 발동합니다. 옆의 60틱 차트는 14시 22분 52초에 거래가 재개된 당시의 모습입니다. 첫 번째 VI를 발동시키는 시점까지 급하게 주가를 끌어올리며 거래량이 많이 붙은 것을 확인할 수 있습니다.

이미 오전장에 D데이 장 마감 이후 걱정했던 일봉 차트상 5이평선과의 이격도 과대로 인해 '조정이 한번 오지 않을까?' 하던 걱정은 사라졌습니다. ⓒ에서 익절 실현 후 이어지던 하락도 시초가를 깨지 않은 양봉 상태로 마무리되고 반등했기 때문에 '상승 지속이구나'라고 판단해도 무방합니다. 흔히들 위꼬리가 나오면 '위꼬리를 채우러 간다'라고 하는데, 그 전후 사정이 바로 D+1데이의 위꼬리 매매에서 설명되는 것입니다. VI가 발동했습니다. 따라서 이 시점부터는 다시 D데이 매매가 되며, 더 민감하고 긴장된 상태에서 매매해야 할 것입니다.

종목명	구분	발동가격	시가대비등락률	기준가격 동적VI	기준가격 정적VI	괴리율 동적VI	괴리율 정적VI	발동시간	해지시간	발동횟수
엘티씨	정적	9,850	+10.06		8,950		+10.06	15:09:20	15:11:29	1
에스텍파마	정적	10,050	+10.44		9,100		+10.44	15:03:36	15:05:48	1
보로노이	정적	45,400	+10.06		41,250		+10.06	14:53:54	14:56:14	1
디케이앤디	정적	3,490	+10.09		3,170		+10.09	14:35:31	14:37:49	1
박셀바이오	정적	86,500	+10.05		78,600		+10.05	14:20:49	14:22:52	1
소프트캠프	정적	2,130	+19.33		1,935		+10.08	14:19:58	14:22:25	2
피코그램	정적	76,400	+33.57		69,400		+10.09	14:12:03	14:14:26	3
웹스	정적	4,310	+10.09		3,915		+10.09	14:09:32	14:11:39	1
지니뮤직	정적	4,915	+10.08		4,465		+10.08	14:00:06	14:02:14	1
이씨에스	정적	5,200	+23.22		4,725		+10.05	13:56:49	13:58:59	2
링네트	정적	5,590	+10.04		5,080		+10.04	13:50:17	13:52:18	1
파인디지털	정적	6,470	+10.03		5,880		+10.03	13:45:52	13:48:13	1
우리이앤엘	정적	1,520	+10.14		1,380		+10.14	13:42:50	13:45:05	1

2022년 8월 12일 박셀바이오 첫 번째 VI 발동 오후 14시 20분 49초

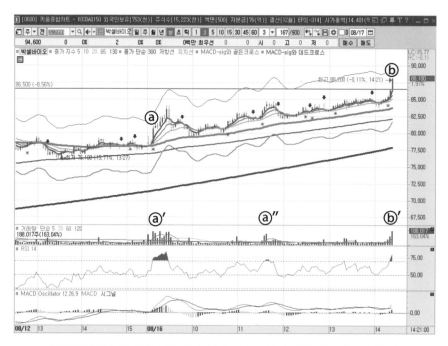

2022년 8월 16일 오후 14시 21분 00초~23분 59초 캔들. 첫 번째 VI 발동 및 거래 재개 시 모습. 3분봉 차트

ⓐ에서 단기 이평선의 정배열을 만든 이후 65이평선을 깨지 않고 주가가 천천히 상승을 지속하다가 ⓑ에서 거래량이 붙으면서 첫 번째 VI가 발동 되었습니다. 장 초반에 매수한 물량은 이렇게 65이평선이나 130이평선과 같은 장기 이평선을 보면서 수익을 끌고 갈 수도 있습니다. D데이 매매보 다 D+1데이 매매에서 더 큰 수익을 낼 수 있는 이유이기도 합니다. D데 이 매매는 60틱 차트를 중요하게 이용하는데, 이는 3분봉 차트상 5이평선 과 10이평선 위에서 발생하는 급격한 상승을 이용하여 수익을 내는 것입 니다. D+1데이 매매의 접근으로 시초가부터 넉넉한 기분으로 매매를 해

왔다면 VI가 발동하면서 분위기가 바뀐 ⓑ부터는 눈을 빤짝여야 합니다.

장중 거래량을 살피는 방법을 알 수 있는 좋은 사례이기도 하네요. 주가가 고점을 높일 때마다 ⓐ′, ⓐ″와 같이 거래량이 붙고 있습니다. VI가 발동한 ⓑ지점에서도 ⓑ′와 같이 거래량이 붙습니다. '이 정도 상승이면 충분해'라면 VI 근처에서 수익을 실현하는 매도 거래량이 발생할 텐데 계속 위로 쳐올리는 매수 거래량이 붙고 있습니다. 공격적으로 D데이 매매를 해도 괜찮다는 신호로 받아들일 수 있습니다.

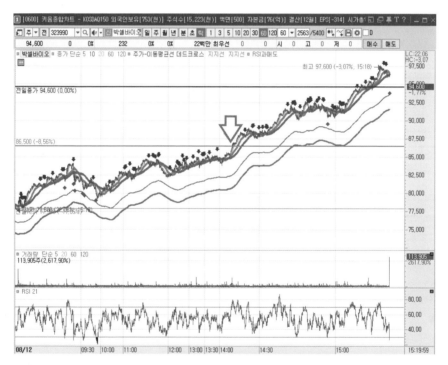

2022년 8월 16일 첫 VI 발동부터 장 마감 동시호가까지 주가 흐름. 60틱 차트.

갈색 화살표로 보이는 첫 번째 VI 발동 가격 이후로 주가는 계속 상승합니다. 수익을 많이 낼 수 있었습니다. 첫 번째 VI 발동 이후 상승 중 2시 50분 근처에 RSI 과매도권으로 들어가는 지점이 하나 있었습니다. 이런 타점에서도 들어가서 수익을 낼 수 있다는 것이 오버솔드식 초단타 매매의 매력입니다.

한편, 종가를 만들 때 하락 거래량이 굉장히 크게 나온 것이 눈에 띕니다.

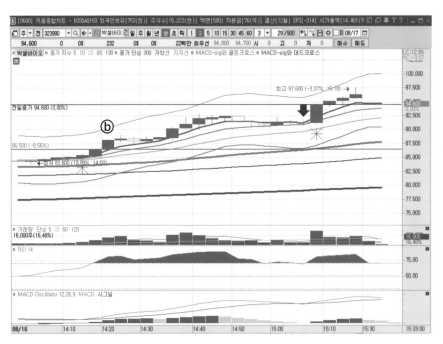

2022년 8월 16일 첫 번째 VI 발동에서 장 마감까지 주가 흐름. 3분봉 차트

3분봉 차트상 첫 번째 VI가 발동한 ⓑ 이후의 주가의 흐름입니다. 단기 상

승 이평선인 5이평선과 10이평선의 정배열이 계속 유지되고 있습니다. 상승 중 나온 음봉 3개가 바로 60틱 차트상 RSI 과매도권으로 진입하는 지점입니다.

이 음봉 3개가 만들어진 이후 양봉이 하나 나오기는 했지만 시원한 상승이 안 나오는 상태에서 5이평선과 10이평선이 가까워지고 있습니다. 사실 18분 정도의 시간인데 물량을 보유하고 있는 매매자의 입장에서는 정말 머리가 간질간질해지는 느낌을 받는 구간입니다. 사실 보유 물량을 모두 매도하고 매매를 마감해도 괜찮습니다. 이런 구간은 정말 매매자의 성향에 따라 대응하면 됩니다.

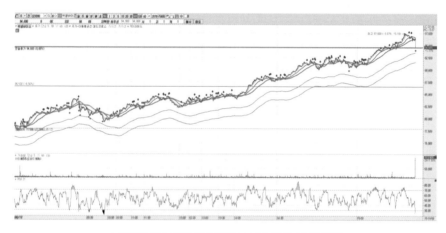

2022년 8월 16일 박셀바이오 하루 전체 60틱 차트

D데이 상한가 이후 D+1데이 매매

D데이에 상한가로 마무리한 종목은 D+1데이 매매 종목으로 삼고 시초가부터 매수 개입을 함으로써 초단타 매매를 통해 빠르게 수익을 만들기 좋습니다. 상한가를 완성했다는 말은 세력이 당일 나올 수 있는 모든 매도 물량을 다 사버렸다는 말과 다름없습니다. 세력은 이 상한가를 기준으로 몇 가지 계획을 세우겠지만, 본질적으로는 주가를 우상향시키게 될 것입니다.

상한가를 기준으로 한 D+1데이 매매를 하기 위해서는 상한가를 만든 D데이에 발생한 옆의 그림과 같은 중요 지점들을 미리 이해해놓는 것이 좋습니다.

상한가는 전일 종가 대비 +30% 상승지점입니다. 따라서 시초가가 전일 종가 대비 10% 이상에서 시작하지 않는 이상 두 번의 VI 발동이 있을 것임을 이해할 수 있습니다.

- 첫 번째 VI까지의 추정 세력 평균매수가 = (시가+첫 VI 가격) ÷ 2
- 상한가를 만든 추정 세력 평균매수가 = (시가+상한가) ÷ 2

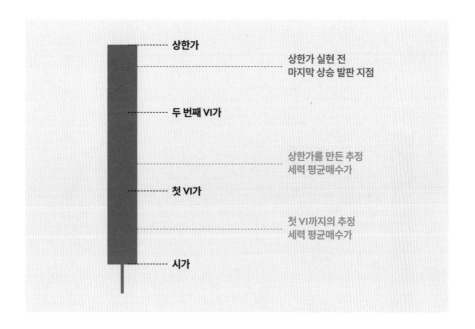

로 계산하여 차트에 선을 그어놓으면 매매에 참고가 됩니다.

한편 '상한가 실현 전 마지막 상승 발판 지점'이라는 가격은 상한가까지 상
승할 때 마지막으로 발생한 상승파동이 시작되는 점을 말합니다. 이후의
사례를 통해 이해하실 수 있을 것입니다.

위의 일러스트는 대단히 단순합니다만, 제대로 이해하고 있는 매매자를
만나는 것은 쉽지 않은 일입니다. 상한가를 만드는 날의 대부분의 캔들의
모습은 시가를 갭 상승으로 띄워놓고 상승시키는 장대 양봉인데, 그 과정
에서 아래꼬리가 있을 수도 있어 일러스트에 포함시켰습니다.

이 상한가 일봉 캔들은 전형적으로 다음과 같은 주가의 흐름을 보여주게
됩니다.

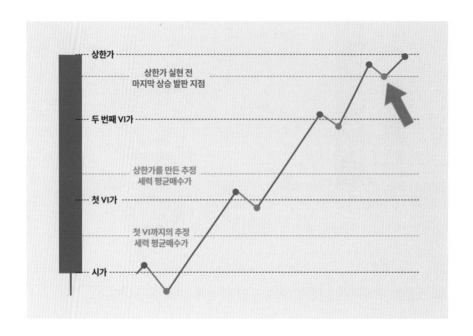

특히 상한가 실현 전 마지막 상승 발판 지점은 상한가 이후 D+1데이 매
매에서 상당히 중요한 지점이기도 하니 기억해두시기를 바랍니다.

이를 바탕으로 하여 D+1데이의 시가와 그에 따른 대응법에 대해 공부를
해보도록 하겠습니다.

D데이 상한가 이후 D+1데이의 시가는 다음과 같이 크게 분류할 수 있을
것입니다.

1 전일 상한가 종가 위에서 낮은 갭 상승

2 전일 상한가 종가 위에서 높은 갭 상승

3 전일 상한가 종가

4 전일 상한가 종가 아래에서 갭 하락

기본적으로는 상한가를 만든 관성이 있기 때문에 '시초가 이후 상승한다'를 대전제로 시초가부터 매수 개입하는 것이며, '시초가 매수 개입 후 하락 시 어떻게 대응하나?'가 관심의 초점입니다. 더 정확히 말하자면 추가 매수 타점 또는 매매자에 따라서는 손절매 타점에 대한 기준을 세우는 것이지요.

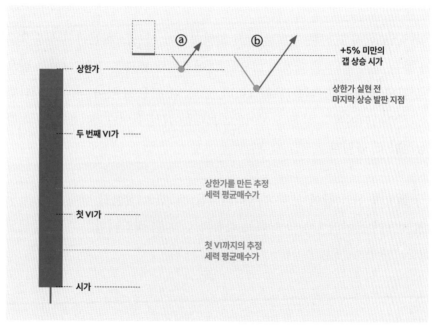

전일 상한가 종가 위에서 낮은 갭 상승일 때의 대응

전일 상한가 종가 위에서 +5% 이내의 낮은 갭 상승으로 시가가 시작했을 경우 빠르게 상승하는 것이 일반적이지만(상승할 일봉을 빨간색 점선으로 표현하였습니다), 전날 세력을 따라 멋모르고 매수 진입한 개미투자자들의 익절들이 순간 집중될 경우 조정을 받을 수 있습니다. 이 조정이 시초가 매수에 이어 추가매수할 수 있는 타점, 또는 시초가에는 매수하지 않았지만 D+1데이 매매를 위해 첫 매수를 할 수 있는 타점이 됩니다.

이때 D데이 상한가의 종가(ⓐ)나 상한가 실현 전 마지막 상승의 발판이 된 지점(ⓑ)은 지지선이 될 가능성이 매우 크며, 이런 지점들이 60틱 차트 상의 매수 타점들과 겹치게 되면 충분히 매수 개입할 만한 이유가 있는 타점이 될 수 있습니다.

일러스트에서 표현한 것처럼 잠시 하락하다가 시가를 회복하고 상승으로 방향을 잡게 됩니다. 어차피 상승을 이어가기로 했다면 전일 상한가 밑으로 깊게 조정을 줄 이유가 없습니다. 만약 더 깊은 조정이 나오게 된다면 이는 D+1데이에도 상승을 이어가기보다는 잠시 쉬어가겠다는 의사일 가능성이 더 큽니다.

장 초반에 이와 같이 상황이 정리되었을 때, 전일 상한가 장대 양봉과 당일 시초가 근처의 일봉의 상태는 다음과 같게 될 것입니다.

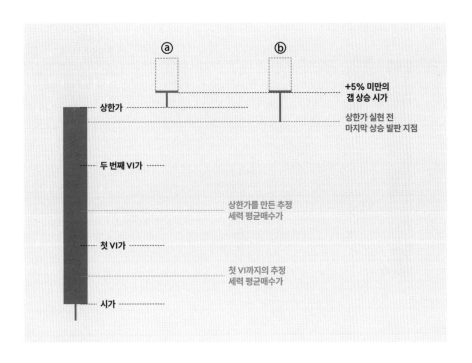

이렇게 중요 지점에서 반등한 다음, 시초가를 돌파해 상승을 시작한다면 너무 빠르게 매도하지 말고 장 초반에 거래가 붙으면서 상승추세를 유지하는 것을 충분히 지켜보면서 익절 타이밍을 잡으십시오.

한편, 상황이 이렇게 좋게만 풀리지 않을 수도 있습니다. 시초가 이후 상한가 실현 전 마지막 상승 발판 지점을 뚫고 더 하락한다면 오전장에는 추세적인 하락이 이어질 수도 있습니다. 그러나 역시 전일 상한가를 기록한 만큼 하락을 기다리는 추가매수세가 있으므로 오버솔드식 초단타 매매에서는 60틱 차트에서의 적절한 매수 타점을 활용하여 짧게 끊고 나오는 매매를 할 수 있습니다. 다음의 일러스트를 잘 살펴보십시오.

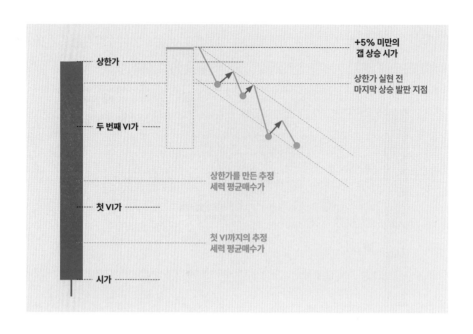

낮은 갭 상승 이후 하락이 진행되는 모습을 일봉상 파란 점선의 캔들로 표현하였습니다. 한 번에 하락하는 것이 아니라 하락 후 반등이 반복되는 과정인데, 하락 폭보다 반등 폭이 작으면 하락이 유지될 수밖에 없습니다. 60틱 차트를 살펴보면 하락하는 가운데에서도 120이평선 기준 -3% 엔벨 로프 하단이나 -5% 엔벨로프 하단을 찍고 반등이 나오거나 RSI 과매도 권 진입까지 겹치는 매수 타점 신호가 나오게 됩니다. 그런 지점에서 매 수하여 짧게 수익을 반복할 수도 있습니다.

물론 많은 경험이 필요하기도 하고, 하락의 반등을 노리는 짧은 매매가 마음에 들지 않을 수도 있지만 D+1데이 매매를 위해 선정한 종목이 기대 와 다른 흐름을 보이는 날에도 어떻게 대응할 것인가에 대해서 생각하고 실전으로 훈련할 필요가 있다고 생각합니다.

저렇게 하방으로의 흐름이 지속되다가 반등의 흐름이 새롭게 만들어지면
또 제법 좋은 수익을 거둘 수 있기 때문이죠. 이를 판단할 수 있는 신호가
3분봉 차트상 RSI 과매도권 진입이나 MACD-시그널선의 골든크로스가
되는 것입니다.

이럴 경우의 일봉 캔들과 일 중 주가의 흐름은 다음의 예가 전형적입니다.

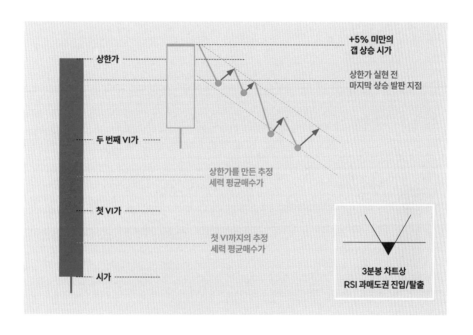

추세적인 하락을 하다가 3분봉 차트상 RSI 과매도권에 진입하여 당일 장
초반의 하락추세가 곧 반전될 것임을 알 수 있게 해주며, 음봉 캔들이 아

래꼬리를 말아 올리며 반등을 시작합니다.

이 반등의 흐름은 3분봉 캔들상 RSI 과매수권 진입까지 또는 MACD-시그널선의 데드크로스가 나올 때까지 이어질 수 있으며, 그 과정에서 자신의 기준에 따라 적절히 익절하면서 조절하면 됩니다.

상한가가 발생한 종목은 D+1데이뿐만 아니라, 일봉상 5이평선과 10이평선의 골든크로스가 유지되는 이상 계속해서 좋은 수익을 줄 가능성이 높은 매수 타점들이 지속적으로 나오기 때문에 이 종목 저 종목 갈아타지 않고 꾸준히 매매하기도 좋습니다.

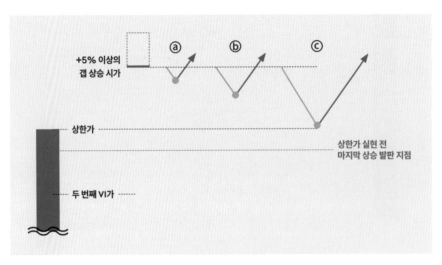

전일 상한가 종가 위에서 높은 갭 상승일 때의 대응

D데이 상한가 종가 위에서 D+1데이의 시가가 +5% 이상의 높은 갭 상승

일 때는 시초가부터 매수 개입하기보다는 전일 종가와 갭 상승 시가 사이의 구간에서 짧은 조정이 나올 경우 60틱 차트상 적절한 매수 타점을 줄 때 매수하는 방법을 주로 사용합니다.

이 상태는 60틱 차트상으로는 20이평선, 60이평선, 120이평선이 정배열을 유지한 상태이므로 주가 조정 시 60이평선에 닿을 때(ⓐ)나 120이평선에 닿을 때(ⓑ) 매수하여 반등을 타고 추가상승에서 이익을 실현할 수 있을 것입니다. 한편으로는 조정이 살짝 깊다 하더라도 전날 상한가 종가 근처에서 반등하는 경우(ⓒ)가 많으니 참고하십시오.

이렇게 높은 갭 상승에서 장 시작 후 잠시 조정받고 반등할 경우의 일봉상 캔들의 모습은 다음과 같이 보일 것입니다.

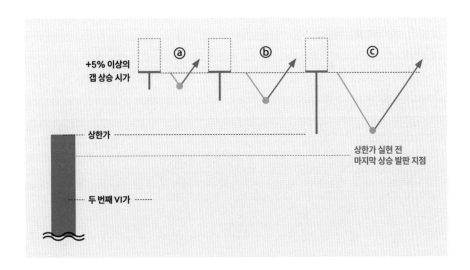

D데이 상한가 종가를 깨면서 더 깊은 하락이 나올 경우에는 앞의 낮은 갭 상승에서의 하락 때처럼 대응하면 되겠습니다.

한편 D데이 상한가 종가와 D+1데이의 시가가 같거나 ±1% 이내에서 시가가 형성되었다면 시초가에 매수 개입한 다음 낮은 갭 상승 때의 대응방식을 따르면 될 것입니다.

마지막으로, D데이 상한가 종가 아래에서 시가가 갭 하락하여 시작하는 경우입니다. 이 경우는 이미 D+1데이 상한가 매매에서 중요한 지지선인 D데이 상한가 종가가 깨진 상태이므로 갭 하락이 발생한 이유의 성격을 파악한 다음 매매 전략을 세우는 것이 좋습니다. 보통은 다음 중 하나입니다.

- 미국 시장의 하락
- 전날 장 종료 이후 해당 종목의 악재 출현
- 세력의 장난질

해당 종목 자체에 악재가 출현한 것이라면 매수 개입하지 않습니다. 세력의 장난질인지 아닌지 파악하는 요령은 시초가 거래량입니다. 어떤 이유에서든 앞뒤 안 가리고 도망가야 한다면 시초가에 모두 매도하려고 하기 때문에 시초가 거래량이 크게 터집니다. 하지만 그런 게 아니라면 시초가에 매수 개입을 하고 장 초반 시장이 안정화된 다음 상승을 즐기면 됩니다.

세력이 물량을 제법 잘 매집해놓았다면 장 시작 전 동시호가 시간에 보유하고 있는 물량을 매도에 걸어서 개미들이 겁먹게 만들어서 시초가에 매도하게 만듭니다. 즉 D데이 상한가를 만들 때 이래저래 따라 들어온 개미들의 물량을 털어버리기 위해서는 예상 시초가를 갭 하락으로 만들어서 개미들의 매도를 유도하여 시초가에 그 물량마저 받아버리는 것입니다.

애초에 세력이 상한가를 만들 정도로 물량관리를 잘해왔다면 그런 상황에서 갭 하락을 개미가 만들 수는 없는 것입니다.

마지막으로, 그저 미국 시장의 전날 하락의 영향으로 해당 종목도 갭 하락으로 시작하는 것이라면 일단 시초가에 비중조절하면서 매수를 시작하고 추가 하락이 나오면 적절한 타점에서 매수하여 반등을 이용한 수익실현을 하면 됩니다.

지금부터는 상한가 이후 D+1데이 매매에 대한 두 가지 사례를 분석해보도록 하겠습니다. 그 후 다양한 종목의 상한가와 D+1데이의 캔들을 모은 차트를 준비하였으니 머릿속에서 도상 훈련을 해보시기 바랍니다.

삼아알미늄 2023년 3월 16일

2023년 3월 14일 화요일은 '블랙 화요일'이라고 불린 날이었습니다. 주말 사이에 불거진 미국 SVB(실리콘밸리은행) 문제와 관련해서 월요일에 국내 시장은 생각 외로 잘 버텼지만, 현지 시간으로 미국 시장이 개장한 월요일, 한국 시간으로는 월요일 밤에서 화요일 새벽으로 넘어가는 시간 동안 시장의 불안감은 증폭되었고, 그로 인해 코스닥은 -3.91%까지 폭락하였습니다. 만약 국내시장의 월요일 상황만 보고 매수한 종목을 홀딩한 상태였다면 화요일은 정말 힘든 날이 되었을 것입니다. 하지만 당일 매수 분량을 모두 매도하여 현금을 갖고 있는 투자자라면 이날이야말로 시장에서 저가 매수의 기술을 이용한 줍줍을 할 수 있는 날이었습니다.

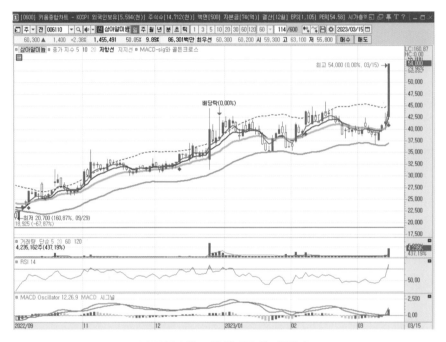

2023년 3월 15일 삼아알미늄 상한가

3월 15일 수요일은 현지 시간으로 화요일 해당 사태에 대한 대통령까지 나선 미국정부의 적극적인 대응으로 종합주가지수가 살짝 반등하면서 시작하였습니다. 이런 날, 어떻게 매매하시겠습니까? 방향에 대한 확신을 갖기 어려운 이런 날에도 상한가까지 상승하는 종목이 있습니다. 상한가를 가기 위해서는 VI를 두 번 거쳐야만 합니다. 즉 오버솔드식 초단타 매매에 따르면 언제든지 매수할 수 있는 종목이 나오고 거기서 수익을 낼 수 있습니다. 삼아알미늄(006110)은 이날 상한가를 실현했습니다! 그리고 총거래량도 전일 대비 4.3배나 터졌습니다. 앞의 두 개의 전고점을 깨끗하게 뚫어냈습니다.

상한가를 실현한 이 종목을 D+1데이에 시초가부터 매매 개입을 하기로 마음먹습니다.

2023년 3월 16일 삼아알미늄 시초가 60틱 차트

D데이에 상한가를 실현한 종목은 일반적으로는 D+1데이의 시초가가 갭 상승하여 시작하는 경우가 많은데, 이 종목은 D+1데이의 시초가가 −1.3% 갭 하락하여 시작하였습니다. 미국의 실리콘밸리은행에 이어 유럽의 크레디트스위스 은행의 위험성까지 새롭게 시장의 불확실성을 키우는 영향을 국내시장이 받은 것입니다.

상한가 다음 날의 매매는 시초가부터 바로 따라 들어갑니다. 따라서 손절선을 미리 확인해놓을 필요가 있습니다. 갭 상승하여 시초가가 형성되면 전일 상한가 종가 자체가 강력한 지지선이 되기 때문에 그 라인을 일차적 손절가로 삼을 수 있지만, 갭 하락하여 시작하게 되면 전날 상한가를 만들기 위해 잠시 쉬어간 마지막 발판인 ⓐ나 그전의 가격인 ⓑ라인을 손절가 라인으로 상정할 수 있습니다.

다만 공격적인 매수 성향을 가진 매매자의 경우에는 ⓐ나 ⓑ라인을 추가 매수 타점으로 보기도 합니다. 시초가가 만들어지는 시장 상황이 불안한 상태에서 겁을 먹고 있는 D데이 보유자들, 특히 ⓐ나 ⓑ라인에서 '상한가 따라잡기(일명 상따)'라며 따라붙었던 개미들의 물량은 십중팔구 시초가 갭 하락부터 쏟아질 수 있습니다. 여기에 더해서 상한가를 만드는 과정에서 붙어 있던 개미들의 물량도 익절을 위해 장 시작 직후 순간적으로 붙을 수 있습니다. 이 물량들이 아주 순간적인 하락을 만들기도 하는데, 120이평선 −3% 엔벨로프 하단이나 −5% 엔벨로프 하단을 때리며 RSI 과매도권 진입을 하는 경우가 있습니다.

이럴 때 후다닥 물량을 받아서 반등과 추세 상승을 취하는 매매는 D+1데이의 시초가 매매의 전형적인 한 패턴이기도 합니다.

어쨌든 시초가에 매수 개입하여 첫 60번의 거래로 양봉이 만들어진 것을
확인할 수 있습니다.

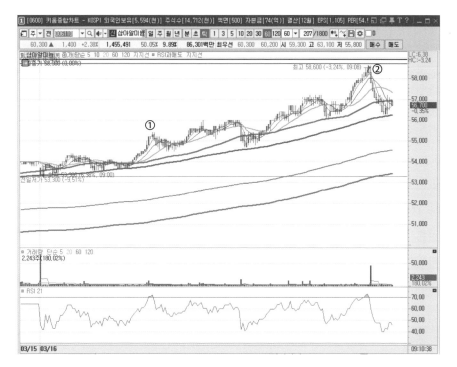

2023년 3월 16일 삼아알미늄 시초가 이후 첫 VI 발동까지 주가 흐름. 60틱 차트

갭 하락하여 시작한 시초가에서 상승을 시작합니다. 시초가를 깨지 않는
상태라면 짧은 수익을 실현하기보다는 스스로 납득할 만한 매도 신호를
확인하면서 익절하기를 권합니다. 국내시장에서 가장 강한 상승이 바로

상한가입니다. 이런 상한가 다음 날 매매에서 상승추세가 이어지는데 그 상승을 충분히 누리지 못하면 의미가 없습니다. 애당초 D+1데이 매매를 하는 이유는 상승할 것이 예상되는 종목을 시초가부터 따라잡기 위한 것이기 때문입니다.

60이평선과 120이평선의 골든크로스 상태가 계속해서 이어지고 있다는 사실을 눈으로 계속 확인해야 합니다. 보유하는 가운데 ①에서 RSI의 과매수권 진입 신호가 나옵니다. 이 정도 선에서는 납득하며 익절할 수 있습니다. 9시 4분 59초에 3.7%의 수익을 실현할 수 있었습니다. 5분 만에 거두는 수익입니다.

한편 60이평선과 120이평선의 골든크로스 상태가 지속되는 가운데 9시 8분 15초에 첫 번째 VI가 발동합니다. 그리고 RSI도 과매수권으로 다시 진입합니다. 시초가에 매수하여 ①에서 익절한 다음 남은 물량이 있다면 이 지점(②)에서도 매도합니다. 전량 매도해도 큰 후회는 없을 것입니다. 8분 만에 10%의 수익을 얻을 수 있었으니까요.

상승이 이어지는 가운데도 훈련이 잘된 매매자라면 중간중간 매수할 수 있는 타점이 있습니다. 이런 타점은 60틱 차트와 함께 3분봉 차트를 보면 더 확신을 갖고 접근할 수 있습니다.

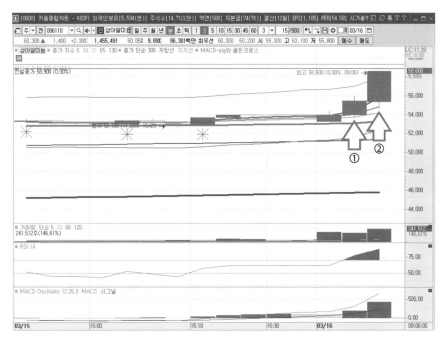

2023년 3월 16일 삼아알미늄 시초가 이후 첫 VI 발동까지. 3분봉 차트

장 시작부터 9분간의 3분봉 차트를 확대해보았습니다. 차트를 딱 봤을 때 이런 부분이 눈에 들어와야 합니다.

1. 3분봉 차트상 5이평선과 10이평선, 20이평선, 65이평선이 정배열을 유지하고 있다.

2. 전일부터 이어져온 MACD-시그널선 골든크로스가 유지되면서 확대되고 있다.

3. 거래량이 전일 장 후반의 일반적인 3분봉 거래량보다 확실히 늘어나며 상승하고 있다. (이론 부분에서 거래량과 관련하여 설명한 내용이 기억나시는지요?)

상승이라는 정황이 눈에 들어온 이상, ① 및 ②에서 주가가 20이평선이나 10이평선에 접할 때엔 60틱 차트를 보고 매매할 수 있습니다. 이 지점들이 60틱 차트상 120이평선 근처의 가격입니다.

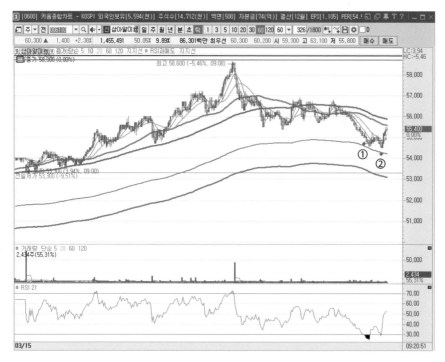

2023년 3월 16일 삼아알미늄 첫 번째 VI 발동 이후 첫 번째 매수 타점. 60틱 차트

첫 번째 VI가 발동하였으므로, 이제부터는 D데이 매매로 바꿔서 생각합니다. 즉 전일 상한가 이후 D+1데이 매매에서 첫 VI 발동 전까지는 일반적인 추세매매(60틱 차트상 60이평선과 120이평선의 정배열 유지 등)로 대응하며, 첫 VI가 발동하면 다시 VI를 기준으로 하는 D데이 매매 방식으로 접

근하는 것입니다. 주가가 60틱 차트상 120이평선 아래에서 놀기 시작하면 120이평선 기준 −3% 엔벨로프 하단과 RSI 과매도권 진입 등을 체크하며 매수 타점을 기다립니다. 그리고 ①과 ②에서 그러한 조건이 만족되므로 매수합니다.

캔들이 많아서 시간이 많이 흐른 것 같이 느껴지지만, 첫 VI 발동 이후 약 11분 정도 시간이 흘렀을 뿐입니다. 첫 번째 VI 발동 가격에서부터 ①까지 −6.35% 하락합니다. 익절해놓지 않았더라면, 시초가에서 매수한 물량이 3% 약간 더 수익을 내고 있는 상황임에도 심리는 −6% 손해 본 느낌이 되어 냉정한 매매를 하기 어렵습니다. 일부라도 익절한 매매자는 심리적으로 안정된 상태에서 하락을 기다릴 수 있습니다. 우리는 ①까지 도달한 이 시점에서 시간이 흐름에 따라 차트가 어떻게 변할지 알 수 없습니다. 다만 늘 그렇듯 세워놓은 원칙에 따라 매매할 뿐입니다.

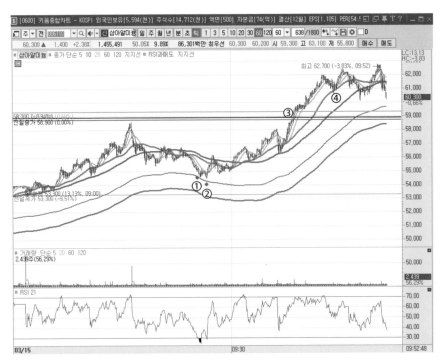

2023년 3월 16일 삼아알미늄 첫 VI 발동 이후 첫 번째 매수 타점에서 반등. 60틱 차트

①과 ②에서 매수한 물량을 첫 VI 가격에 다시 접근한 ③에서 익절하면 +6% 정도의 수익을, 첫 VI 가격을 돌파하고 상승하다가 처음으로 60이평선에 닿는 ④에서 익절하면 +11.4%의 수익을 거두게 됩니다. 물론, 매수한 가격 바로 위에 있는 60이평선 및 120이평선 근처에서 매도하거나, 9시 30분이 지난 지점에 나오는 RSI 과매수권 진입 등에서 매도해도 괜찮습니다.

수익률은 매매자의 마인드에 따라 조금씩 달라질 수 있지만, 확실히 해둬야 하는 점은 매수와 매도 모두 규칙에 의해 진행되어야 한다는 사실입니다. ①과 ②에서 매수한 물량은 조금만 참으면 60이평선과 120이평선이 다시 골든크로스를 만들어서 추세적으로 상승하는 것을 볼 수 있습니다. 이 추세를 그대로 따라가다가 60이평선을 깨거나 120이평선을 깨면 매도한다는 것은 가장 큰 원칙 중 하나입니다.

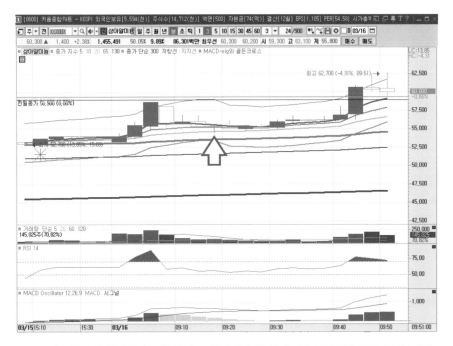

2023년 3월 16일 삼아알미늄 첫 번째 VI 발동 이후 첫 번째 매수 타점에서 반등. 3분봉 차트

60틱 차트로 보면 상승과 하락이 분명하고 드라마틱하지만, 3분봉 차트로 살펴보면 첫 번째 VI 이후 조정구간이 상당히 답답하게 진행되는 것을 볼 수 있습니다. 60틱 차트상 ①과 ②의 매수 타점은 3분봉 차트에서는 바

로 갈색 화살표가 보여주는 저 지점, 즉 3분봉 차트상 5이평선과 10이평선, 20이평선의 골든크로스가 유지되는 가운데 20이평선까지 하락한 음봉이 만들어지는 순간입니다.

만약 3분봉 차트만을 보고 매매를 한다면 저 지점에서 매수를 위한 의사결정을 하는 것이 어려울 수 있습니다. 그렇지만 3분봉 차트상 20이평선으로 접근하는 음봉에서 60틱 차트를 봤을 때 우리가 매수 가능 타점으로 공부한 지점에 주가가 위치했다면 매수로 대응할 수 있을 것입니다.

2023년 3월 16일 삼아알미늄 하루 전체 60틱 차트

삼아알미늄의 2023년 3월 16일 전체의 60틱 차트의 흐름입니다. 짚어보면 지금까지 우리가 공부한 지점들을 확인할 수 있습니다. 시초가 매수 후 첫 번째 VI까지 상승. 그리고 조정. 120이평선 기준 -3% 엔벨로프 하단선 접근 및 RSI 과매도권 진입으로 매수 판단. 반등. 고점 형성 이후 하락.

60이평선과 120이평선의 골든크로스를 유지하면서 주가가 상승추세를 이어간다는 것을 잘 알게 되면, 데드크로스가 발생했을 경우 함부로 매매에 참여하지 않고 약속된 매수 타점으로 진입하는 것을 기다린 후 매수하여 반등 시 익절도 할 수 있게 됩니다. 추세가 이미 꺾였는데 아무 데서나 잡으면 회복이 안 됩니다.

갈색 화살표가 보이시나요? 이 선은 시초가 53,300원과 첫 번째 VI 발동 가격인 58,700원의 평균값을 나타낸 라인입니다. 56,000원입니다. 왜 이런 선을 그어놓을까요? 당일의 카운터밸런스를 통한 세력의 평균매수가로 가정되는 구역을 시각적으로 바로 인지하기 위함입니다. 실제로 큰 상승 이후 지속적으로 하락하다가 ①과 ②같이 세력의 평균매수가 영역을 깨지 않고 반등으로 이어지는 것을 볼 수 있습니다.

60틱 차트를 통해 실제 발생하는 매매의 흐름을 차분히 잘 따라가면 반복되는 수익을 실현할 수 있습니다. 물론 집중력이 필요합니다. 사실 오버솔드도 장 초반의 집중력과 11시 이후의 집중력은 큰 차이가 난다고 생각하고 있기 때문에 컨디션이 아주 좋게 느껴지고 업무적으로도 번잡한 일이 없을 경우에만 하루 종일 차트를 한편에 켜놓고 매매를 합니다.

장이 종료되었습니다. 첫 번째 VI 발동 가격 윗부분이 위꼬리입니다. 등락을 거듭했지만, 시가에서 첫 번째 VI 발동한 상승분은 지켜냈습니다. 이로써 3월 17일 아침도 VI가 발동한 위꼬리 양봉을 기반으로 새로운 D+1데이 매매를 할 수 있는 상황이 만들어진 것입니다.

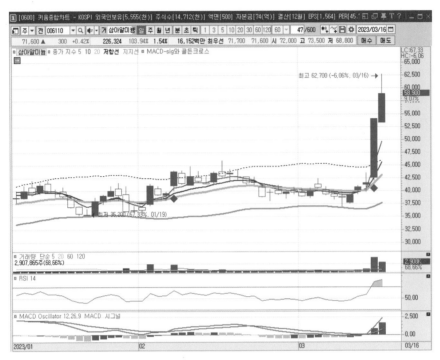

2023년 3월 16일 삼아알미늄 일봉 캔들

3월 16일 캔들이 첫 번째 VI를 발동시킨 위꼬리를 단 양봉 캔들이기 때문
에 다음 날인 3월 17일도 D+1데이 매매로 접근해볼 수 있을 것입니다.

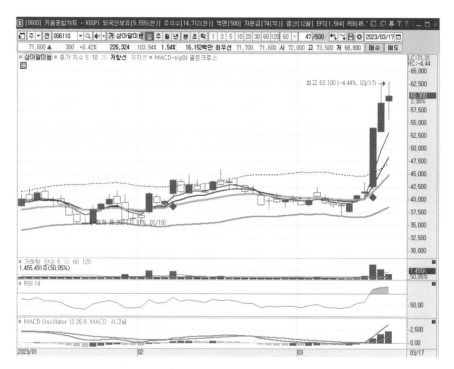

2023년 3월 17일 삼아알미늄 일봉 캔들

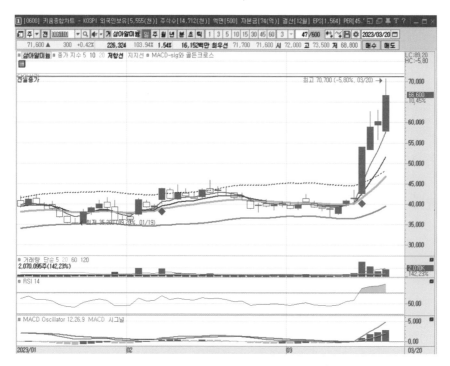

2023년 3월 20일 삼아알미늄 일봉 캔들

많은 것을 느끼게 해주는 차트입니다.

레인보우로보틱스 2023년 3월 17일

2023년 3월 16일 레인보우로보틱스 상한가 일봉

2023년 3월 16일, 레인보우로보틱스(277810)는 상한가를 실현했습니다. 이 종목을 다음 날인 3월 17일 매수 종목으로 삼아도 적절할까? 이런 의문을 갖는 것은 매우 타당합니다. 왜냐하면 상승이 올해 1월 3만 원대부터 시작해서 거의 300% 가까이 상승한 상태이기 때문에 '너무 올라간 거 아닌가' '언제든지 하락할 수 있는 거 아닌가'라는 두려움이 있을 수 있습니다. 그러나 이런 위치에서 상한가를 만들면서 거래량을 뿜어낼 수 있는 건 세력과 다름없습니다. 지난 3달간의 차트를 보면 하나의 패턴이 보입니다. 강하게 상승한 다음, 적절한 조정. 그리고 다시 상승.

이번 상한가는 전고점을 완전히 돌파하면서 신고가를 만들고 있습니다. 유난한 마음을 가질 필요 없습니다. 우리가 매매하는 대로 차분히 하면 됩니다. 저는 매우 좋은 자리라고 생각하고 D+1데이 매매를 위해 3월 17일 아침 장을 기다리고 있었습니다.

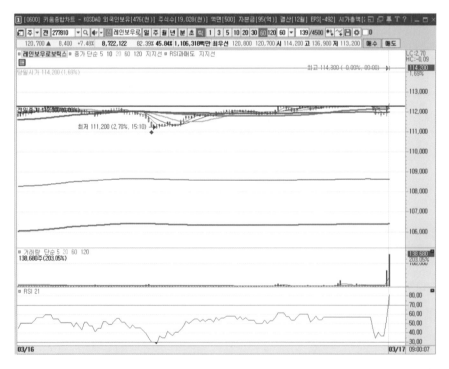

2023년 3월 17일 레인보우로보틱스 시초가 60틱 차트

당일 시가는 114,200원으로 전일 상한가의 종가 대비 +1.69% 갭 상승하여 시작하였습니다. 시초가에 1차 매수합니다. 전일 상한가의 종가를 깨면 손절매한다는 생각이며, 전일 상한가의 종가부터 당일 시가 사이에 매수할 만한 타이밍이 나오면 추가매수도 계획할 수 있습니다. 손절매선을 최대한 양보하더라도 전일 상한가를 만들기 직전의 저가인 111,200원을 깨면 안 됩니다.

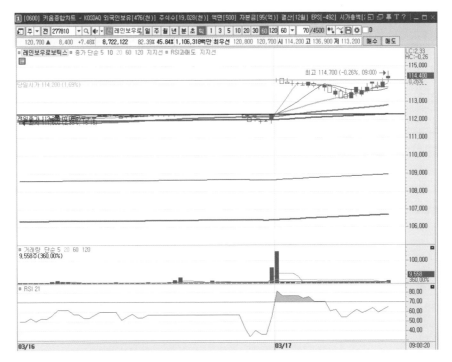

2023년 3월 17일 레인보우로보틱스 20초 동안의 60틱 차트

시초가에서 매수하였는데 바로 위로 쏘아 올리지는 못하고 약간의 하락

이 이어집니다. 60틱 차트를 확대해서 보고 있기에 제법 하락한 것처럼 보이지만, 이 구간은 전일 상한가 종가에서 당일 시가인 +1.69% 사이에서 20초간 벌어진 일입니다.

이런 하락은 보통 어제 종가 무렵에 쫓아 들어와 매수한 개미들이 실현하는 익절 물량에 의한 것입니다. 하지만 물량이 많지 않은 듯 금방 소화하였습니다.

약 10초 동안에 일시적인 하락이 나와 시초가 매수 분량은 약 -1% 정도 손실 폭이지만 60틱 차트의 5이평선, 20이평선 그리고 60이평선이 정배열인 상태이므로 이 중 지지가 확인되는 부분에서 추가매수할 수 있습니다. 20이평선에서 시초가와 같은 비중을 추가매수합니다. 추가매수 이후 20이평선을 타고 반등하여 9시 20초에 시가를 돌파합니다.

20초 동안에 벌어지는 일입니다. 캔들이 생성되는 속도를 느낄 수 있나요? 시가부터 22개의 캔들이 만들어졌으니 1초에 60번씩의 거래가 일어나는 셈입니다. 매수와 관련하여 손이 좀 빨라야 하겠죠?

시초가를 돌파하는 시점부터 이미 수익 중입니다.

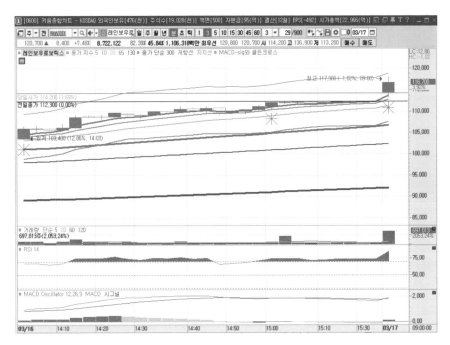

2023년 3월 17일 레인보우로보틱스 시초가에서 9시 2분 59초까지의 첫 캔들. 3분봉 차트

60틱 차트와 3분봉 차트는 연계해서 보는 것이 도움이 됩니다. 장 시작 후 첫 3분간 양봉으로 마무리된 것을 볼 수 있습니다. 시초가에서 발생한 약간의 하락이 짧은 아래꼬리로 보여지고 있습니다.

눈여겨봐야 할 지점은 이동평균선의 배열입니다. 5이평선과 10이평선, 20이평선이 정배열인 상태로 유지되고 있습니다. 이동평균선에 대한 이해가 충분해지면 이런 정배열이 얼마나 매매에 큰 의미를 갖는지 자연스럽게 알게 됩니다.

첫 3분봉이 양봉으로 끝났으니, 60틱 차트에서 어떻게 흐름이 나왔는지 기대가 됩니다.

2023년 3월 17일 레인보우로보틱스 7분 46초 만에 첫 번째 VI 발동. 60틱 차트

60틱 차트로 볼 때 장 시작부터 20초간 집중해서 매수한 이후로 시초가를 돌파하면서 상승이 이어집니다. 첫 번째 VI 발동까지 7분 46초 정도 걸렸습니다. D+1데이의 매매는 D데이의 매매와 달리 시초가부터 수익을 낼 수 있는 기회를 허락해줍니다.

잊지 말아야 할 것은, 초단타 매매이므로 익절과 관련된 약속된 타점에서는 적절히 익절하면서 비중을 줄여나가야 한다는 점입니다.

첫 상승이 진행되다가 조정받으면서 ①에서 60이평선에 닿는 상황이 연출됩니다. 일부 익절합니다. 전체적으로는 상한가 다음 날의 상승이고 익절 물량의 출회가 크지 않아 익절 없이 가지고 갈 수도 있겠지만, 장세의 급변을 예측할 수는 없기 때문입니다. 이 지점까지 1.7%의 수익이 났습니다. 다시 반등하여 상승하지만 다시 ②에서 60이평선을 깨고, 120이평선까지 내려갑니다. ②에서 일부 익절할 경우 그 물량은 2.6%의 수익을 줍니다.

이제부터 진짜 긴장하는 매매가 시작됩니다. 주가가 120이평선을 깬 시점에서 보유 중인 물량이 있을 것이고, 이 물량을 모두 털어버릴지 아니면 120이평선 근처에서의 추가매수로 대응할 것인지를 결정해야 합니다.

매매자는 120이평선 아래에서 주가가 움직이는 이 시점에, 오늘의 시초가와 D데이의 상한가 종가를 지지선으로 생각할 수 있습니다. 보유 물량만으로 주가의 움직임을 지켜보다 다시 120이평선 위로 올라가는 시점에 추가매수합니다. ③에서 추가매수가 될 것입니다. 마찬가지 이유로 ④에서 추가매수할 수 있습니다.

120이평선에서의 지지를 성공적으로 확인한 다음 주가는 기분 좋게 추세상승을 시작합니다. 60틱 차트상 20이평선과 60이평선, 120이평선의 정배열이 유지되면서 상승하는 것을 보십시오. 특히 60이평선과 120이평선의 골든크로스가 계속 유지되는 모습을 꼭 기억해야 합니다.

첫 번째 VI가 발동하는 상승이 될지 아닐지는 세력만이 알겠죠. 매매하는 개미 입장에서 단지 알 수 있는 상황은 60이평선과 120이평선의 골든크로스가 계속 유지되고 있다는 것뿐입니다. 따라서 적절한 시점에서 익절은 필수입니다. RSI가 과매수권으로 진입하는 ⑤지점은 익절의 충분한 명분이 있는 지점입니다.

여기서 보유 물량을 모두 실현해도 아주 충분합니다.

시초가에서 20초 동안 매수한 비중 가운데에서 ①과 ②에서 익절하고 남은 물량을 ⑤에서 최종 익절했다면 6.8%의 수익을 거둘 수 있으며, ③에서 매수한 물량의 경우에는 4.6%, ④에서 매수한 물량은 4.5%의 수익을 거둘 수 있습니다.

장 시작 후 5분도 안 되는 시간에 거두는 수익입니다! 작지 않습니다.

한편, 이런 긴장된 매매가 익숙해지면 60틱 차트에 찍히는 캔들만 보는 좁은 시야를 벗어나 이평선의 흐름으로 주가를 볼 수 있게 됩니다. 자주 강조하는 바이지만 60틱 차트상에서 20이평선과 60이평선, 120이평선의 정배열이 유지되면서 주가가 상승할 경우에는 끝까지 홀딩하면서 지켜볼 필요가 있습니다. 그렇게 익절하고 싶어 근질거리는 손끝을 참고 버티면 첫 번째 VI를 만나게 됩니다.

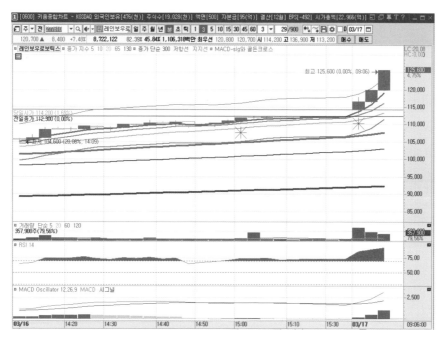

2023년 3월 17일 레인보우로보틱스 첫 번째 VI 발동한 9시 7분 46초가 속한
9시 6분~8분 59초에 만들어진 캔들. 3분봉 차트

60틱 차트상의 그 번잡하고 긴장된 매매들이 3분봉 차트에서는 위와 같이 간결한 상승으로 보입니다. '3분봉 차트의 5이평선, 10이평선 그리고 20이평선의 정배열이 유지되는 동안엔 5이평선과 주가의 관계만 보고 홀딩해서 수익을 극대화한다'라고 말할 수 있습니다.

매매자의 스타일인 건데요. 완성된 3분봉으로 매수매도를 결정하려고 하다 너무 늦어지는 경우도 많기 때문에 이 부분은 자신의 경험과 촉으로 커버해야 할 것으로 생각합니다. 이렇게 깨끗하게 상승하기도 하지만 3분봉 차트상 캔들이 5이평선 근처에서 아래꼬리를 다는 경우도 많은데 이럴 때는 정말 수익이 왔다 갔다 하니까요.

그렇지만 3분봉 차트상 이평선의 정배열은 매우 중요하게 살펴봐야 한다고 다시 한 번 강조하겠습니다.

2023년 3월 17일 레인보우로보틱스 첫 번째 VI 발동 이후 매매와 추가 상승. 60틱 차트

D+1데이 매매로 시작했는데 첫 번째 VI가 발동하면서 다시 D데이 매매가 되어버렸습니다. 첫 VI 가격에 줄을 그어놓고 이후의 매매에 대응하니

다. 첫 번째 VI 가격에서 매수한 물량은 상승하면서 따라오던 60이평선을 깹니다(①). 망설일 것 없이 가볍게 익절해줍니다. 2% 수익입니다.

60이평선을 깬 후 하락하여 120이평선도 일차적으로는 깹니다. 매매자의 머리는 바쁘게 움직여야 합니다. 추가로 하락하여 120이평선 기준 –3% 엔벨로프 하단에서 매수 개입을 할 것인지, –5% 엔벨로프 하단까지의 하락을 기다릴 것인지, 아니면 상승의 힘을 믿고 120이평선 약간 아래이지만 매수 개입을 할 것인지.

여기서도 시초가 매수 시 전일 상한가 종가를 중요한 지지선으로 본 것처럼, 첫 번째 VI 가격을 중요한 지지선으로 보고 대응합니다. 오버솔드식 초단타 매매에서 계속 강조하는 것이지만 거래가 멈추는 지점은 세력이 만든 것입니다.

②지점에서 세력이 선택할 수 있는 길은 둘 중 하나입니다. 매수를 멈추고 하락을 유도하거나 추가 상승을 시키거나. 이 갈림길이 첫 번째 VI 가격입니다. 이것이 깨지면 손절한다고 생각하고 매수합니다. ②에서 매수하기 조금 부담스러우면 지켜보다가 60이평선을 돌파하거나 120이평선을 돌파하는 시점에 매수해도 괜찮습니다.

오버솔드는 약간 리스크를 감수하는 타입이라서 반등을 확인하고 매수 개입하기보다는 매수 후 반등을 기다리는 경우가 많습니다. 역시 개인의 성향에 따라 조정이 가능한 영역입니다.

②에서 매수한 물량을 주가가 60이평선과 120이평선 등을 깨는 ③까지 보유하고 있다가 익절하면 +7% 정도의 수익을 기대할 수 있으며, 그렇지 않더라도 RSI 과매수권으로 진입하는 ⓐ 같은 데에서 일정 분량을 익절하면 4.2%의 수익을 확정지을 수 있습니다.

여기에 더해서 장 시작부터 갖고 올라온 보유 물량이 있다면 그 물량의 수익도 만만치 않겠죠!

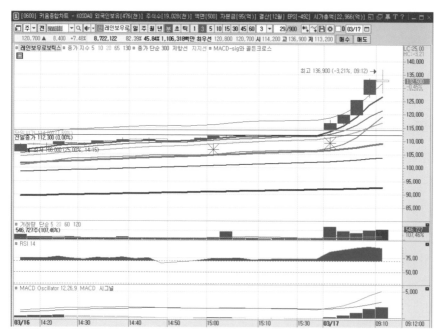

2023년 3월 17일 레인보우로보틱스 첫 VI 이후 6분간. 3분봉 차트

지금까지 자세하게 설명드린 내용들은 첫 VI가 발동한 이후 6분 정도의 시간에 벌어진 것입니다. 시가부터 9시 13분 정도까지의 시간 동안 사고 익절하면서 수익을 실현하고, 추가매수 타점에서 매수한 뒤 긴장하며 주가의 추이를 지켜보다 상승으로 방향을 틀면 한숨 돌리고 다시 수익실현할 타점을 찾는 것의 반복입니다.

3분봉 차트상 시초가에서 지금까지의 주가 흐름을 살펴보면, 양봉 4개가 이어져 나오다가 첫 VI 이후 최고점인 136,000원을 찍는 9시 12분 지점이 속한 3분봉에서 음봉 도지 캔들이 나타난 것을 볼 수 있습니다.

3분봉 차트만으로 매매를 한다면 최고점에서 약 7% 정도 하락하는 것을 가만히 쳐다만 보고 있었을 수도 있습니다. 어느 차트를 쓰는 게 더 좋다 나쁘다가 아니라 어떻게 하면 더 안정적인 매매를 하는 데 도움이 될까를 신경쓰면서 매매하시면 좋겠습니다.

큰 수익을 내면 물론 기분이 좋겠지만, 적절한 타이밍에 매수 개입해서 차근차근 익절하면서 수익이 만들어지고 동시에 리스크에 대한 부담감이 점점 없어지는 것도 제법 나쁘지 않습니다.

2023년 3월 17일 레인보우로보틱스 장 시작부터 최고점인 9시 12분경까지의 60틱 차트

장 시작부터 최고점을 지나 거의 모든 물량을 매도하는 9시 13분 무렵까지의 60틱 차트입니다. 첫 VI가 발동했을 때 그 가격을 선으로 그어놓으면 객관적으로 주가의 위치를 판단하는 데 도움이 됩니다. 이날 최고점이 시가 대비 20% 가까이 되었습니다. 뭘 더 욕심내겠습니까? 충분한 수익입니다.

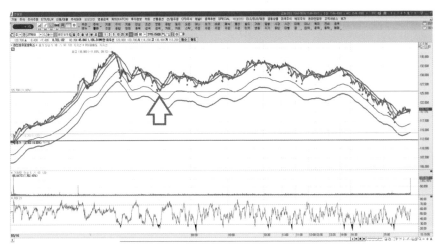

2023년 3월 17일 레인보우로보틱스 하루 전체 60틱 차트

레인보우로보틱스의 하루 전체 60틱 차트상의 흐름입니다. 고점을 찍고 하락할 때 갈색 화살표가 가리키는 지점, 즉 첫 번째 VI 가격대에서 의미 있는 반등이 나오는 것을 기억하십시오. 첫 번째 VI 가격대는 당일 세력이 가장 분명하게 주가 상승에 대한 의지를 선언한 것과 다름없기 때문에 수익을 실현한 다음 다른 종목을 찾아 다시 매매하는 것보다 첫 번째 VI 가격대 근처에서 새로운 매수 타점을 찾는 것이 더욱 안정적인 수익을 내는 데 도움이 될 수 있습니다.

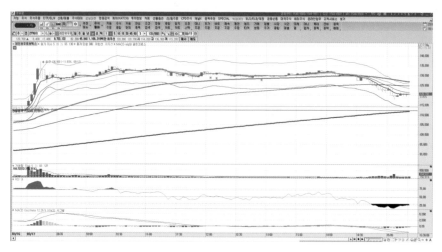

2023년 3월 17일 레인보우로보틱스 하루 전체 3분봉 차트

레인보우로보틱스의 하루 전체 3분봉 차트상의 흐름입니다. 장의 끝 무렵에 3분봉 차트상 RSI 과매도권으로 진입하는 것을 보십시오. 아침의 기운찬 상승을 보고 '아, 또 상한가 가나?' 하면서 끝까지 중간의 익절 과정 없이 버텼다면 속절없는 하락에 멘탈이 너덜너덜해질 겁니다. 하지만 오버솔드식 초단타 매매를 통해 VI가 발동한 종목에서의 의미 있는 매수 가능 타점들을 알고 있다면 오전에 수익을 모두 실현하고 리스크가 없는 상태에서 다시 이 3분봉 차트상 RSI 과매도권 진입을 새로운 매수 기회로 보고 다음 날 매수를 계획할 수 있을 것입니다.

예를 들어, 다음 날 갭 상승으로 시작한다면 손절매 가격을 RSI 과매도권에서 진행된 주가의 최저가 부분으로 삼고 매매를 계획할 수 있을 것입니다. 어쨌든 일봉이라는 큰 흐름에서는 아직 짱짱하게 상승추세가 이어지고 있는 가운데 상승 후 조정이 일어난 것이며, 거래량으로 볼 때 매수세가 물량을 턴 흔적은 보이지 않습니다. 따라서 다음 날에도 충분히 연속성을 갖고 매수할 수 있는 종목이 될 수 있습니다.

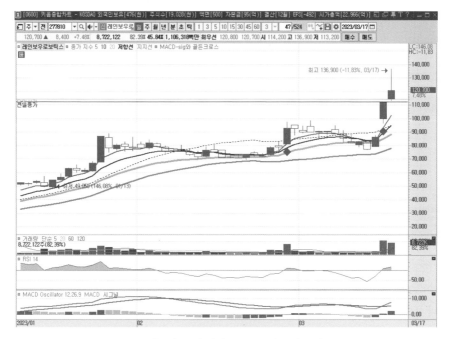

2023년 3월 17일 레인보우로보틱스 일봉 캔들

지금까지의 모든 내용은 일봉 차트에서 위꼬리를 단 양봉으로 정리되었습니다. 앞으로 주가는 어떻게 흐를까요? 예측하기보다는 대응하는 방법을 생각하시면 좋겠습니다. 우선, 'D데이 상한가 이후 D+1데이 매매'로 접근했다가 첫 번째 VI를 발동시켰으니 다시금 'D데이 위꼬리 단 양봉 이후 D+1데이 매매'를 계획할 수 있을 것입니다. 일봉 차트상 5이평선이

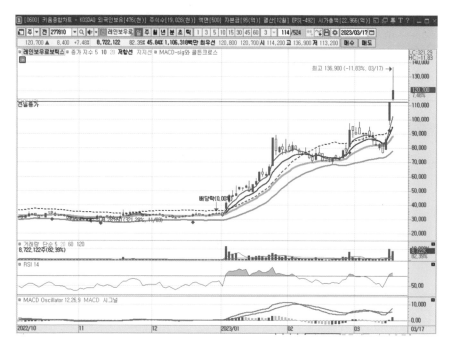

2023년 3월 17일 레인보우로보틱스 일봉 캔들

나 10이평선은 현재 급상승을 만들면서 이동평균선의 간격을 벌리는 상황에서 매우 의미 있는 매수 타점이 될 수 있을 것입니다. 다음 날 하락이 발생한다고 해도 3월 16일 상한가 종가를 깨지 않는 이상은 매수 관점에서 반응할 수 있을 것입니다.

D데이 상한가와 D+1데이의 다양한 차트

여러 차트들을 모아보았습니다. 일봉 캔들이지만 시가와 종가, 저가와 고가를 살피면서 주가가 어떻게 흘렀을지를 상상해보십시오. 종목명 앞의 일자는 상한가가 발생한 D데이 기준입니다.

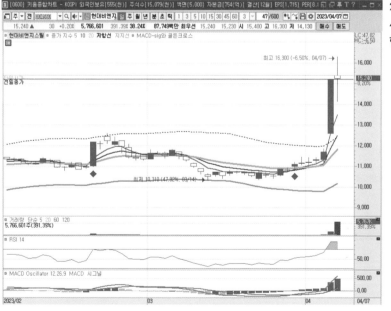

2023년
4월 6일
현대비앤지스

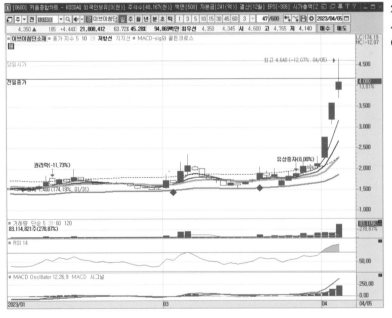

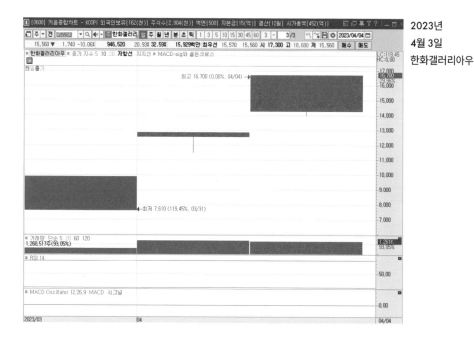

2023년
4월 3일
한화갤러리아우

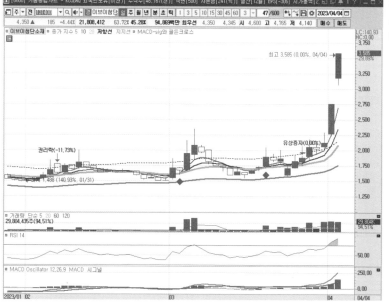

2023년
4월 3일
이브이첨단소재

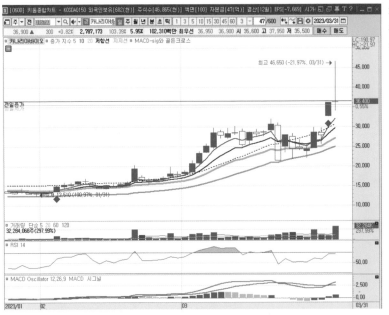

2023년
4월 3일
자이글

2023년
3월 30일
카나리아바이오

444   초단타 매매의 기술

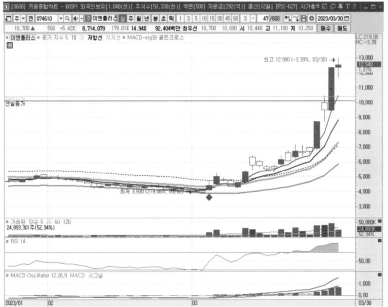

2023년
3월 29일
이앤플러스

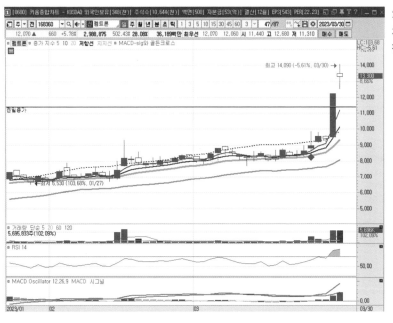

2023년
3월 29일
펨트론

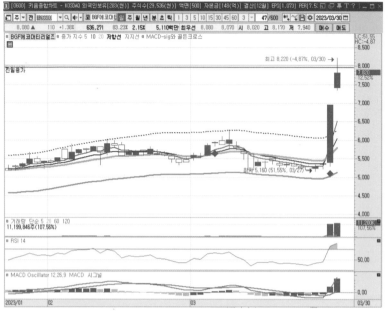

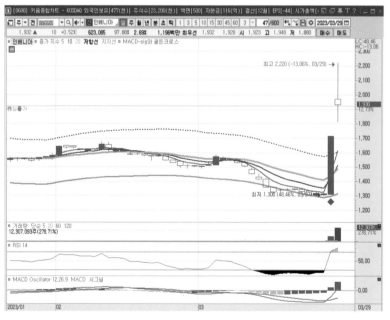

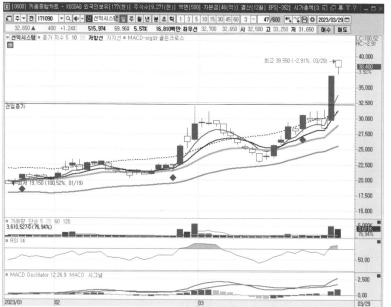

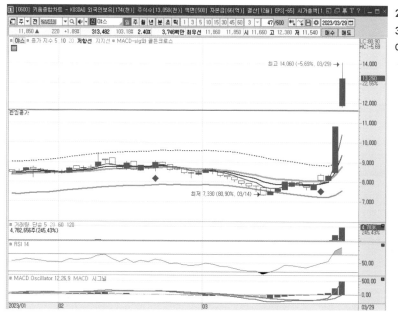

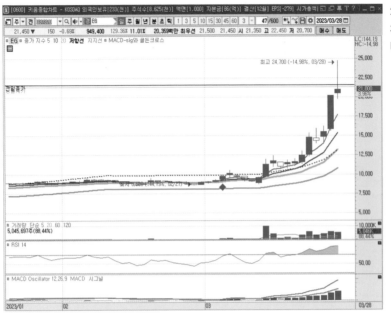

2023년
3월 27일
EG

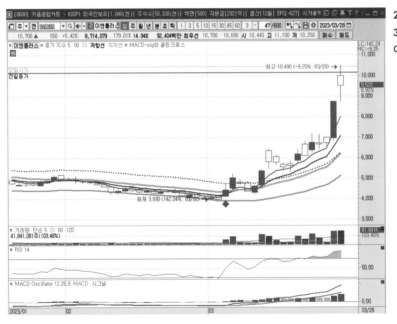

2023년
3월 27일
이앤플러스

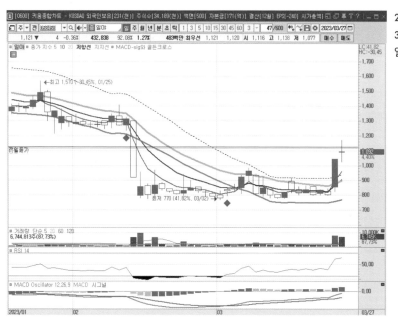

2023년
3월 24일
휴마시스

2023년
3월 24일
일야

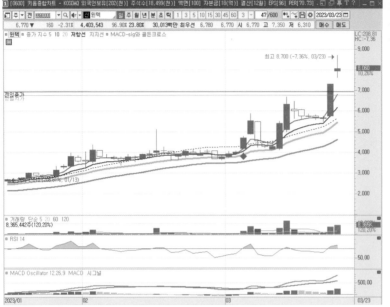

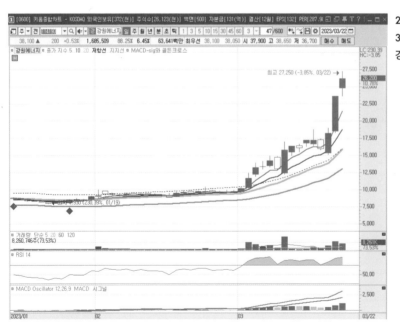

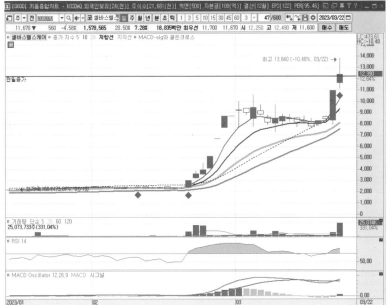

2023년
3월 21일
셀바스헬스케어

6장 맺음말:

초단타 매매도
원칙이 중요하다

오버솔드식 초단타 매매의 기술, 잘 읽으셨는지요? 매매 경험이 좀 있으신 분들이라면 하루라도 빨리 책에서 배운 기술을 실전으로 연마해서 수익을 내고 싶은 마음이 클 것이고, 매매 경험이 많지 않으신 분들이라도 '와~ 진짜, 이대로만 하면 수익 나나?' 싶을 것입니다.

비행기를 조종하는 방법도 책으로 나와 있습니다. 그러나 그 책을 읽었다고 해서 비행기를 조종할 수 있다는 건 아닐 것입니다. 비행기라는 물체를 실제로 움직인다는 것은 또 다른 차원의 문제이며, 비행을 할 수 있게 되었다 하더라도 연수 때와는 다른 수많은 상황을 만나게 될 것입니다.

주식 매매도, 특히 책을 통해 열심히 설명한 초단타 매매도 마찬가지라고 생각합니다. 따라서 책의 내용에 대해 납득이 가는 부분이 많았다고 생각하신다면 반복해서 책을 읽어주십시오. 여러 번 읽으시길 바랍니다. 책의 장별로 이해가 되다가 어느 순간, 책 전체가 한 번에 꿰뚫어지는 듯한 순간이 올 것입니다. 매매할 때 오버솔드식 초단타 매매의 기술에 맞춰 사고하도록 의식적으로 초점을 맞춰서 노력하신다면, 어느 새 근거 있는 매매를 하는 자신을 발견하게 될 것임에 틀림없습니다.

책을 마치면서 본문에는 싣지 못한 몇 가지 이야기를 전하고자 합니다.

오버나이트 보유는 위험할 수 있다

오버솔드식 초단타 매매는 어떤 종목이든 상관없이 차익을 내고 편안하게 이탈할 수 있는 충분한 매수세가 들어오는 상황을 이용해서 수익을 도모하는 기술입니다. 따라서 흔히들 위험하다고 말하는 상승 파동의 꼭대기 수준에서 매매하는 경우도 잦습니다. 그래도 상관없는 이유는 당일 매수하고 당일 매도하여 리스크를 지지 않기 때문입니다.

그런데 많은 분들이 다음과 같은 마음으로 당일 매수한 물량을 당일 청산하지 않는/못하는 것 같습니다.

ⓐ 어차피 내일도 갭 상승할지 모르는데 일봉 차트상 5이평선 위에서 샀으니까 이왕 매수한 것, 그냥 오버나이트하자.
ⓑ 매수했는데 손해가 났네? 못 팔겠다.

ⓐ는 특히 매수 이후 수익이 난 상태에서 더 많은 수익을 욕심낼 때 자기 합리화하게 만드는 생각이며, ⓑ는 절대 손절하지 못하는 매매자에게서

흔히 볼 수 있는 심리 상태입니다. 그런데 만약 오버나이트를 했는데 자기 생각대로 됐다면, 즉 ⓐ처럼 정말 갭 상승해서 추가 상승을 손쉽게 얻게 되거나 ⓑ처럼 버텼는데 상승해서 손해를 모면했다면, 그 몇 번의 행운에 기대는 마음이 매매의 습관으로 굳어져 미래의 자신을 망치게 될 수도 있다고 오버솔드는 생각합니다.

다음은 네이처셀(007390)이라는 종목의 사례입니다.

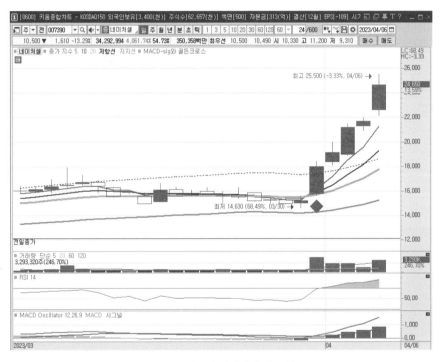

2023년 4월 6일 네이처셀 일봉 차트

3월 30일부터 본격적인 상승을 시작해서 4월 6일 현재 거의 +70% 가까운 상승을 보여주고 있습니다. 오버나이트에 대해서 초단타 매매에서의 오버솔드의 기준을 백번 양보한다면, 3월 31일과 같은 날에 VI 발동 이후 초단타 매매의 기술을 구사하여 매수하였다고 해도 이것이 상승 초입, 즉 5-10-20이평선의 정배열이 만들어지기 시작한 상태라면 저가 매수의 기술의 개념으로 오버나이트할 수 있습니다. 왜냐하면 MACD와 시그널선이 골든크로스를 만들면서 추세가 변했음을 말해주고 있기 때문입니다.

(물론 '그럴 수도 있다'지 '그래야 한다'는 아닙니다. 가능한 한 초단타 매매의 기술에 입각해서 매수했다면 그에 따라 매도하고, 저가 매수의 기술에 입각한 매수라면 그에 따라 매도해야 하는 것이 맞습니다. '시간'에 대한 이해 개념이 다르기 때문입니다.)

그러나 4월 6일과 같은 VI가 발동한 장대 양봉에서 매수를 했을 때 오버나이트했다면?

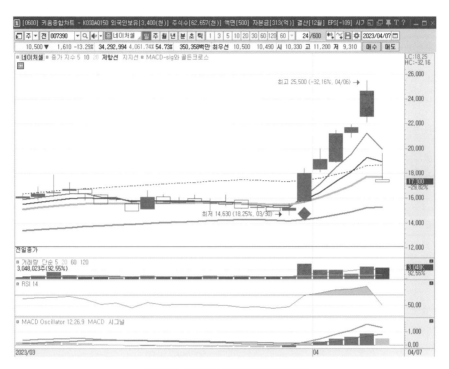

2023년 4월 7일 네이처셀 일봉 차트

4월 6일 장 마감 이후, 식품의약품안전처가 네이처셀이 신청한 치료제의 허가를 반려했다는 기사가 나왔고(장 마감 이후라 일반 매매자는 손 쓸 수도 없습니다), 다음 날인 4월 7일 아침, 시가 -28.97%로 갭 하락하여 장이 시작되었습니다.

아무도 상상할 수 없는 일이 아무렇지도 않게 일어날 수 있는 것이 주식 시장입니다. 3월 31일부터 오버솔드식 초단타 매매로 매일 아침 시가 근 처에서 매매해서 적절히 익절하는 부지런한 매매를 했다면, 그리고 4월 6

일에도 적절히 매도했다면 4월 7일 아침에는 오히려 시초가부터 매수 개입하여 반등 수익을 얻을 수도 있었겠지만, 4월 6일 오버나이트한 매매자는 하한가 가까이에서 시작하는 상황에 영혼이 털리는 순간을 경험했을 것입니다. 4월 3일부터 6일까지 4일 동안 매수하여 보유하고 있는 사람들이 한 방에 손해 보는 상황을 맞닥뜨리게 된 아침입니다.

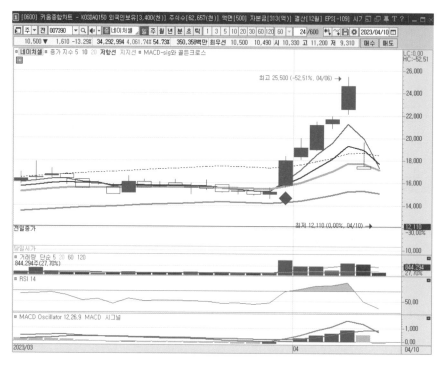

2023년 4월 10일 네이처셀 일봉 차트

4월 7일과 같은 하락을 맞게 되면, '그동안 상승시킨 매수세가 있는데 반등할 거야' 같은 논리를 스스로 만들어내면서 희망회로를 돌리게 됩니다.

그동안의 매수세가 상승시킨 근거로 삼은 대명제가 식품의약품안전처에 의해 깨져버렸는데도 말이지요. 심지어 '평균매수가를 낮추기 위해서 물타기를 해야지' 하며 추가매수를 하기도 합니다. 달리 말하자면, 객관적이고 이성적인 매매를 하게 되지 않고 자기 마음을 편하게 해줄 탈출구를 찾아 매매하게 됩니다. 손절매를 못 한다는 말이죠.

그런데 주말을 보내고 난 뒤 4월 10일 월요일, 바로 하한가 갭 하락으로 시작합니다. 어떻습니까?

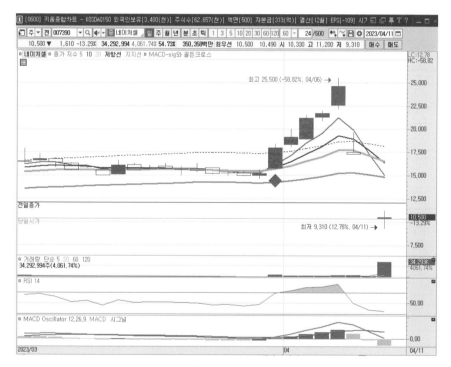

2023년 4월 11일 네이처셀 일봉 차트

그리고 그다음 날인 4월 11일도 시가 -14.7% 갭 하락으로 시작합니다. 이런 식으로 누가 매매하나 싶겠지만, 수많은 개미투자자들이 자기 매수 타점의 위치에 대한 정확한 이해가 없어서 이런 식으로 손해를 봅니다.

오버솔드는 임상이나 허가 결과에 큰 영향을 받는 바이오 관련 주식을 잘 매매하지는 않습니다. 무언가 긍정적인 결과가 발표되어 폭등할 때 초단타 매매의 재료로 삼기는 해도요. 오히려 이와 같은 폭락이 생긴다면 '저가 매수의 기술'에 따라 일봉 차트상 RSI가 과매도권으로 들어가는 때를 잘 살펴서 매수하게 될 것입니다. 최고가 25,500원짜리가 최저가 9,310원이 될 정도로 하락했으니 어떤 면으로는 매수하기 좋은 가격으로 돌아왔다고 볼 수 있는 것입니다.

어쨌든 초단타 매매의 기술로 매매한다면 당일 매수, 당일 매도(익절이든 손절매든)의 원칙을 지키면서 매매하기를 조언합니다. 정말 오버나이트하고 싶다면 '날려도 괜찮아'라고 생각하는 정도만 남겨서 하시고요.

매매 과정에 익숙해지기 전까지는 분할매수

타점이 눈에 명확하게 보이기 시작하고 그에 따라 매수 후 익절하는 경험이 거듭될수록 마음속에서 이런 목소리가 들려올 것입니다.

'베팅하는 비중을 크게 하면 더 많이 벌 텐데?'

참 위험한 속삭임입니다. 마음이 급한 상황일수록 이 목소리는 더 크게 들려올 것입니다. 물론 비중조절은 개인의 투자 성향에 따른 것이긴 합니다만, 훈련이 충분히 되지 않은 상태에서는 아무쪼록 조심하시고, 비중조절을 적절히 하면서 분할매수하기를 조언합니다.

오버솔드식 초단타 매매는 운전과 같다고 생각합니다. 초보운전 때에는 차선을 바꾸는 것도 어렵고 힘들며 속도를 내는 것도 겁이 납니다. 시야가 좁아서 좌우와 후면의 상황을 살피면서 운전하는 것도 쉽지는 않습니다. 그러나 용기를 갖고 도로에 나서면 나설수록, 또 운전하는 길이 익숙해지면 익숙해질수록 점점 더 쉬워집니다. 차선도 쉽게 바꿀 수 있게 되고, 속도도 자신이 제어할 수 있는 정도라면 필요에 따라 더 낼 수도 있게 됩니다.

체계화된 매매기술을 배우지 못한 사람에게, 오버솔드식 초단타 매매의 기술은 완전히 새로운 세계의 매매기술일 수 있습니다. 60틱 차트라는 새로운 계기판을 장착하고 매매하는 것입니다. 따라서 매매의 결과가 아닌, 매매의 과정에 익숙해지시기 바랍니다. 수익은 결과적으로 따라오는 것이며, 그보다는 매수해야 할 타점에 용기 있게 매수하고 참아야 하는 시기를 참아내어 수익을 극대화하며 마침내 익절하는 일련의 과정을 마음에 걸리는 점 하나 없이 매끄럽게 해낼 수 있도록 익숙해지는 것이 무엇보다도 중요하다고 강조하고 싶습니다.

처음에는 자기 이외에 매매하고 있는 다른 사람들의 상황을 60틱 차트를 보면서 알게 되어 놀랄 수 있고, 지금까지는 몰랐던 속도감에 치고 들어가기가 겁나기도 합니다. 어찌어찌 매수를 하게 되더라도 그 이후에 기대할 수 있는 수익을 모두 거두지 못하고 짧은 익절 후 한숨 돌리는 과정이 반복될 수 있습니다.

괜찮습니다. 다 과정의 일부입니다. 집중하여 매매하는 가운데 하나둘씩 마음에 걸리던 것들이 사라지며 자연스러운 흐름을 몸에 익히게 될 것입니다. 그렇게 된다면 매수 비중과 분할매수는 아무것도 아니게 됩니다. 그러한 순간이 올 때까지, 무조건 연습하십시오.

모든 것이 익숙해지면 어떻게 되냐 하면요. 차트를 보면서 '으응~' 하고,

사고 싶은 만큼 물량을 실어서 매수할 수 있게 됩니다.

'와, 오버솔드식 초단타 매매의 기술을 따라 했더니 얼마 벌었네? 그럼 내가 산 물량의 두 배를 사면 두 배 버는 거 아냐?'와 같은 마음으로 매수 비중을 올리려 한다면 잘못되어 있는 것입니다. '수익'이라는 '결과'에 마음을 뺏긴 것이거든요.

소탐대실 vs 티끌 모아 태산

'초단타 매매로 몇 프로씩 이익 내는 것에 익숙해지면 큰 상승으로 얻을 수 있을 수익을 놓칠 수 있어' '콩이 암만 굴러봐야 호박 한 번 구른 것보다 못 가' 등등 세상에는 초단타 매매를 폄훼하는 별말이 다 있습니다. 틀린 말은 아닙니다. 하지만 다시 한 번, 오버솔드식 초단타 매매의 기술을 여러분에게 공개하는 이유를 말씀드리죠.

    ⓐ 오버나이트의 리스크에서 해방
    ⓑ 하락장에서도 지속적인 수익 창출

'대박을 내자' '월급의 몇 배를 벌자' 등등과 같은 말은 하지 않습니다. 그것은 결과적인 내용이기 때문입니다. 과정에 충실하여 기술을 몸에 익히면 그다음은 자신이 하는 대로 결과가 따라오게 되어 있다고 생각합니다.

묵직한 수익을 내는 방법에 대해서는 《저가 매수의 기술》을 통해 충분히 설명한 바 있습니다. 그러한 기본 기술을 몸에 익혔다면 큰 수익을 만들어가는 가운데 시장 상황에 따라 재빠르게 대응할 수 있는 초단타 매매의 기술을 익힘으로써 추가 수익을 꾸준히 만들어가는 재미를 더할 수 있을 것입니다.

티끌도 모이면 태산이 되고, 우공이산의 고사가 말해주는 대로 오랜 시간 꾸준히 노력하면 산도 뚫리게 되어 있습니다. 수익을 내지 못하는 다른 사람의 말에 당신의 귀와 마음을 빌려주지 마십시오.

본캐와 부캐의 조화

당신의 매매를 하나의 유형으로 단정할 필요는 '절대' 없다고 말씀드리고 싶습니다. 잘 갖춰진 매매기술을 배우기가 너무 어렵기 때문에 자기가 익숙한 매매법에 기준하여 그렇게 단정할 뿐입니다. 할 수만 있다면 어떤 시장 상황이든 대응해서 수익을 낼 수 있는 다양한 매매기술을 익혀놓을 필요가 있지 않을까요?

물론 매매에서도 개인의 '성향'에 따른 차이는 분명히 존재합니다. 주식 매매에서 어느 정도의 자극을 추구하는 매매자들도 있으니까요. 왜 '매매 중독'이라는 말이 있겠습니까.

ⓐ 자신의 판단으로 산다!(사는 건 누구든 좋아하는 행위다.)
ⓑ 하락이든 상승이든 마음속이 움찔움찔해진다.(자극)
ⓒ-① 수익이 난다.(카타르시스)
ⓒ-② 손실이 난다.(실망) → 스스로를 위로한다.(안심)

매매를 감정적으로 받아들이게 되면 그 자극을 스스로 찾게 됩니다. 그래서 이성적인 매매를 하기 위한 기준을 만들고 그 기준에 따라 매매하도록 반복해서 말씀을 드리는 것입니다.

어쨌든 각자의 매매 성향의 차이가 있을 수 있겠지만, 필요하다면 '부캐'를 만들어서 그 부캐에게 새로운 기법을 익히게 하면 어떨까요?

자신이 전업투자자처럼 주식시장에 매여 있을 수는 없지만 주식투자를 하고 싶은 분이라면 본캐를 저가 매수의 기술에 기반한 매매자로 삼고, 부캐에게 오버솔드식 초단타 매매기술을 익히게 하면 됩니다. 그 반대라면 본캐로서 초단타 매매를 열심히 하면서 부캐에게 저가 매수의 기술을 익히게 하여 본캐가 만들어낸 수익금을 부캐가 중장기 매매로 다시 회전시켜 묵직한 수익으로 불릴 수도 있지요.

주식시장은 매우 유연한 움직임을 보여줍니다. 따라서 매매하는 사람도 그에 맞춰 유연하게 대응할 수 있는 능력을 갖추게 되면 불안하지 않습니다.

회전율 높이고 집중력 유지하기

초단타 매매의 최종 국면은 '일정한 자금으로 얼마만큼 반복해서 매매할 수 있는가'라고 생각합니다. 당연한 말인 것 같지만 도식화해본다면,

ⓐ 투자원금1
ⓑ 투자원금1＋수익1＝투자원금2
ⓒ 투자원금2＋수익2＝투자원금3
ⓓ 투자원금3＋수익3＝투자원금4 ……

매수한 금액을 수익을 내고 매도하면 다시 수중으로 들어온 불어난 자금을 활용하여 또 매매할 수 있습니다. 같은 종목에서 다음 매수 타점을 찾아 또 매수할 수 있고, 시세가 분출되는 다른 종목을 찾아서 매수할 수도 있습니다. 투자 자금이 특정 종목에 묶이지 않으면 계속해서 수익을 만들어낼 수 있다는 점이 초단타 매매의 극의라 말할 수 있겠습니다.

저가 매수의 기술은 저가에 매수하여 고가에 매도할 때까지 그 종목에 자금이 묶여 있게 됩니다. 어떤 종목에 100만 원을 투자해서 매수했다면 매

도할 때까지 그 투자금 100만 원은 활용할 수 없습니다. 그러나 초단타 매매의 기술이라면 100만 원으로 사고팔고를 끝없이 반복할 수 있기 때문에 총매매액은 1000만 원이 될 수도 있고 1억 원이 될 수도 있습니다.

초단타 매매의 기술은 회전율을 레버리지 삼습니다. 100만 원으로 매매를 한다고 해도 하루에 매매를 3~5번씩 해서 총매매금액이 300~400만 원이 되면 한 달로 치면 거의 1억 원어치 매매를 하는 것입니다. 매매 평균 수익률이 1%라면 이론적으로는 한 달 총매매금액 1억 원의 1%인 100만 원의 수익이 나는데, 이를 투자원금 대비 수익률로 보면 100%의 수익률이 됩니다.

(어떤 비중)×(평균수익률)×(매매 횟수)로 인해 같은 매매기술을 구사하더라도 최종 수익률은 천차만별이 됩니다. 그리고 여기에서 가장 중요한 것은 집중력입니다. 단순히 '매매를 얼마만큼 많이 하는가'가 아니라 '익절할 수 있는 매매를 얼마만큼 많이 하는가'입니다. 그러기 위해서는 적절한 매수 타점이 나올 때까지 기다린 다음 매수하는 것이 중요하며, 이 과정을 하루 종일 집중해서 반복하는 것은 매우 피곤한 일이기도 합니다. 오버솔드의 경우는 집중력이 없어지면 '사놓으면 알아서 오르겠지' 같은 마음이 들더라고요. 사업을 하는 입장이기도 해서 되도록 9시 30분 안에 매매를 정리하려고 합니다. 하지만 당신이 집중력을 유지할 수 있는 자신만의 방법을 찾아내고 그를 바탕으로 열심히 매매할 수 있다면 엄청난 수익으로 보답받게 될 것이라 말씀드릴 수 있습니다.

이를 위해 우선 매매 횟수를 늘리는 연습을 하십시오. 투자금액과 수익에 신경쓰지 마시고, 한동안은 단 1주라도 공부한 타점에서 매수 후 익절하는 횟수를 늘리는 연습을 하십시오. 이 과정에서 답을 찾게 되면 **그다음은 평균수익률을 높이는 연습을 하면 됩니다.** 일반적으로 오버솔드식 초단타 매매의 기술이 익숙해지기 전에는 매수 후 1%만 수익이 나도 허겁지겁 익절하게 되는데, 점점 익숙해지면 수익이 나는 상승 과정을 끝까지 지켜볼 수 있는 배짱이 생기게 됩니다. 평균수익률이 1%에서 2%가 되면 100% 성장입니다!

집중력. 회전율. 지치지 않는 마음. 속된 말로 차트의 구간구간이 점점 돈으로 보이게 되면 없던 집중력도 생기게 되지만 그 단계가 오기 전까지는 집중과 회전율이라는 과제를 성실히 수행하도록 하십시오.

손절매도 게임의 일부다

100% 수익만 나는 매매는 존재하지 않는다고 생각하고 모든 매매에 겸손하게 임하고 있습니다. 가능성을 최대한 높이기 위한 노력을 멈추지 않지만 주식시장은 언제나 매매하는 자신보다 더 똑똑하니까요. 따라서 저가 매수의 기술과는 달리 오버솔드식 초단타 매매의 기술에서는 손절매도 하나의 기술이라고 생각하고 있습니다.

앞서 회전율을 언급한 것처럼, 회전율이 커질수록 매매자가 한 번의 매매에서 입게 된 손실의 비중은 점점 작아지게 됩니다.

좀 이해하기 어려운가요? 예를 들어 100만 원으로 1번의 매매를 해서 3%를 손해 봤다고 가정하지요. 금액으로는 3만 원을 손해 본 것이 되겠네요. 이 경우에는 3%의 손해를 본 것이 되겠지만, 그 100만 원으로 10번의 매매를 했다면 처음 3% 손절매 이후 나머지 모든 매매에서 본전만 했다고 하더라도 총 손실율은 −0.3%가 되는 것입니다. (총매매금액 1000만 원. 손실액 3만 원. 따라서 0.3%. 수수료는 무시하고 계산했습니다.) 즉 한 번의 매매 실패에 의기소침해지거나 시장을 두려워하는 것이 아니라, 아니다 싶을 때는 바로 끊어내고 다시 공부한 기술대로 매매를 반복하십시오.

한 번의 거래에 자신의 모든 것을 걸지 마시고, 수많은 반복 매매를 통해 손절도 게임의 일부라는 것을 몸에 익히면 그것으로 충분합니다. 당일의 매매 결과가 손해가 아닌 상황만 만들어내면 됩니다.

여기까지 읽으셨으니 분명 실전 매매를 통해 실험해보고 싶으실 것입니다. 그렇지만 다시 한 번 처음으로 돌아가 다시 읽어보시기 바랍니다. 그리고 공부하는 내용들을 장 마감 이후에 매일매일 실제 만들어진 차트를 보고 확인해보시고, 타점을 짚어보면서 눈에 익히십시오.

당신의 매매가 어제보다 오늘, 항상 더 나아지기를 기원하겠습니다.

선수처럼 매매해서 매일매일 수익내는

초단타 매매의 기술

초판 1쇄 발행 | 2023년 7월 21일
초판 4쇄 발행 | 2024년 7월 5일

지은이   오버솔드
책임편집   이기홍
디자인   박소현

편집·기획   필라멘트북스
펴낸곳   (주)바다출판사
주소   서울시 마포구 성지1길 30 3층
전화   02-322-3675(편집) 02-322-3575(마케팅)
팩스   02-322-3858
E-mail   badabooks@daum.net
홈페이지   www.badabooks.co.kr

ISBN   979-11-6689-171-7 03320

필라멘트북스는 (주)바다출판사의 임프린트입니다.